# 열왕기하 (성경, 이해하며 읽기)

Reading in understanding the Bible

# 열왕기하

장석환 지음

# 성경, 이해하며 읽기
# 시리즈를 시작하며

성경을 통해 하나님을 만난다.
성경을 통해 하나님과 동행하면 풍성한 삶이 된다.

누구를 만날 때는 인격적인(지·정·의) 만남이 되어야 한다.
그의 생각과 마음을 만나고 힘까지 공유하는 만남이다.
성경에는 하나님의 뜻(지)과 마음(정)과 힘(의)이 담겨 있다.
성경을 잘 읽으면 하나님을 만나게 된다.
눈으로 보는 것보다 더 실제적이다.

좋은 사람과 만나 대화를 하면 행복하듯이
말씀으로 하나님을 만나면 행복하다.
성경은 하나님을 만나는 가장 실제적 방법이다.

마음과 의미가 전달되지 않는 대화가 무의미하듯이
성경을 이해하지 못한 채 읽기만 하면, 성경을 읽는 것이 아니다.
성경을 잘 이해하지 못하면
성경을 통해 하나님을 만나는 것을 모른다.

모든 사람이 성경을 이해하면서 읽기를 소망한다.
남녀노소 모든 사람이 쉽게 읽을 수 있는 주석이 되었으면 좋겠다.
말씀으로 고뇌하는 누군가에게 무릎을 치게 하였으면 좋겠다.

이 주석이 하나님을 생생하게 만나는 만남의 장이 되기를 기도한다.
하나님께 영광되기를 기도한다.

# 목 차

## 1부 분열 왕국: 북이스라엘 아하시야 왕에서 북이스라엘의 멸망까지(1:1-17:41)



## 2부 유다 왕국: 히스기야 왕부터 멸망까지(18:1-25:30)

# 열왕기하

## 내 용

열왕기하는 북이스라엘의 유명한 악한 왕 아합 이후의 역사를 이야기한다. 북이스라엘의 아하시야 왕때부터 유다의 마지막 왕까지이다. 특이한 것은 엘리사 이야기가 2장부터 13장까지 계속 이어진다. 마치 사무엘상의 주인공은 사울, 사무엘하는 다윗, 열왕기상은 솔로몬, 열왕기하는 엘리사라고 말하고 있는 것 같다.

열왕기하는 북이스라엘의 멸망까지 북이스라엘의 왕과 유다의 왕에 대해 이야기한다. 그리고 북이스라엘의 멸망 이후에는 유다의 왕과 유다의 멸망에 대해 이야기한다.

왕들의 이야기이기 때문에 화려할 것 같지만 실상은 각각 개인의 신앙 이야기가 중심이다. 그들이 성공했는지 실패했는지는 신앙이 기준이다. 열왕기하에 나오는 왕들의 이야기를 통해 우리는 삶의 패턴을 볼 수 있다. 그리고 우리가 어떻게 살아야 하는지를 알게 된다.
열왕기하에 나오는 왕들의 이야기가 나의 이야기로 적용되어야 한다. 나는 오늘 어떤 왕을 닮은 길을 가고 있을까?

<성경본문>

1. 한글본문: 대한성서공회. (1998). 성경전서: 개역개정. 대한성서공회.
"여기에 사용한 '성경전서 개역개정판'의 저작권은 재단법인 대한성서공회 소유이며, 재단법인 대한성서공회의 허락을 받고 사용하였음."

2. 영어본문: GNB(American Bible Society. (1992). The Holy Bible: The Good news Translation (2nd ed.). American Bible Society.)

1부

# 분열 왕국

북이스라엘 아하시야 왕에서 북이스라엘의 멸망까지

(1:1-17:41)

## 1장

**1** 아합이 죽은 후에 모압이 이스라엘을 배반하였더라
**1** After the death of King Ahab of Israel, the country of Moab rebelled against Israel.

**1:1 모압이 이스라엘을 배반하였더라.** 아하시야가 왕이 되고 2년 후의 사건으로 보인다. 모압은 북이스라엘의 지배 가운데 있었다. 그런데 모압이 배반하여 북이스라엘에 대항하여 독립을 꾀하였고 그 뜻을 이루었다. 북이스라엘의 통치 가운데 있던 모압이 북이스라엘에서 벗어나게 되었다는 것은 영토의 축소를 의미하며 하나님의 심판으로 보아야 한다. 아하시야의 죄에 대해 하나님께서 경고 성격으로 심판하신 것이다.
신앙인들의 실패가 그러하다. 살다 보면 무엇인가가 축소되고 안 될 때가 있다. 그러할 때 하나님의 심판이 아닌지 돌아보아야 한다. 하나님은 그 백성이 잘못된 길로 갈 때 경고하시기 위해 심판하실 때가 많다. 그러기에 우리는 우리의 삶이 의도치 않게 무너질 때 하나님의 경고의 메시지가 아닌지를 잘 살펴보아야 한다.

**2** 아하시야가 사마리아에 있는 그의 다락 난간에서 떨어져 병들매 사자를 보내며 그들에게 이르되 가서 에그론의 신 바알세붑에게 이 병이 낫겠나 물어 보라 하니라
**2** King Ahaziah of Israel fell off the balcony on the roof of his palace in Samaria and was seriously injured. So he sent some messengers to consult Baalzebub, the god of the Philistine city of Ekron, in order to find out whether or not he would recover.

**1:2 아하시야가 사마리아에 있는 그의 다락 난간에서 떨어져.** 그의 궁정 2층 유리창 없는 창문에서 떨어진 것으로 보인다. 그런 경우가 매우 드물다. 전쟁터도 아닌 자신의 집에서 부상을 당하는 경우가 흔하지 않다. 창문으로 떨어지는 경우도 흔하지 않고 그곳에서 떨어진다고 크게 다치는 것도 흔하지 않다. 아하시야가 그렇게 흔하지 않은 방식으로 사고를 당한 것은 그것 또한 하나님의 심판이며 경고라는 것을 볼 수 있다. 그러나 아하시야는 여전히 그 경고를 듣지 못하였다. 에그론의 신 바알세붑에게 이 병이 낫겠나 물어 보라. 아하시야는 문제를 만나 하나님께 가지 않고 반대 방향으로 갔다. 그는 블레셋의 선지자에게 신하를 보내 자신의 병에 대해 알아보라고 하였다. 하나님의 경고를 듣지 않고 문제를 해결하려고 하였다. 그러나 바알세붑에게 물어보기 위해 신하를 보낸 것은 그의 문제 해결 방법 중에서 최악의 방법이었다. 사람들의

문제 해결 방법이 그렇게 오히려 문제를 악화시키는 것일 때가 많다.

3 여호와의 사자가 디셉 사람 엘리야에게 이르되 너는 일어나 올라가서 사마리아 왕의 사자를 만나 그에게 이르기를 이스라엘에 하나님이 없어서 너희가 에그론의 신 바알세붑에게 물으러 가느냐

3 But an angel of the Lord commanded Elijah, the prophet from Tishbe, to go and meet the messengers of King Ahaziah and ask them, "Why are you going to consult Baalzebub, the god of Ekron? Is it because you think there is no god in Israel?

**1:3 일어나 올라가서 사마리아 왕의 사자를 만나 그에게 이르기를.** 하나님은 엘리야에게 사자를 보내셔서 아하시야가 보낸 신하를 도중에 만나도록 하셨다. 아하시야는 하나님을 찾아야 했다. 그러나 바알세붑을 찾았다. 그것에 대해 하나님께서 말씀하셨다. 이스라엘에 하나님이 없어서 너희가 에그론의 신 바알세붑에게 물으러 가느냐. 이스라엘의 여호와를 신으로 여기지 않고 바알세붑을 신으로 여겨 찾아간 것은 참으로 큰 죄다. 여호와 하나님을 무시한 것이다.

4 그러므로 여호와의 말씀이 네가 올라간 침상에서 내려오지 못할지라 네가 반드시 죽으리라 하셨다 하라 엘리야가 이에 가니라

4 Tell the king that the Lord says, 'You will not recover from your injuries; you will die!' " Elijah did as the Lord commanded,

**1:4 네가 반드시 죽으리라 하셨다 하라.** 엘리야는 아하시야의 신하들에게 아하시야가 반드시 죽을 것이라는 하나님의 말씀을 전하라 하였다. 이것은 선언이지만 또한 경고이다.

우리가 기억해야 할 것은 '하나님의 말씀은 운명이 아니다'는 사실이다. 하나님의 예언은 미래의 일에 대해 정해진 것을 말씀하는 것이 아니다. 이후에 히스기야는 '죽으리라'는 말씀을 들었으나 기도하여 죽음에서 생명으로 바뀌게 된다. 하나님의 말씀에 어떻게 반응하느냐에 따라 길이 바뀐다. 정해진 것이 아니다. 이제라도 회개하면 어떤 일이든 가능하다. 특히 나쁜 일은 더욱더 그러하다. 하나님은 우리가 잘 되기를 원하시기 때문이다.

5 사자들이 왕에게 돌아오니 왕이 그들에게 이르되 너희는 어찌하여 돌아왔느

냐 하니
6 그들이 말하되 한 사람이 올라와서 우리를 만나 이르되 너희는 너희를 보낸 왕에게로 돌아가서 그에게 고하기를 여호와의 말씀이 이스라엘에 하나님이 없어서 네가 에그론의 신 바알세붑에게 물으려고 보내느냐 그러므로 네가 올라간 침상에서 내려오지 못할지라 네가 반드시 죽으리라 하셨다 하라 하더이다
7 왕이 그들에게 이르되 올라와서 너희를 만나 이 말을 너희에게 한 그 사람은 어떤 사람이더냐
5 and the messengers returned to the king. “Why have you come back?” he asked.
6 They answered, “We were met by a man who told us to come back and tell you that the Lord says to you, ‘Why are you sending messengers to consult Baalzebub, the god of Ekron? Is it because you think there is no god in Israel? You will not recover from your injuries; you will die!’ ”
7 “What did the man look like?” the king asked.

**1:7 이 말을 너희에게 한 그 사람은 어떤 사람이더냐.** 아하시야는 아주 심각한 하나님의 경고를 들었다. 직접적으로 들었다. 간접적인 경고를 듣지 못하자 직접적으로 경고하셨다. 그런데 여전히 하나님의 경고를 듣지 못하였다. 그는 하나님 앞에 엎드리지 않고 그 말을 한 사람이 누구인지를 궁금해하였다.
엘리야를 보내신 것은 하나님의 은혜였다. 그러나 아하시야는 여전히 하나님을 생각하지 못하였다. 여전히 하나님 앞에 엎드리지 않고 다른 것만 보고 있다. 그의 마음에 하나님을 향한 마음이 없기 때문일 것이다. 하나님을 경외하는 마음이 없기 때문이다.

8 그들이 그에게 대답하되 그는 털이 많은 사람인데 허리에 가죽 띠를 띠었더이다 하니 왕이 이르되 그는 디셉 사람 엘리야로다
9 이에 오십부장과 그의 군사 오십 명을 엘리야에게로 보내매 그가 엘리야에게로 올라가 본즉 산 꼭대기에 앉아 있는지라 그가 엘리야에게 이르되 하나님의 사람이여 왕의 말씀이 내려오라 하셨나이다
8 “He was wearing a cloak made of animal skins, tied with a leather belt,” they answered. “It's Elijah!” the king exclaimed.
9 Then he sent an officer with 50 men to get Elijah. The officer found him sitting on a hill and said to him, “Man of God, the king orders you to come down.”

**1:9 군사 오십 명을 엘리야에게로 보내매.** 아하시야는 엘리야에게 군사를 보냈다. 그를 강제로 잡아오도록 시킨 것이다. 사실 그는 회개해야 했다. 그러나 분노하였다. 엘리야가 분명히 ‘여호와의 말씀’이라고 말하였지만 그는 전혀 개의치 않았다. 아하시야는 하나님을 경외하는 마음이 전혀 없었다.

10 엘리야가 오십부장에게 대답하여 이르되 내가 만일 하나님의 사람이면 불이 하늘에서 내려와 너와 너의 오십 명을 사를지로다 하매 불이 곧 하늘에서 내려와 그와 그의 군사 오십 명을 살랐더라
10 "If I am a man of God," Elijah answered, "may fire come down from heaven and kill you and your men!" At once fire came down and killed the officer and his men.

**1:10 내가 만일 하나님의 사람이면 불이 하늘에서 내려와 너와 너의 오십 명을 사를지로다.** 엘리야는 오십 부장이 자신을 하나님의 사람이라 부르면서 실제로는 그렇게 대하지 않는다는 사실을 알았다. 그래서 그에게 불이 내려와 사를 것을 말하였다. 하나님의 사람을 칼을 들고 잡으려 온 것은 하나님을 경외함이 없는 자세이기 때문이다.

11 왕이 다시 다른 오십부장과 그의 군사 오십 명을 엘리야에게로 보내니 그가 엘리야에게 말하여 이르되 하나님의 사람이여 왕의 말씀이 속히 내려오라 하셨나이다 하니
11 The king sent another officer with 50 men, who went up and said to Elijah, "Man of God, the king orders you to come down at once!"

**1:11 왕이 다시...군사 오십 명을 엘리야에게로 보내니.** 오십 부장과 그 군사들에게 일어난 일을 하나님의 행하심으로 알았다면 아하시야는 다시 군사를 보내지 말았어야 한다. 그런데 또 보냈다. 엘리야에게 온 오십 부장이라도 깨달았어야 했다. 그러나 그도 깨닫지 못하여 결국 그에게도 같은 일이 일어났다.

12 엘리야가 그들에게 대답하여 이르되 내가 만일 하나님의 사람이면 불이 하늘에서 내려와 너와 너의 오십 명을 사를지로다 하매 하나님의 불이 곧 하늘에서 내려와 그와 그의 군사 오십 명을 살랐더라
13 왕이 세 번째 오십부장과 그의 군사 오십 명을 보낸지라 셋째 오십부장이 올라가서 엘리야 앞에 이르러 그의 무릎을 꿇어 엎드려 간구하여 이르되 하나님의 사람이여 원하건대 나의 생명과 당신의 종인 이 오십 명의 생명을 당신은 귀히 보소서
12 "If I am a man of God," Elijah answered, "may fire come down from heaven and kill you and your men!" At once the fire of God came down and killed the officer and his men.
13 Once more the king sent an officer with 50 men. He went up the hill, fell on his knees in front of Elijah, and pleaded, "Man of God, be merciful to me and my men. Spare our lives!

**1:13 왕이 세 번째...보낸지라.** 아하시야 왕은 여전히 하나님께서 행하고 계시다는 것

을 깨닫지 못하고 있었다. 그런데 이번에는 다행히 오십 부장이 깨달았다. **엘리야 앞에 이르러 그의 무릎을 꿇어 엎드려 간구하여.** 세 번째 오십 부장은 앞의 두 오십 부장과 달랐다. 앞의 두 사람이 엘리야에게 고압적인 자세였던 반면에 세 번째 오십 부장은 엘리야에게 엎드려 간구하였다. 그러자 하나님께서 그를 불쌍히 여기셔서 엘리야에게 그를 따라가도록 하셨다. 세 번째 오십 부장은 앞의 두 명의 오십 부장과 상황이 같았다. 그러나 그가 엎드렸을 때 완전히 다른 결과가 일어났다. 앞의 두 명의 오십 부장은 죽었으나 그는 살았다. 하나님을 진심으로 인정하는지 그렇지 않은지의 차이이다.

**14** 불이 하늘에서 내려와 전번의 오십부장 둘과 그의 군사 오십 명을 살랐거니와 나의 생명을 당신은 귀히 보소서 하매
**15** 여호와의 사자가 엘리야에게 이르되 너는 그를 두려워하지 말고 함께 내려가라 하신지라 엘리야가 곧 일어나 그와 함께 내려와 왕에게 이르러
**16** 말하되 여호와의 말씀이 네가 사자를 보내 에그론의 신 바알세붑에게 물으려 하니 이스라엘에 그의 말을 물을 만한 하나님이 안 계심이냐 그러므로 네가 그 올라간 침상에서 내려오지 못할지라 네가 반드시 죽으리라 하셨다 하니라
**14** The two other officers and their men were killed by fire from heaven; but please be merciful to me!"
**15** The angel of the Lord said to Elijah, "Go down with him, and don't be afraid." So Elijah went with the officer to the king
**16** and said to him, "This is what the Lord says: 'Because you sent messengers to consult Baalzebub, the god of Ekron—as if there were no god in Israel to consult—you will not get well; you will die!' "

**1:16 말하되 여호와의 말씀이.** 엘리야는 그가 전하는 말이 하나님의 말씀인 것을 분명히 하였다. 아하시야의 죄를 분명하게 지적하여 말하였다. 이 말을 듣고 아하시야가 해야 하는 것이 무엇일까?
중병에 걸린 아하시야가 에그론에 신하를 보내어 자신에게 되어질 일을 알아보고자 하였을 때 하나님께서 엘리야를 보내 중간에 그들을 만나게 하시고 경고하셨다. 왜 그렇게 하셨을까? 단순히 아하시야가 죽을 것이라는 사실을 말하기 위함이었을까? 아니다. 그것은 사실을 알리는 것이 아니라 경고였다. 경고는 그 길에서 돌이키게 하는 것이 목적이다. 아하시야의 아버지인 아합이 죄의 길을 갔을 때 하나님께서는 최종 선언처럼 재앙이 임할 것을 말씀하셨다. 그 때 아합이 겸손히 기도하였다. 그러자 하나님께서 그 마음을 돌이키셔서 그의 목숨을 연장시켜 주셨다. 아합처럼 악한 왕조차도 그러했다. 그러니 이번에 아하시야도 회개하면 상황은 바뀔 수 있다.

17 왕이 엘리야가 전한 여호와의 말씀대로 죽고 그가 아들이 없으므로 여호람이 그를 대신하여 왕이 되니 유다 왕 여호사밧의 아들 여호람의 둘째 해였더라
17 Ahaziah died, as the Lord had said through Elijah. Ahaziah had no sons, so his brother Joram succeeded him as king in the second year of the reign of Jehoram son of Jehoshaphat, king of Judah.

**1:17 여호와의 말씀대로 죽고.** 아하시야가 그의 아버지 아합처럼 회개하였다면 상황이 바뀌었을 것이다. 그러나 그는 회개하지 않았고 결국 말씀대로 되었다. 회개해야 한다. 말씀을 들음으로 자신의 죄가 드러나면 회개해야 한다. 그렇게 회개할 수 있도록 말씀을 듣는 것이 복이다. 그러나 아하시야는 말씀을 듣고 회개하지 않음으로 결국 말씀이 전혀 복이 되지 못하고 재앙으로 마쳤다. 오늘날 우리들은 말씀을 들을 때 복이 되어야 한다. 말씀을 들을 때 하나님 앞에 엎드려야 한다.

18 아하시야가 행한 그 남은 사적은 모두 이스라엘 왕 역대지략에 기록되지 아니하였느냐
18 Everything else that King Ahaziah did is recorded in The History of the Kings of Israel.

## 2장

1 여호와께서 회오리 바람으로 엘리야를 하늘로 올리고자 하실 때에 엘리야가 엘리사와 더불어 길갈에서 나가더니
1 The time came for the Lord to take Elijah up to heaven in a whirlwind. Elijah and Elisha set out from Gilgal,

**2:1 여호와께서 회오리 바람으로 엘리야를 하늘로 올리고자 하실 때.** 북이스라엘은 아합과 그의 아들 아하시야 때에 어둠의 시기였다. 그러나 엘리야가 있어 북이스라엘에 여전히 하나님의 빛이 비추였다. 하나님께서 유다에게는 왕을 통해 통치하시는 것이 많았다면 북이스라엘에게는 선지자를 통해 그 백성을 인도하신 측면이 많았다.

2 엘리야가 엘리사에게 이르되 청하건대 너는 여기 머물라 여호와께서 나를 벧엘로 보내시느니라 하니 엘리사가 이르되 여호와께서 살아 계심과 당신의 영혼이 살아 있음을 두고 맹세하노니 내가 당신을 떠나지 아니하겠나이다 하는지라

이에 두 사람이 벧엘로 내려가니

2 and on the way Elijah said to Elisha, "Now stay here; the Lord has ordered me to go to Bethel." But Elisha answered, "I swear by my loyalty to the living Lord and to you that I will not leave you." So they went on to Bethel.

**2:2 너는 여기 머물라 여호와께서 나를 벧엘로 보내시느니라.** 엘리야가 왜 엘리사에게 머무르라고 했는지 정확히 알지는 못한다. 그런데 일종의 시험을 하고 있는 것으로 보인다. 먼 길을 걷는 고난과 함께 죽음을 맞이할 수도 있는 위험에 대한 시험일 수 있다.

3 벧엘에 있는 선지자의 제자들이 엘리사에게로 나아와 그에게 이르되 여호와께서 오늘 당신의 선생을 당신의 머리 위로 데려가실 줄을 아시나이까 하니 이르되 나도 또한 아노니 너희는 잠잠하라 하니라
4 엘리야가 그에게 이르되 엘리사야 청하건대 너는 여기 머물라 여호와께서 나를 여리고로 보내시느니라 엘리사가 이르되 여호와께서 살아 계심과 당신의 영혼이 살아 있음을 두고 맹세하노니 내가 당신을 떠나지 아니하겠나이다 하니라 그들이 여리고에 이르매
5 여리고에 있는 선지자의 제자들이 엘리사에게 나아와 이르되 여호와께서 오늘 당신의 선생을 당신의 머리 위로 데려가실 줄을 아시나이까 하니 엘리사가 이르되 나도 아노니 너희는 잠잠하라
6 엘리야가 또 엘리사에게 이르되 청하건대 너는 여기 머물라 여호와께서 나를 요단으로 보내시느니라 하니 그가 이르되 여호와께서 살아 계심과 당신의 영혼이 살아 있음을 두고 맹세하노니 내가 당신을 떠나지 아니하겠나이다 하는지라 이에 두 사람이 가니라

3 A group of prophets who lived there went to Elisha and asked him, "Do you know that the Lord is going to take your master away from you today?" "Yes, I know," Elisha answered. "But let's not talk about it."
4 Then Elijah said to Elisha, "Now stay here; the Lord has ordered me to go to Jericho." But Elisha answered, "I swear by my loyalty to the living Lord and to you that I will not leave you." So they went on to Jericho.
5 A group of prophets who lived there went to Elisha and asked him, "Do you know that the Lord is going to take your master away from you today?" "Yes, I know," Elisha answered. "But let's not talk about it."
6 Then Elijah said to Elisha, "Now stay here; the Lord has ordered me to go to the River Jordan." But Elisha answered, "I swear by my loyalty to the living Lord and to you that I will not leave you." So they went on,

**2:6 내가 당신을 떠나지 아니하겠나이다.** 엘리야가 엘리사에게 머무르라고 3번이나 말하였지만 그때마다 엘리사는 함께하겠다고 말하였다. 엘리사의 3번의 결단은 마치 제

자들이 겟세마네에서 3번 기도하는 것에 실패한 것과 베드로가 3번 예수님을 부인한 것과 연결되어진다. 이것은 엘리사의 그만큼의 강한 결단을 의미한다.
열왕기는 왕들의 교체를 다루었다. 서로 왕이 되려 하였다. 화려한 자리였기 때문이다. 그러나 선지자의 자리는 고난의 자리였다. 화려하지 않았다. 그러나 지금 선지자의 교체는 어떤 것보다 더 중요하다.
왕의 교체가 중요한 것은 왕에 따라 나라의 흥망성쇠가 달렸기 때문이다. 그런데 선지자의 교체는 더욱더 중요하다. 많은 사람의 영혼이 달린 것이기 때문이다. 그 자리가 화려한 자리가 아니라 사람들은 무관심하다. 그러나 엘리사는 그 자리를 단단한 각오로 소원하고 있다.

7 선지자의 제자 오십 명이 가서 멀리 서서 바라보매 그 두 사람이 요단 가에 서 있더니
8 엘리야가 겉옷을 가지고 말아 물을 치매 물이 이리 저리 갈라지고 두 사람이 마른 땅 위로 건너더라
7 and 50 of the prophets followed them to the Jordan. Elijah and Elisha stopped by the river, and the 50 prophets stood a short distance away.
8 Then Elijah took off his cloak, rolled it up, and struck the water with it; the water divided, and he and Elisha crossed to the other side on dry ground.

**2:8 물을 치매…갈라지고.** 홍해를 갈랐던 모세처럼 엘리야는 요단강을 갈라 건넜다.

9 건너매 엘리야가 엘리사에게 이르되 나를 네게서 데려감을 당하기 전에 내가 네게 어떻게 할지를 구하라 엘리사가 이르되 당신의 성령이 하시는 역사가 갑절이나 내게 있게 하소서 하는지라
9 There, Elijah said to Elisha, "Tell me what you want me to do for you before I am taken away." "Let me receive the share of your power that will make me your successor," Elisha answered.

**2:9 당신의 성령이 하시는 역사가 갑절이나 내게 있게 하소서.** '성령(히. 루하)'은 좋지 못한 번역이다. '성령'보다는 단지 '영'이라고 번역하는 것이 좋다. 이것은 엘리사가 엘리야보다 2배 더 뛰어난 사람이 되기를 원하는 것이 아니다. 재산 상속에서 장자가 2배 받는 것을 생각해야 한다. 이것은 엘리사가 엘리야의 후계자가 되기를 원한다는 소원이다. 장자들은 보통 땅을 2배 받았지만 엘리사는 땅이 아니라 예언하는 능력을 물려 받기를 원하였다. 화려함이 아니라 낮은 자의 자리에서 하나님의 뜻을 이루는 방

법이다.

10 이르되 네가 어려운 일을 구하는도다 그러나 나를 네게서 데려가시는 것을 네가 보면 그 일이 네게 이루어지려니와 그렇지 아니하면 이루어지지 아니하리라 하고
10 "That is a difficult request to grant," Elijah replied. "But you will receive it if you see me as I am being taken away from you; if you don't see me, you won't receive it."

**2:10 네가 어려운 일을 구하는도다.** 엘리야는 하나님께서 엘리사를 자신의 후계자로 세운 것을 알고 있었다. 그러나 여전히 실제로 임명하시는 분은 하나님이시기 때문에, 자신이 엘리사를 임명하는 것이 아니라는 것을 표현하는 것으로 '어려운 일'이라고 말하고 있다.
하나님께서 하시는 일을 사람이 하는 것처럼 착각하지 말아야 한다. 때로 어떤 사람들은 방언을 교육시키고 성령을 자신이 주는 것처럼 말하는 목회자들이 있다. 성령이 하시는 일을 마치 자기가 하는 것처럼 말한다. 그것은 매우 잘못된 모습이다. 엘리야는 엘리사를 세우는 일조차도 어려운 일이라고 고백하고 있다는 것을 명심해야 한다.

11 두 사람이 길을 가며 말하더니 불수레와 불말들이 두 사람을 갈라놓고 엘리야가 회오리 바람으로 하늘로 올라가더라
11 They kept talking as they walked on; then suddenly a chariot of fire pulled by horses of fire came between them, and Elijah was taken up to heaven by a whirlwind.

**2:11 불수레와 불말들이 두 사람을 갈라놓고.** 마치 생과 사의 갈림처럼 불 수레와 불말들이 두 사람을 갈라 놓았다. 엘리야가 불 수레를 타자 회오리 바람과 함께 하늘로 올려갔다.

12 엘리사가 보고 소리 지르되 내 아버지여 내 아버지여 이스라엘의 병거와 그 마병이여 하더니 다시 보이지 아니하는지라 이에 엘리사가 자기의 옷을 잡아 둘로 찢고
12 Elisha saw it and cried out to Elijah, "My father, my father! Mighty defender of Israel! You are gone!" And he never saw Elijah again. In grief, Elisha tore his cloak in two.

**2:12 이스라엘의 병거와 그 마병이여.** 북이스라엘은 왕의 병거가 아니라 엘리야를 통

한 하나님의 인도하심이 마병과 같은 역할을 하여 지켰다. 그것에 대한 고백이다.

13 엘리야의 몸에서 떨어진 겉옷을 주워 가지고 돌아와 요단 언덕에 서서
14 엘리야의 몸에서 떨어진 그의 겉옷을 가지고 물을 치며 이르되 엘리야의 하나님 여호와는 어디 계시니이까 하고 그도 물을 치매 물이 이리 저리 갈라지고 엘리사가 건너니라
13 Then he picked up Elijah's cloak that had fallen from him, and went back and stood on the bank of the Jordan.
14 He struck the water with Elijah's cloak, and said, "Where is the Lord, the God of Elijah?" Then he struck the water again, and it divided, and he walked over to the other side.

**2:14 엘리야의 몸에서 떨어진 그의 겉옷을 가지고 물을 치며...물이 이리 저리 갈라지고.** 엘리야가 물을 가른 것처럼 엘리사도 물을 갈랐다. 마치 여호수아가 요단 강을 가른 것과 같다.
엘리사의 이름은 여호수아의 이름과 뜻이 거의 같다. 엘리사는 '하나님이 구원하신다'이고. 여호수아는 '여호와가 구원하신다'이다. 엘리사는 엘리야라는 위대한 선지자가 없어졌지만 북이스라엘 백성을 영적으로 잘 이끌게 될 것이다. 그는 하나님께서 구원하시는 분임을 더 드러내게 될 것이다. 여호수아가, 모세가 죽었어도 하나님의 인도하심을 따라 백성들을 잘 인도하였던 것과 같다.

15 맞은편 여리고에 있는 선지자의 제자들이 그를 보며 말하기를 엘리야의 성령이 하시는 역사가 엘리사 위에 머물렀다 하고 가서 그에게로 나아가 땅에 엎드려 그에게 경배하고
16 그에게 이르되 당신의 종들에게 용감한 사람 오십 명이 있으니 청하건대 그들이 가서 당신의 주인을 찾게 하소서 염려하건대 여호와의 성령이 그를 들고 가다가 어느 산에나 어느 골짜기에 던지셨을까 하나이다 하니라 엘리사가 이르되 보내지 말라 하나
15 The 50 prophets from Jericho saw him and said, "The power of Elijah is on Elisha!" They went to meet him, bowed down before him,
16 and said, "There are fifty of us here, all strong men. Let us go and look for your master. Maybe the spirit of the Lord has carried him away and left him on some mountain or in some valley." "No, you must not go," Elisha answered.

**2:16 가서 당신의 주인을 찾게 하소서.** 그들은 불 병거를 타고 가던 엘리야가 땅에 떨어져 어느 곳에 시신이 있지는 않을지 걱정하였다. 시신을 찾아 장례를 치러주고 싶

은 마음으로 그의 시신을 찾으러 가겠다고 말한다.

17 무리가 그로 부끄러워하도록 강청하매 보내라 한지라 그들이 오십 명을 보냈더니 사흘 동안을 찾되 발견하지 못하고
17 But they insisted until he gave in and let them go. The 50 of them went and looked high and low for Elijah for three days, but didn't find him.

**2:17 사흘 동안을 찾되 발견하지 못하고.** 제자 선지자들의 강력한 청함 때문에 엘리사는 어쩔 수 없이 허락하였었다. 그러나 결국 그들은 시신을 찾을 수가 없었다. 선지자에 대한 존중과 존경은 그렇게 시신을 찾는 데에 있지 않다. 선지자를 존경한다는 것은 그가 전하는 하나님의 뜻에 대한 존중이지 사람 자체에 대한 것이 아니다. 그의 시신은 위대한 선지자의 시신이 아니라 한 사람의 시신일 뿐이다.

18 엘리사가 여리고에 머무는 중에 무리가 그에게 돌아오니 엘리사가 그들에게 이르되 내가 가지 말라고 너희에게 이르지 아니하였느냐 하였더라
19 그 성읍 사람들이 엘리사에게 말하되 우리 주인께서 보시는 바와 같이 이 성읍의 위치는 좋으나 물이 나쁘므로 토산이 익지 못하고 떨어지나이다
18 Then they returned to Elisha, who had waited at Jericho, and he said to them, "Didn't I tell you not to go?"
19 Some men from Jericho went to Elisha and said, "As you know, sir, this is a fine city, but the water is bad and causes miscarriages."

**2:19 우리 주인께서 보시는 바와 같이...물이 나쁘므로.** 엘리사를 '주인(히. 아돈)'이라고 칭하는 것은 선지자에 대한 존중과 존경의 표시다. 엘리사에게 여리고 물의 상태가 안 좋다고 말하는 것은 그것에 대한 어떤 요청이 담겨 있다고 할 수 있다. 여리고의 수질이 안 좋은 것을 엘리사가 대체 어떻게 할 수 있을까?

20 엘리사가 이르되 새 그릇에 소금을 담아 내게로 가져오라 하매 곧 가져온지라
21 엘리사가 물 근원으로 나아가서 소금을 그 가운데에 던지며 이르되 여호와의 말씀이 내가 이 물을 고쳤으니 이로부터 다시는 죽음이나 열매 맺지 못함이 없을지니라 하셨느니라 하니
20 "Put some salt in a new bowl, and bring it to me," he ordered. They brought it to him,
21 and he went to the spring, threw the salt in the water, and said, "This is what the Lord says: 'I make this water pure, and it will not cause any more deaths or miscarriages.' "

**2:21 여호와의 말씀이 내가 이 물을 고쳤으니.** 사람들이 놀라지 않은 것을 볼 때 아직 구체적인 어떤 현상은 없었던 것으로 보인다. 그러나 여리고 샘물의 수질이 좋아졌다는 것은 분명하다. 이것 또한 여호수아 때의 일을 생각나게 한다. 여호수아는 여리고에 재앙을 내렸었다. 그리고 엘리사는 여리고를 회복하고 있다.

22 그 물이 엘리사가 한 말과 같이 고쳐져서 오늘에 이르렀더라
22 And that water has been pure ever since, just as Elisha said it would be.

**2:22 그 물이...고쳐져서.** 여리고의 물이 회복되었다. 여리고 사람들이 하나님의 사람 선지자를 존중하여 요청하였는데 그것은 하나님께 요청한 것이다. 하나님께서 그들의 요청을 받아 주셨다. 그들에게 놀라운 일이 일어났다. 요청하지 않았으면 여리고는 계속 물이 좋지 않았을 것이다. 그러나 요청함으로 여리고의 물이 좋아졌고 생활이 완전히 바뀌었을 것이다. 하나님을 믿는 사람은 요청해야 한다. 하나님과 동행하기에 요청해야 한다. 요청하지 않는 것은 하나님을 존중하지 않는 것이다.

23 엘리사가 거기서 벧엘로 올라가더니 그가 길에서 올라갈 때에 작은 아이들이 성읍에서 나와 그를 조롱하여 이르되 대머리여 올라가라 대머리여 올라가라 하는지라
23 Elisha left Jericho to go to Bethel, and on the way some boys came out of a town and made fun of him. "Get out of here, baldy!" they shouted.

**2:23 작은 아이들이 성읍에서 나와 그를 조롱하여.** '아이(히. 나아르)'를 '작은 아이들'이라고 번역하면 보통 길가의 꼬마 아이를 상상하기 쉽다. 사실 아이보다는 '젊은 청년'이라고 번역하는 것이 더 좋을 것 같다.
이 단어는 12세-30세의 청년을 지칭하는 말이다. 다윗은 반역을 일으킨 자신의 아들 압살롬을 부를 때 이 단어를 사용하여 불렀다. 그런데 수식어 '작은(히. 카탄)'이 있기 때문에 12세-21세 정도의 나이라고 생각할 수 있다. 유대인들은 13세에 성년식을 한다. 경건한 가정은 12세부터 일찍 성년의 의무를 다하게 한다. 그러기에 이 나이는 젊은 청년이라고 말할 수 있다. **조롱하여.** 이것은 그들이 엘리사를 조롱하였다는 의미다. 위협적인 조롱이었을 것이다. 일부 사본은 '돌을 던졌다'라는 단어를 추가하고 있다. '대머리여'라는 말은 두 가지 가능성이 있다. 엘리사가 실제로 대머리였을 가능성이 있다. 스승 엘리야는 털이 많은 사람이었는데 그는 털이 없는 사람이었을 가능성

이 있다. 아니면 선지자 훈련을 하며 깎았을 수도 있다. 여하튼 벧엘의 젊은 청년 무리들은 엘리사가 선지자라는 것을 알았고 그것을 조롱하고 있다. **올라가라.** 이것은 아마 그들은 엘리야가 하늘로 올라간 것을 알고 있다는 것을 반영하는 것 같다. 그렇다면 그들은 엘리야가 하늘에 올라갔다는 소문을 조롱하는 것이다. 엘리야가 하늘에 올라간 것을 조롱하며 엘리사를 조롱하는 것이다. '너도 올라가 보라'는 말과 같은 의미이거나 '꺼져라' 정도의 의미일 수도 있다.

**24** 엘리사가 뒤로 돌이켜 그들을 보고 여호와의 이름으로 저주하매 곧 수풀에서 암곰 둘이 나와서 아이들 중의 사십이 명을 찢었더라
**24** Elisha turned round, glared at them, and cursed them in the name of the Lord. Then two she-bears came out of the woods and tore 42 of the boys to pieces.

**2:24 엘리사가 뒤로 돌이켜 그들을 보고 여호와의 이름으로 저주하매.** 엘리사를 조롱하던 이들을 보고 엘리사는 재앙을 선언하였고 하나님께서 곰을 보내셔서 그들을 죽음에 이르게 하셨다.
이 사건은 엘리야 때 선지자를 존중하지 않고 잡으려 하였던 군사들을 생각나게 한다. 엘리야 때에 그러했다. 지금 엘리사 때도 선지자를 존중하지 않는 젊은 청년 무리들이 하나님께서 내리시는 재앙을 당하고 있는 것이다. 선지자에게 무례한 것은 하나님께 무례한 것이나 같다. 이것은 오늘날 목사에게 무례한 사람에게 적용하기도 한다. 그러나 이 때나 지금이나 중요한 것은 직책이 아니다. 그가 하나님의 뜻을 행하고 있는지에 있다. 또한 선지자 뿐만 아니라 어느 누구라도 하나님의 뜻을 행하는 것을 조롱하는 것에 대한 것이기도 하다.

**25** 엘리사가 거기서부터 갈멜 산으로 가고 거기서 사마리아로 돌아왔더라
**25** Elisha went on to Mount Carmel, and later returned to Samaria.

## 3장

**1** 유다의 여호사밧 왕 열여덟째 해에 아합의 아들 여호람이 사마리아에서 이스

라엘을 열두 해 동안 다스리니라
1 In the eighteenth year of the reign of King Jehoshaphat of Judah, Joram son of Ahab became king of Israel, and he ruled in Samaria for twelve years.

**3:1 아합의 아들 여호람.** 북이스라엘의 아하시야 왕이 죽고 그의 동생 여호람이 왕이 되었다. 아합의 아들 아하시야는 2년이라는 짧은 통치로 마쳤다. 그의 뒤를 이을 성인 아들이 없었기 때문에 그의 동생 여호람이 대신 왕이 되었다. 아합 왕의 아들이다.

2 그가 여호와 보시기에 악을 행하였으나 그의 부모와 같이 하지는 아니하였으니 이는 그가 그의 아버지가 만든 바알의 주상을 없이하였음이라
2 He sinned against the Lord, but he was not as bad as his father or his mother Jezebel; he pulled down the image his father had made for the worship of Baal.

**3:2 그가 여호와 보시기에 악을 행하였으나 그의 부모와 같이 하지는 아니하였으니.** 북이스라엘에는 선한 왕으로 평가받는 사람이 한 명도 없다. 여호람 역시 선한 왕이 되지 못하였다. 조금 나을 뻔하였지만 역시 그도 악한 왕으로 평가받는다. **그의 아버지가 만든 바알의 주상을 없이하였음이라.** 아버지가 만든 바알의 주상을 없애는 것은 매우 힘든 일이다. 이전에 있던 것을 없애는 것이 참 어렵다. 게다가 바알을 섬기는 사람들이 있기 때문에 그것을 없애는 것은 많이 어려운 일이었을 것이다. 그러나 그는 대단한 용기를 내어 바알의 상을 없앴다. 큰 한 걸음을 걸은 것이다. 그러나 거기에서 멈추었다.
여호람은 아마 아버지 아합과 엘리야 그리고 형 아하시야와 엘리야의 관계를 보았을 것이다. 아하시야가 결국 하나님의 경고를 듣지 않고 죽음에 이른 것을 많이 생각하였을 것이다. 그래서 하나님의 경고에 응답하여 바알의 주상을 없앤 것이다. 그러나 거기까지였다. 더 나아가야 하는데 나가지 않았다. 믿음은 계속 자라가야 한다. 평생 아주 조금이라도 매일 자라가야 한다. 믿음이 자라가면 복이요 뒤로 가면 화다.

3 그러나 그가 느밧의 아들 여로보암이 이스라엘에게 범하게 한 그 죄를 따라 행하고 떠나지 아니하였더라
3 Yet, like King Jeroboam son of Nebat before him, he led Israel into sin, and would not stop.

**3:3 여로보암이 이스라엘에게 범하게 한 그 죄를 따라 행하고.** 여호람은 조금 더 앞으로

나가야 했다. 그러나 더 나가지 않았다. 어정쩡한 믿음으로 끝났다. 이 표현은 북이스라엘의 왕에 대한 평가에서 자주 나오는 말이다. 왕이 되어 여러 가지 일을 하였을 것이다. 건물도 짓고 전쟁도 하였다. 그러나 결국 중요한 것은 그의 종교정책이다. 그의 종교정책은 결국 그의 다른 모든 것까지 판단하는 기준이 된다. 바른 종교정책은 다른 일을 믿음으로 하였는지 아니면 불신앙으로 하였는지를 볼 수 있는 가늠자가 되기 때문이다.

**4** 모압 왕 메사는 양을 치는 자라 새끼 양 십만 마리의 털과 숫양 십만 마리의 털을 이스라엘 왕에게 바치더니
**5** 아합이 죽은 후에 모압 왕이 이스라엘 왕을 배반한지라
**4** King Mesha of Moab bred sheep, and every year he gave as tribute to the king of Israel 100,000 lambs, and the wool from 100,000 sheep.
**5** But when King Ahab of Israel died, Mesha rebelled against Israel.

**3:5** 모압은 본래 북이스라엘에 조공을 바치는 속국이었으나 아합 왕이 죽자 북이스라엘을 배신하였다. 여호람은 그것을 본래대로 회복하고자 하였다.

**6** 그 때에 여호람 왕이 사마리아에서 나가 온 이스라엘을 둘러보고
**7** 또 가서 유다의 왕 여호사밧에게 사신을 보내 이르되 모압 왕이 나를 배반하였으니 당신은 나와 함께 가서 모압을 치시겠느냐 하니 그가 이르되 내가 올라가리이다 나는 당신과 같고 내 백성은 당신의 백성과 같고 내 말들도 당신의 말들과 같으니이다 하는지라
**6** At once King Joram left Samaria and gathered all his troops.
**7** He sent word to King Jehoshaphat of Judah: “The king of Moab has rebelled against me; will you join me in war against him?” “I will,” King Jehoshaphat replied. “I am at your disposal, and so are my men and my horses.

**3:7 나와 함께 가서 모압을 치시겠느냐 하니 그가 이르되 내가 올라가리이다.** 동맹 관계인 유다에 요청을 하여 확답을 받았다. 유다의 속국이었던 에돔까지 함께 출정하기로 하였다.

**8** 여호람이 이르되 우리가 어느 길로 올라가리이까 하니 그가 대답하되 에돔 광야 길로니이다 하니라
**9** 이스라엘 왕과 유다 왕과 에돔 왕이 가더니 길을 둘러 간 지 칠 일에 군사와

따라가는 가축을 먹일 물이 없는지라
8 What route shall we take for the attack?" "We will go the long way, through the wilderness of Edom," Joram answered.
9 So King Joram and the kings of Judah and Edom set out. After marching for seven days, they ran out of water, and there was none left for the men or the pack animals.

**3:9 칠 일에 군사와 따라가는 가축을 먹일 물이 없는지라.** 군대가 먹을 물이 없었다. 모든 것이 잘 준비된 것 같았는데 그렇지 않았다. 큰 위험에 처하였다.

10 이스라엘 왕이 이르되 슬프다 여호와께서 이 세 왕을 불러 모아 모압의 손에 넘기려 하시는도다 하니
11 여호사밧이 이르되 우리가 여호와께 물을 만한 여호와의 선지자가 여기 없느냐 하는지라 이스라엘 왕의 신하들 중의 한 사람이 대답하여 이르되 전에 엘리야의 손에 물을 붓던 사밧의 아들 엘리사가 여기 있나이다 하니
10 "We're done for!" King Joram exclaimed. "The Lord has put the three of us at the mercy of the king of Moab!"
11 King Jehoshaphat asked, "Is there a prophet here through whom we can consult the Lord?" An officer of King Joram's forces answered, "Elisha son of Shaphat is here. He was Elijah's assistant."

**3:11 여호사밧이 이르되 우리가 여호와께 물을 만한 여호와의 선지자가 여기 없느냐.** 유다의 여호사밧은 선한 왕으로 평가받는 왕답게 핵심을 알았다. 여호사밧은 이전에 아합과 함께 출정한 전투에서도 여호와께 물을 선지자를 찾았었다. 그때 선지자의 말을 최종적으로 따르지 않았다. 그가 하나님의 뜻을 구분하는데 실패한 것이다. 그런데 중요한 것은 그가 하나님의 뜻을 찾았다는 사실이다. 하나님의 뜻을 찾는다고 다 성공하는 것은 아니다. 하나님의 뜻을 구분하는데 실패하는 경우가 많다. 여호사밧이 이전에 그랬던 것처럼 말이다.
우리가 하나님의 뜻을 구분하는데 사용하는 말씀과 기도와 일반 계시 등은 깊이가 있다. 우리가 살아가면서 그것을 다 알지는 못하기 때문에 실패할 때가 많다. 실패할 확률을 줄이기 위해 성경을 더 많이 공부하고 기도하며 책을 읽어야 한다. 그러나 늘 우리는 여전히 부족하다. 중요한 것은 그럼에도 불구하고 하나님의 뜻을 찾는 것이다. 하나님의 뜻을 찾는 자세다. 하나님의 뜻을 찾을 때 하나님의 뜻을 구분할 수 있고 순종할 수 있는 확률은 높아진다. 그러나 하나님의 뜻을 찾지 않으면 하나님의 뜻을 행할 확률은 0%다. 그가 선택한 길이 혹 우연히 하나님께서 기뻐하시는 길일 수는 있다. 그러나 하나님의 뜻을 찾지 않고 가는 길은 하나님의 뜻을 행하는 것이 아니다.

묻지 않았기 때문이다. 오직 묻는 사람만이 하나님의 뜻을 행할 가능성이 열린다. 믿음으로 산다는 것은 하나님의 뜻을 찾는 것이다. 하나님의 뜻을 묻고 순종하는 것이다. 그것이 하나님을 자신의 삶의 왕으로서 믿는 것이다. 하나님을 믿는다 하면서 하나님의 뜻을 찾지 않는다면 그것은 결코 믿는 것이 아니다. 자기 자신을 믿는 것이다. 하나님을 허수아비로 만드는 기만이다.

12 여호사밧이 이르되 여호와의 말씀이 그에게 있도다 하는지라 이에 이스라엘 왕과 여호사밧과 에돔 왕이 그에게로 내려가니라
13 엘리사가 이스라엘 왕에게 이르되 내가 당신과 무슨 상관이 있나이까 당신의 부친의 선지자들과 당신의 모친의 선지자들에게로 가소서 하니 이스라엘 왕이 그에게 이르되 그렇지 아니하니이다 여호와께서 이 세 왕을 불러 모아 모압의 손에 넘기려 하시나이다 하니라
12 "He is a true prophet," King Jehoshaphat said. So the three kings went to Elisha.
13 "Why should I help you?" Elisha said to the king of Israel. "Go and consult those prophets that your father and mother consulted." "No!" Joram replied. "It is the Lord who has put us three kings at the mercy of the king of Moab."

**3:13 내가 당신과 무슨 상관이 있나이까.** 엘리사는 여호람이 믿음이 없음을 간파하고 그를 책망하는 말을 하였다.

14 엘리사가 이르되 내가 섬기는 만군의 여호와께서 살아 계심을 두고 맹세하노니 내가 만일 유다의 왕 여호사밧의 얼굴을 봄이 아니면 그 앞에서 당신을 향하지도 아니하고 보지도 아니하였으리이다
14 Elisha answered, "By the living Lord, whom I serve, I swear that I would have nothing to do with you if I didn't respect your ally King Jehoshaphat of Judah.

**3:14 내가 만일 유다의 왕 여호사밧의 얼굴을 봄이 아니면 그 앞에서 당신을 향하지도 아니하고.** 엘리사는 여호사밧 왕 때문에 여호람을 만나주었다고 말한다. 여호사밧의 믿음 때문에 엘리사가 여호람을 상대하고 있었다.

15 이제 내게로 거문고 탈 자를 불러오소서 하니라 거문고 타는 자가 거문고를 탈 때에 여호와의 손이 엘리사 위에 있더니
16 그가 이르되 여호와의 말씀이 이 골짜기에 개천을 많이 파라 하셨나이다
17 여호와께서 이르시기를 너희가 바람도 보지 못하고 비도 보지 못하되 이 골

짜기에 물이 가득하여 너희와 너희 가축과 짐승이 마시리라 하셨나이다
**15** Now get me a musician." As the musician played his harp, the power of the Lord came on Elisha,
**16** and he said, "This is what the Lord says: 'Dig ditches all over this dry stream bed.
**17** Even though you will not see any rain or wind, this stream bed will be filled with water, and you, your livestock, and your pack animals will have plenty to drink.' "

**3:17 이 골짜기에 물이 가득하여 너희와 너희 가축과 짐승이 마시리라.** 세 왕이 물이 없어 큰 위험에 처했는데 하나님께서 물을 주신다는 말씀이다. 하나님의 마음이 이곳에 나와 있지 않지만 하나님의 마음 또한 엘리사의 마음과 같은 것으로 보인다. 여호사밧 때문에 그 군대에 기적적으로 물을 공급하여 주신다.

**18** 이것은 여호와께서 보시기에 작은 일이라 여호와께서 모압 사람도 당신의 손에 넘기시리니
**18** And Elisha continued, "But this is an easy thing for the Lord to do; he will also give you victory over the Moabites.

**3:18 모압 사람도 당신의 손에 넘기시리니.** 물만 제공하시는 것이 아니라 모압 백성들과 전쟁에서도 이기도록 하실 것이라는 말씀이다. 이 말씀대로 모압 군사들이 물로 덮인 골짜기를 피로 오인하여 진지에서 나와 결국 북이스라엘 연합군이 모압과의 전쟁을 이기게 하신다. 그 모든 것은 여호람이 아니라 여호사밧을 향한 하나님의 은혜다.

**19** 당신들이 모든 견고한 성읍과 모든 아름다운 성읍을 치고 모든 좋은 나무를 베고 모든 샘을 메우고 돌로 모든 좋은 밭을 헐리이다 하더니
**20** 아침이 되어 소제 드릴 때에 물이 에돔 쪽에서부터 흘러와 그 땅에 가득하였더라
**21** 모압의 모든 사람은 왕들이 올라와서 자기를 치려 한다 함을 듣고 갑옷 입을 만한 자로부터 그 이상이 다 모여 그 경계에 서 있더라
**22** 아침에 모압 사람이 일찍이 일어나서 해가 물에 비치므로 맞은편 물이 붉어 피와 같음을 보고
**19** You will conquer all their beautiful fortified cities; you will cut down all their fruit trees, stop all their springs, and ruin all their fertile fields by covering them with stones."
**20** The next morning, at the time of the regular morning sacrifice, water came flowing from the direction of Edom, and covered the ground.
**21** When the Moabites heard that the three kings had come to attack them, all the men who could bear arms, from the oldest to the youngest, were called out and stationed at the border.

22 When they got up the following morning, the sun was shining on the water, making it look as red as blood.

**3:22 물이 붉어 피와 같음을 보고.** 모압 군사들은 성 밖 물에 비친 빨간색을 보고 피로 여겼다. 그곳에 물이 없었는데 갑자기 생겼으니 그로 인한 착각일 것이다. 그런데 참으로 이상한 것은 그곳(와디)에 물이 흐를 때도 있었다는 사실이다. 또한 그것을 본 모압 사람들이 한 둘이 아닐 것이라는 사실이다. 그들이 모두 물에 비친 태양 빛을 피로 오해한 것은 참으로 신기한 일이다. 그것은 하나님이 그들의 판단력에 영향을 미치셨기 때문일 것이다. 선한 왕 여호사밧이 있었기 때문에 하나님께서 그에게 은혜를 베푸심으로 상대적으로 모압 왕에게는 재앙이 닥친 것이다.

**23** 이르되 이는 피라 틀림없이 저 왕들이 싸워 서로 죽인 것이로다 모압 사람들아 이제 노략하러 가자 하고
**24** 이스라엘 진에 이르니 이스라엘 사람이 일어나 모압 사람을 쳐서 그들 앞에서 도망하게 하고 그 지경에 들어가며 모압 사람을 치고
**25** 그 성읍들을 쳐서 헐고 각기 돌을 던져 모든 좋은 밭에 가득하게 하고 모든 샘을 메우고 모든 좋은 나무를 베고 길하레셋의 돌들은 남기고 물매꾼이 두루 다니며 치니라
**23** "It's blood!" they exclaimed. "The three enemy armies must have fought and killed each other! Let's go and loot their camp!"
**24** But when they reached the camp, the Israelites attacked them and drove them back. The Israelites kept up the pursuit, slaughtering the Moabites
**25** and destroying their cities. As they passed a fertile field, every Israelite would throw a stone on it until finally all the fields were covered; they also stopped up the springs and cut down the fruit trees. At last only the capital city of Kir Heres was left, and the slingers surrounded it and attacked it.

**3:25** 북이스라엘 연합군은 파죽지세로 성읍들을 점령하였다. 그러나 마지막 관문에서 막혔다. **길하레셋의 돌들은 남기고.** 아마 모압의 수도인 길하레셋만 점령하지 못하였다는 의미일 것이다. 모압의 왕은 길하레셋에서 최후 항전을 하였다.

**26** 모압 왕이 전세가 극렬하여 당하기 어려움을 보고 칼찬 군사 칠백 명을 거느리고 돌파하여 지나서 에돔 왕에게로 가고자 하되 가지 못하고
**27** 이에 자기 왕위를 이어 왕이 될 맏아들을 데려와 성 위에서 번제를 드린지라 이스라엘에게 크게 격노함이 임하매 그들이 떠나 각기 고국으로 돌아갔더라
**26** When the king of Moab realized that he was losing the battle, he took 700 swordsmen

with him and tried to force his way through the enemy lines and escape to the king of Syria, but he failed.
**27** So he took his eldest son, who was to succeed him as king, and offered him on the city wall as a sacrifice to the god of Moab. The Israelites were terrified and so they drew back from the city and returned to their own country.

**3:27 왕이 될 맏아들을 데려와 성 위에서 번제를 드린지라 이스라엘에게 크게 격노함이 임하매.** 모압 왕은 마지막 결사항전의 의지로 자신의 후계자 아들을 성 위에서 자신의 신에게 번제로 드렸다. 그것을 보고 모압 군사들이 다시 결사항전 의지로 싸웠다. **그들이 떠나 각기 고국으로 돌아갔더라.** 북이스라엘 연합군은 결국 길하레셋을 점령하지 못하고 철군하게 되었다. 모압 왕의 결사항전에 의해 여호람은 군사를 일으킨 뜻을 이루지 못하였다.
모압 왕은 비록 이방신을 섬기는 왕이었지만 자신의 믿음에 전적으로 헌신하였다. 그는 전쟁에서 패하기는 하였지만 결국 수도를 지킴으로 북이스라엘 연합군이 철수하게 만들었다. 자신의 뜻을 이루게 되었다. 이후에 그는 북이스라엘의 동쪽까지 공격하여 여러 전적을 올리게 된 것으로 보인다. 놀랍게도 이 당시의 일을 기록한 돌기념비가 지금까지 전해지고 있다. 모압 왕은 이 전쟁을 승리한 전쟁으로 묘사한다. 모압 왕의 승리는 북이스라엘 여호람 왕의 어정쩡한 믿음에 대한 하나님의 심판의 성격이 강하다. 그러한 어정쩡한 믿음으로는 이방신을 믿는 모압 왕의 결사항전 앞에서 힘없이 무너진다는 것을 잘 보여준다.

## 4장

4:1-6:23은 엘리사를 통한 다양한 기적이 나온다. 출애굽 때의 기적 이후 예수님께서 오시기까지 가장 많은 기적이 일어난 시기다. 기적은 그 백성을 긍휼히 여기시는 하나님의 특별한 섭리다.

**1** 선지자의 제자들의 아내 중의 한 여인이 엘리사에게 부르짖어 이르되 당신의 종 나의 남편이 이미 죽었는데 당신의 종이 여호와를 경외한 줄은 당신이 아시는 바니이다 이제 빚 준 사람이 와서 나의 두 아이를 데려가 그의 종을 삼고자 하나이다 하니
**1** The widow of a member of a group of prophets went to Elisha and said, “Sir, my husband

has died! As you know, he was a God-fearing man, but now a man he owed money to has come to take away my two sons as slaves in payment for my husband's debt."

**4:1 선지자의 제자들의 아내 중의 한 여인.** '선지자의 제자'란 '선지자 공동체'를 의미하는 것 같다. 느슨한 공동체였던 것으로 보인다. **엘리사에게 부르짖어.** '부르짖어(히. 짜악)'는 기본적으로 '크게 소리내는 것'을 의미한다. 말을 듣는 엘리사가 멀리 있거나, 다른 사람들도 듣기를 원하는 마음으로 하였거나, 비참함 속에 절규가 담겼기 때문에 그렇게 큰 소리로 말한 것일 수 있다. 어쩌면 이 세 가지 모두를 포함하고 있을 수 있다. **나의 남편이 이미 죽었는데 당신의 종이 여호와를 경외한 줄은 당신이 아시는 바니이다.** 이 선지자 그룹의 리더는 엘리사라는 것을 추측할 수 있다. 엘리사는 죽은 선지자를 잘 알고 있었을 것이다. 그가 하나님을 경외하는 믿음이 좋은 선지자라는 것도 알고 있었을 것이다. **빚 준 사람이 와서 나의 두 아이를 데려가 그의 종을 삼고자 하나이다.** 이런 일이 당시에는 흔한 일이었다. 갚을 능력이 없으면 사람이 몸으로 그 값을 치러야 했기 때문에 종으로 팔려갔다. 이것 때문에 더욱더 절규하고 있었을 것이다. 죽음의 문제는 사람이 어쩔 수 없는 것이니 받아들인다 하여도 자녀가 종으로 팔리는 것은 엄마로서 더욱더 절규하게 만드는 일이다. 이전까지 선지자의 아내로 살면서 가난하게 산 것은 그래도 참을 수 있었다. 그러나 남편이 죽고 자녀들까지 종으로 팔려가는 상황에서는 이 여인이 부르짖지 않을 수 없었다. 아프니 우는 것이다.

**2** 엘리사가 그에게 이르되 내가 너를 위하여 어떻게 하랴 네 집에 무엇이 있는지 내게 말하라 그가 이르되 계집종의 집에 기름 한 그릇 외에는 아무것도 없나이다 하니

**2** "What shall I do for you?" he asked. "Tell me, what have you got at home?" "Nothing at all, except a small jar of olive oil," she answered.

**4:2 내가 너를 위하여 어떻게 하랴 네 집에 무엇이 있는지 내게 말하라.** 여인이 잃은 것 때문에 아파하고 있을 때 엘리사는 여인이 여전히 가지고 있는 것에 주목하게 하였다. 사실 여인에게는 지금 여전히 하나님이 계신다. 이 상태에서 여인이 하나님의 영광만 제대로 알아도 그렇게 절규하지는 않을 것이다. 그는 이미 충분히 가지고 있다. 구원을 가지고 있기 때문이다. 그러나 이 여인에게는 지금 조금 더 빛의 안내가 필요하였다. 그래서 엘리사는 여인이 빛을 보도록 안내하였다.

3 이르되 너는 밖에 나가서 모든 이웃에게 그릇을 빌리라 빈 그릇을 빌리되 조금 빌리지 말고
4 너는 네 두 아들과 함께 들어가서 문을 닫고 그 모든 그릇에 기름을 부어서 차는 대로 옮겨 놓으라 하니라
3 “Go to your neighbours and borrow as many empty jars as you can,” Elisha told her.
4 “Then you and your sons go into the house, close the door, and start pouring oil into the jars. Set each one aside as soon as it is full.”

**4:4 모든 그릇에 기름을 부어서 차는 대로 옮겨 놓으라.** 이웃의 그릇을 빌리게 하고 그 그릇에 기름을 부으라 하였다. 작은 병 하나에 있던 기름은 빌려온 모든 그릇에 기름을 가득 채울 때까지 떨어지지 않았다. 그 기름을 팔면 모든 빚을 갚고도 남을 만큼 풍성하게 되었다.

5 여인이 물러가서 그의 두 아들과 함께 문을 닫은 후에 그들은 그릇을 그에게로 가져오고 그는 부었더니
6 그릇에 다 찬지라 여인이 아들에게 이르되 또 그릇을 내게로 가져오라 하니 아들이 이르되 다른 그릇이 없나이다 하니 기름이 곧 그쳤더라
7 그 여인이 하나님의 사람에게 나아가서 말하니 그가 이르되 너는 가서 기름을 팔아 빚을 갚고 남은 것으로 너와 네 두 아들이 생활하라 하였더라
5 So the woman went into her house with her sons, closed the door, took the small jar of olive oil, and poured oil into the jars as her sons brought them to her.
6 When they had filled all the jars, she asked if there were any more. “That was the last one,” one of her sons answered. And the olive oil stopped flowing.
7 She went back to Elisha, the prophet, who said to her, “Sell the olive oil and pay all your debts, and there will be enough money left over for you and your sons to live on.”

**4:7 하나님의 사람에게 나아가서 말하니.** ‘말하니(히. 나가드)’는 ‘보고하다’이다. 이제 부르짖을 필요가 없다. 보고만 하면 된다.
기름이 채워져 빚을 갚게 된 사건은 우리가 기도하면 하나님께서 채워 주신다는 것을 말하기 위함이 아니다. 만약 그렇다면 이 여인은 해피 엔딩이지만 그렇지 않은 사람들이 훨씬 더 많다. 물론 오늘날에도 하나님께서 어떤 방식으로든 채워 주실 수 있다. 그러기에 부르짖으라. 그러나 더 중요한 것은 하나님께서 돌보신다는 사실에 대한 믿음이다. 하나님께서 모든 일을 하실 수 있고 돌보시는 하나님인데 우리에게 어려움이 있을 때가 있다. 왜 그럴까? 우리는 이유를 몰라도 우리에게 필요해서 일 것이다. 그러기에 하나님을 신뢰하며 하나님을 바라보는 것은 더 중요하다. 하나님을 바라보아도 기름이 채워지는 기적이 없으면 작은 믿음이 아니라 여전히 더 큰 믿음이다.

8 하루는 엘리사가 수넴에 이르렀더니 거기에 한 귀한 여인이 그를 간권하여 음식을 먹게 하였으므로 엘리사가 그 곳을 지날 때마다 음식을 먹으러 그리로 들어갔더라
8 One day Elisha went to Shunem, where a rich woman lived. She invited him to a meal, and from then on every time he went to Shunem he would have his meals at her house.

**4:8 엘리사가 수넴에 이르렀더니.** '수넴'은 갈멜산과 사마리아 중간에서 약간 오른쪽 지점에 위치해 있다. 북이스라엘의 전역을 돌보던 엘리사는 이곳을 자주 지나갔다. **한 귀한 여인이 그를 간권하여 음식을 먹게 하였으므로.** '귀한 여인'은 문자적으로는 '큰(히. 가돌) 여인'이다. 본문에서는 신체적인 의미보다는 아마 부요한 여인을 말하기 위한 것으로 보인다. 그래서 '귀부인' 정도로 생각하면 된다. 앞 부분이 가난한 선지자의 과부에 대한 이야기였는데 이번에는 부유한 여인 이야기다. 이 여인은 엘리사가 지나갈 때마다 아주 강하게 권하여 음식을 대접하곤 하였다. 부요하기에 자신이 하고 싶은 일들을 마음대로 할 수 있었다. 그러나 자신이 가진 부요함으로 선지자를 돕기를 원하였다. 그는 자신의 부요에 매이지 않고 하늘을 바라보는 자유를 가진 여인이었다. 선지자 엘리사에 대한 대접을 보면 이 여인이 하나님을 경외하는 믿음이 있음을 알 수 있다.

9 여인이 그의 남편에게 이르되 항상 우리를 지나가는 이 사람은 하나님의 거룩한 사람인 줄을 내가 아노니
10 청하건대 우리가 그를 위하여 작은 방을 담 위에 만들고 침상과 책상과 의자와 촛대를 두사이다 그가 우리에게 이르면 거기에 머물리이다 하였더라
9 She said to her husband, "I am sure that this man who comes here so often is a holy man.
10 Let's build a small room on the roof, put a bed, a table, a chair, and a lamp in it, and he can stay there whenever he visits us."

**4:10 그를 위하여 작은 방을 담 위에 만들고.** 여인은 엘리사가 머무를 수 있는 방을 만들었다. 기존의 방이기보다 새로 확장하여 만든 것 같다. 집 위에 엘리사만을 위한 손님방을 만들었다. 우리식으로 하면 잘 만들어진 옥탑방이다. 엘리사가 자주 오지는 않았다. 그러나 그렇게 방을 만든 것을 보면 여인이 하나님을 향한 열심이 있었다고 볼 수 있다.

11 하루는 엘리사가 거기에 이르러 그 방에 들어가 누웠더니

12 자기 사환 게하시에게 이르되 이 수넴 여인을 불러오라 하니 곧 여인을 부르매 여인이 그 앞에 선지라
13 엘리사가 자기 사환에게 이르되 너는 그에게 이르라 네가 이같이 우리를 위하여 세심한 배려를 하는도다 내가 너를 위하여 무엇을 하랴 왕에게나 사령관에게 무슨 구할 것이 있느냐 하니 여인이 이르되 나는 내 백성 중에 거주하나이다 하니라
11 One day Elisha returned to Shunem and went up to his room to rest.
12 He told his servant Gehazi to go and call the woman. When she came,
13 he said to Gehazi, "Ask her what I can do for her in return for all the trouble she has had in providing for our needs. Maybe she would like me to go to the king or the army commander and put in a good word for her." "I have all I need here among my own people," she answered.

**4:13 내가 너를 위하여 무엇을 하랴 왕에게나 사령관에게 무슨 구할 것이 있느냐.** 엘리사는 친절을 베푸는 여인에게 무엇인가를 해주고 싶었다. 그래서 혹시 왕이나 군대장관에게 요청하고 싶은 것이 있는지 물었다. 이것은 엘리사가 그런 힘이 있기 때문에 하는 말일 수도 있으나 어쩌면 시험일 수도 있다. **나는 내 백성 중에 거주하나이다.** '백성(히. 암)'은 '친척'을 의미할 때가 많다. 이것은 '나는 나를 도울 친척이 주변에 많이 있습니다'라는 의미다. 곧 자신은 더 필요한 것이 없다는 뜻이다. 여인은 순수한 마음으로 엘리사를 도왔다. 어떤 대가를 바란 것이 아니라 하나님의 뜻이 잘 성취되도록 도운 것일 뿐이다.

14 엘리사가 이르되 그러면 그를 위하여 무엇을 하여야 할까 하니 게하시가 대답하되 참으로 이 여인은 아들이 없고 그 남편은 늙었나이다 하니
14 Elisha asked Gehazi, "What can I do for her then?" He answered, "Well, she has no son, and her husband is an old man."

**4:14 그를 위하여 무엇을 하여야 할까.** 엘리사는 여인이 요청하지 않았지만 실제로 그 여인이 필요한 것이 무엇일지를 게하시에게 물었다. **여인은 아들이 없고 그 남편은 늙었나이다.** 여인에게 아들이 없다는 것은 그 시대에는 매우 큰 문제였고 아픔이다. 남편이 나이까지 많았다. 그렇다면 이제 희망도 없어 더욱더 큰 고통이었을 것이다. 그런데 이 여인은 그런 아픔 속에서도 여전히 하나님께 감사하며 선지자를 돕고 있었다. 아이가 없었으나 불평하지 않고 감사하고 있었다.

15 이르되 다시 부르라 하여 부르매 여인이 문에 서니라
16 엘리사가 이르되 한 해가 지나 이 때쯤에 네가 아들을 안으리라 하니 여인이 이르되 아니로소이다 내 주 하나님의 사람이여 당신의 계집종을 속이지 마옵소서 하니라
15 "Tell her to come here," Elisha ordered. She came and stood in the doorway,
16 and Elisha said to her, "By this time next year you will be holding a son in your arms." "Oh!" she exclaimed. "Please, sir, don't lie to me. You are a man of God!"

**4:16 네가 아들을 안으리라.** 아픔 속에서도 오직 하나님을 바라보았던 여인에게 엘리사는 아들을 약속하였다. 하나님께서 주시는 아들이다. 그러나 여인은 그것을 도무지 믿을 수 없었다. **내 주 하나님의 사람이여 당신의 계집종을 속이지 마옵소서.** 그가 엘리사를 '주(히. 아돈)'로 표현하여 높이고 자신을 '계집종(히. 쉬프하)' 즉 '여자 노예'라고 표현한 것은 엘리사를 지극히 존경하는 표현이다. 그렇지만 자신이 아이를 낳을 것이라는 것을 믿지 못했다. 엘리사가 자신에게 기분 좋으라고 하는 말 정도로 생각하였다. 그것은 진실을 반영하는 것이 아니라 농담이나 예의상 하는 말과 같은 것으로 생각하였다.

17 여인이 과연 잉태하여 한 해가 지나 이 때쯤에 엘리사가 여인에게 말한 대로 아들을 낳았더라
17 But, as Elisha had said, at about that time the following year she gave birth to a son.

**4:17 엘리사가 여인에게 말한 대로 아들을 낳았더라.** 결국 여인이 아들을 낳았다. 도저히 불가능할 것이라고 생각했던 것이 현실이 되었다. 바랄 수 없었던 일이 실제가 되었다. 하나님께서 여인의 귀한 마음을 보시고 그의 가장 필요한 것으로 돌보신 것이다. 여인이 하나님을 향하여 온 마음을 기울이자 하나님께서 그 여인을 향해 긍휼을 베푸신 것이다. 우리가 온 마음을 드릴 때 하나님께서 우리의 필요를 채워 주신다. 우리는 구하지도 못한 놀라운 일을 놀라운 방식으로 채워 주신다. 그것이 하나님의 일을 하는 사람들의 공통적인 고백이다. 자신은 단지 하나님을 사랑하였고 하나님의 일을 하였을 뿐인데 하나님께서 그 사람의 일을 놀랍게 채워 주시는 것을 경험하곤 한다.

18 그 아이가 자라매 하루는 추수꾼들에게 나가서 그의 아버지에게 이르렀더니

19 그의 아버지에게 이르되 내 머리야 내 머리야 하는지라 그의 아버지가 사환에게 말하여 그의 어머니에게로 데려가라 하매
20 곧 어머니에게로 데려갔더니 낮까지 어머니의 무릎에 앉아 있다가 죽은지라
18 Some years later, at harvest time, the boy went out one morning to join his father, who was in the field with the harvest workers.
19 Suddenly he cried out to his father, "My head hurts! My head hurts!" "Carry the boy to his mother," the father said to a servant.
20 The servant carried the boy back to his mother, who held him in her lap until noon, at which time he died.

**4:20 낮까지 어머니의 무릎에 앉아 있다가 죽은지라.** 아버지의 일터에 갔던 아이가 머리가 아파 집에 돌어왔다. 그리고 갑작스럽게 반나절만에 죽었다. 수넴 여인의 집안이 아이 때문에 행복했던 모든 순간보다 아이의 죽음으로 불어 닥칠 슬픔은 훨씬 더 클 것이다. 귀하면 귀한만큼 잃어버릴 때 상실감은 더 크다.
수넴 여인이 아주 늦게 아이를 가지게 되었을 때 집안에서는 아주 기뻐하였을 것이다. 동네 사람들은 아마 엘리사를 통한 하나님의 은혜로 아이를 낳게 되었다는 것을 알고 있었을 것이다. 수넴 여인의 믿음을 칭찬하였을 것이다. 믿음이 좋아 하나님께서 복을 주셨다고 다들 한 마디씩 하였을 것이다. 그런데 아이가 죽게 되었으니 동네 사람들은 뭐라고 말할까? 참으로 끔찍한 일이다.

21 그의 어머니가 올라가서 아들을 하나님의 사람의 침상 위에 두고 문을 닫고 나와
21 She carried him up to Elisha's room, put him on the bed and left, closing the door behind her.

**4:21 아들을 하나님의 사람의 침상 위에 두고 문을 닫고 나와.** 아들이 죽었으면 남편과 사람들에게 알리는 것이 순서다. 그런데 수넴 여인은 그 사실을 숨겼다. 엘리사의 방은 다른 사람이 들어가지 않을 것이다. 그래서 엘리사의 방에 아이의 시신을 둔 것 같다.

22 그 남편을 불러 이르되 청하건대 사환 한 명과 나귀 한 마리를 내게로 보내소서 내가 하나님의 사람에게 달려갔다가 돌아오리이다 하니
22 Then she called her husband and said to him, "Send a servant here with a donkey. I need to go to the prophet Elisha. I'll be back as soon as I can."

**4:22 사환 한 명과 나귀 한 마리를 내게로 보내소서 내가 하나님의 사람에게 달려갔다가 돌아오리이다.** 그는 엘리사가 어디에 있는지 알고 있었다. 엘리사가 있는 갈멜산까지는 32km떨어져 있다. 하룻길이다. 여인은 서둘러 엘리사에게 가고자 남편에게 요청하였다.

**23** 그 남편이 이르되 초하루도 아니요 안식일도 아니거늘 그대가 오늘 어찌하여 그에게 나아가고자 하느냐 하는지라 여인이 이르되 평안을 비나이다 하니라
**24** 이에 나귀에 안장을 지우고 자기 사환에게 이르되 몰고 가라 내가 말하지 아니하거든 나를 위하여 달려가기를 멈추지 말라 하고
**25** 드디어 갈멜 산으로 가서 하나님의 사람에게로 나아가니라 하나님의 사람이 멀리서 그를 보고 자기 사환 게하시에게 이르되 저기 수넴 여인이 있도다
**26** 너는 달려가서 그를 맞아 이르기를 너는 평안하냐 네 남편이 평안하냐 아이가 평안하냐 하라 하였더니 여인이 대답하되 평안하다 하고
**27** 산에 이르러 하나님의 사람에게 나아가서 그 발을 안은지라 게하시가 가까이 와서 그를 물리치고자 하매 하나님의 사람이 이르되 가만 두라 그의 영혼이 괴로워하지마는 여호와께서 내게 숨기시고 이르지 아니하셨도다 하니라
**28** 여인이 이르되 내가 내 주께 아들을 구하더이까 나를 속이지 말라고 내가 말하지 아니하더이까 하니

**23** "Why do you have to go today?" her husband asked. "It's neither a Sabbath nor a New Moon Festival." "Never mind," she answered.
**24** Then she had the donkey saddled, and ordered the servant, "Make the donkey go as fast as it can, and don't slow down, unless I tell you to."
**25** So she set out, and went to Mount Carmel, where Elisha was. Elisha saw her coming while she was still some distance away, and said to his servant Gehazi, "Look—there comes the woman from Shunem!
**26** Hurry to her and find out if everything is all right with her, her husband, and her son." She told Gehazi that everything was all right,
**27** but when she came to Elisha she bowed down before him and took hold of his feet. Gehazi was about to push her away, but Elisha said, "Leave her alone. Can't you see she's deeply distressed? And the Lord has not told me a thing about it."
**28** The woman said to him, "Sir, did I ask you for a son? Didn't I tell you not to raise my hopes?"

**4:28 내가 내 주께 아들을 구하더이까.** 구하지도 않았는데 주신 그 아들이 죽었다는 말을 함축하고 있다. 그러나 여전히 무슨 일이 일어났는지는 말하지 않았다. 차마 죽음이라는 단어를 말할 수 없었을까? 아니면 죽음을 인정하지 않고 있는 것일까?

29 엘리사가 게하시에게 이르되 네 허리를 묶고 내 지팡이를 손에 들고 가라 사람을 만나거든 인사하지 말며 사람이 네게 인사할지라도 대답하지 말고 내 지팡이를 그 아이 얼굴에 놓으라 하는지라
29 Elisha turned to Gehazi and said, "Hurry! Take my stick and go. Don't stop to greet anyone you meet, and if anyone greets you, don't take time to answer. Go straight to the house and hold my stick over the boy."

**4:29 네 허리를 묶고 내 지팡이를 손에 들고 가라...내 지팡이를 그 아이 얼굴에 놓으라.** 재빨리 행동하도록 게하시를 시켰다. 그러나 여인은 그 이상을 원했다.

30 아이의 어머니가 이르되 여호와께서 살아 계심과 당신의 영혼이 살아 계심을 두고 맹세하노니 내가 당신을 떠나지 아니하리이다 엘리사가 이에 일어나 여인을 따라가니라
30 The woman said to Elisha, "I swear by my loyalty to the living Lord and to you that I will not leave you!" So the two of them started back together.

**4:30 내가 당신을 떠나지 아니하리이다 엘리사가 이에 일어나 여인을 따라가니라.** 여인은 아이를 위해 엘리사가 동행하기를 원하였다. 결국 엘리사는 여인과 함께 수넴으로 갔다.

31 게하시가 그들보다 앞서 가서 지팡이를 그 아이의 얼굴에 놓았으나 소리도 없고 듣지도 아니하는지라 돌아와서 엘리사를 맞아 그에게 말하여 아이가 깨지 아니하였나이다 하니라
31 Gehazi went on ahead and held Elisha's stick over the child, but there was no sound or any other sign of life. So he went back to meet Elisha and said, "The boy didn't wake up."

**4:31 게하시가 그들보다 앞서 가서 지팡이를 그 아이의 얼굴에 놓았으나...아이가 깨지 아니하였나이다.** 엘리사가 틀렸다. 여인이 옳았다. 지팡이로 아이가 깨어나지 않았다. 게하시만 보낸 엘리사를 설득하여 여인이 엘리사와 함께 온 것이 옳은 선택이었다.

32 엘리사가 집에 들어가 보니 아이가 죽었는데 자기의 침상에 눕혔는지라
33 들어가서는 문을 닫으니 두 사람 뿐이라 엘리사가 여호와께 기도하고
34 아이 위에 올라 엎드려 자기 입을 그의 입에, 자기 눈을 그의 눈에, 자기 손을 그의 손에 대고 그의 몸에 엎드리니 아이의 살이 차차 따뜻하더라

35 엘리사가 내려서 집 안에서 한 번 이리 저리 다니고 다시 아이 위에 올라 엎드리니 아이가 일곱 번 재채기 하고 눈을 뜨는지라

32 When Elisha arrived, he went alone into the room and saw the boy lying dead on the bed.
33 He closed the door and prayed to the Lord.
34 Then he lay down on the boy, placing his mouth, eyes, and hands on the boy's mouth, eyes, and hands. As he lay stretched out over the boy, the boy's body started to get warm.
35 Elisha got up, walked about the room, and then went back and again stretched himself over the boy. The boy sneezed seven times, and then opened his eyes.

**4:35 아이 위에 올라 엎드리니 아이가 일곱 번 재채기 하고 눈을 뜨는지라.** 엘리사에 의해 아이가 살아났다. 그런데 그 과정이 조금 복잡하였다. 이것은 엘리사의 기술을 의미하는 것이 아니라 아이가 살아나게 하시는 분은 하나님이라는 것을 의미한다. 엘리사는 그렇게 하게 하시는 하나님을 느꼈을 것이고 순종하여 결국 아이가 살아났다. 하나님은 아이를 살아나게 하실 수 있다. 그러나 살아나게 하시는 것은 하나님이 결정하신다. 때로는 죽은 자가 살아나게 하시나 대부분은 죽은 자가 살아나게 하지 않으신다. 죽게 하신 것도 하나님의 뜻이요 살아나는 일이 가끔 일어나게 하시는 것도 하나님의 뜻이다.

여인이 아이가 살아나기를 바란 것은 참으로 담대한 믿음이다. 오늘날 누군가가 이렇게 한다면 나는 말릴 것이다. 나에게 '살려내라'고 말한다면 시도도 하지 않을 것이다. 이것은 엘리사와 여인을 하나님께서 특별히 인도하셨기 때문에 가능하였다. 혹 오늘날도 성도와 목회자 둘 모두에게 이런 확신이 들어도 나는 그리 권장하고 싶지 않다. 시대가 다르기 때문이다. 그러나 분명한 사실은 하나님은 무엇이든 하실 수 있다는 사실이다. 오늘날 우리에게는 더 힘든 일도 하실 수 있다. 그러나 중요한 것은 우리가 하나님께 그런 일을 강요하는 것이 되면 안 된다. 그러나 간청은 당연히 할 수 있다.

36 엘리사가 게하시를 불러 저 수넴 여인을 불러오라 하니 곧 부르매 여인이 들어가니 엘리사가 이르되 네 아들을 데리고 가라 하니라
37 여인이 들어가서 엘리사의 발 앞에서 땅에 엎드려 절하고 아들을 안고 나가니라
38 엘리사가 다시 길갈에 이르니 그 땅에 흉년이 들었는데 선지자의 제자들이 엘리사의 앞에 앉은지라 엘리사가 자기 사환에게 이르되 큰 솥을 걸고 선지자의 제자들을 위하여 국을 끓이라 하매

36 Elisha called Gehazi and told him to call the boy's mother. When she came in, he said to her, "Here's your son."
37 She fell at Elisha's feet, with her face touching the ground; then she took her son and left.

38 Once, when there was a famine throughout the land, Elisha returned to Gilgal. While he was teaching a group of prophets, he told his servant to put a big pot on the fire and make some stew for them.

**4:38 그 땅에 흉년이 들었는데.** 북이스라엘의 영적인 기근 상태가 땅의 기근 상태로 이어진 측면이 있다. 땅에 기근이 생기자 그곳의 선지자들도 기근에 고통을 겪었다. 하나님의 사람은 하나님 나라에 속한 사람이다. 그러나 이 땅의 아픔에 동떨어진 사람이 아니라 이 땅의 아픔을 함께 겪는 사람이다. 함께 고생하며 그 속에서 구원의 일을 한다.

39 한 사람이 채소를 캐러 들에 나가 들포도덩굴을 만나 그것에서 들호박을 따서 옷자락에 채워가지고 돌아와 썰어 국 끓이는 솥에 넣되 그들은 무엇인지 알지 못한지라
40 이에 퍼다가 무리에게 주어 먹게 하였더니 무리가 국을 먹다가 그들이 외쳐 이르되 하나님의 사람이여 솥에 죽음의 독이 있나이다 하고 능히 먹지 못하는지라
39 One of them went out in the fields to get some herbs. He found a wild vine, and picked as many gourds as he could carry. He brought them back and sliced them up into the stew, not knowing what they were.
40 The stew was poured out for the men to eat, but as soon as they tasted it they exclaimed to Elisha, "It's poisoned!"—and wouldn't eat it.

**4:40 죽음의 독이 있나이다 하고 능히 먹지 못하는지라.** 죽에 들어간 정체 불명의 식물은 너무 이상한 맛이 나서 먹을 수가 없었다.

41 엘리사가 이르되 그러면 가루를 가져오라 하여 솥에 던지고 이르되 퍼다가 무리에게 주어 먹게 하라 하매 이에 솥 가운데 독이 없어지니라
41 Elisha asked for some meal, threw it into the pot, and said, "Pour out some more stew for them." And then there was nothing wrong with it.

**4:41 엘리사가 이르되 그러면 가루를 가져오라 하여 솥에 던지고.** 가루(히. 케마)는 보리나 밀가루를 의미한다. 그러한 가루를 조금 넣었다고 솥에 있는 죽의 이상한 것이 없어질 리가 없다. 그러나 그 일에 하나님께서 기적적으로 역사하셨다. 그래서 솥의 죽은 먹을 만한 것이 되었다.
제대로 먹지 못하고 있던 선지자들에게 기왕에 주는 것 아주 맛있는 것을 주면 좋을

것 같다. 그런데 기껏해야 들 호박죽이다. 그 안에 있는 이상한 맛만 없어진 것이다. 그것보다 더 좋은 것은 이전에 과부 집에서처럼 그릇을 가져오라 하여 기름을 가득 채운다면 한 번에 기근의 가난이 해소될 수 있다. 그런데 엄청난 기적을 통해 이룬 것은 기껏해야 한 끼의 호박죽이 전부였다. 기적의 낭비 같아 보인다.

기적의 낭비가 아니다. 이것은 엘리사의 능력이 아니라 하나님의 은혜로 주어진 것이다. 하나님께서 호박죽을 맛있게 하심으로 선지자들의 굶주린 배를 채워 주시고 위로하여 주신 것이다. 이 기적을 통해 선지자들은 배고픔이 비참한 것이 아니라는 것을 배워야 한다. 이후에 다시 여전히 먹을 것이 없을 것이다. 그러나 이전에 이 사건이 없었을 때와 이 사건 이후는 많이 다를 것이다. 기적을 통해 한 끼만 해결된 것이 기적의 낭비가 아니라 그 뜻을 모르고 넘어가는 것이 기적의 낭비다.

**42** 한 사람이 바알 살리사에서부터 와서 처음 만든 떡 곧 보리떡 이십 개와 또 자루에 담은 채소를 하나님의 사람에게 드린지라 그가 이르되 무리에게 주어 먹게 하라

**42** Another time, a man came from Baal Shalishah, bringing Elisha twenty loaves of bread made from the first barley harvested that year, and some freshly-cut ears of corn. Elisha told his servant to feed the group of prophets with this,

**4:42 보리떡 이십 개.** 보리를 첫 수확하고 그것으로 만든 빵을 의미할 것이다. 보리는 모든 수확물 중 처음 추수하는 곡물이다. 유월절 근방에 수확한다. 처음 수확물이라 귀하고 또한 우리나라의 옛날 보릿고개처럼 첫 수확물을 먹기 직전의 가난함도 있었을 것이다. 사람이 많은 줄 알면서도 빵 20개밖에 가져오지 못하는 가난함도 담겨 있다. '자루에 담은 채소'로 번역한 이 부분은 그렇게 해석할 수도 있지만 그것보다는 아마 보리를 추수하고 첫 수확물을 자루에 담아 온 것을 말하는 것으로 보인다.

**43** 그 사환이 이르되 내가 어찌 이것을 백 명에게 주겠나이까 하나 엘리사는 또 이르되 무리에게 주어 먹게 하라 여호와의 말씀이 그들이 먹고 남으리라 하셨느니라

**43** but he answered, "Do you think this is enough for a hundred men?" Elisha replied, "Give it to them to eat, because the Lord says that they will eat and still have some left over."

**4:43 내가 어찌 이것을 백 명에게 주겠나이까.** 게하시는 빵 20개로 백 명에게 나누어 주라는 엘리사의 말을 이해하지 못하였다. 대체 얼마나 작게 쪼개어 나누어 주어야

할까? 그렇게 하는 것이 무슨 의미가 있을까? **여호와의 말씀이 그들이 먹고 남으리라 하셨느니라.** 엘리사는 이 빵을 그가 배부르게 먹게 할 수 있다고 생각한 것이 아니라 하나님께서 그에게 지시하신 것을 따라 명령하고 있다는 것을 말하였다. 오빵이어 기적에서 예수님은 하나님의 지시가 아니라 백성을 긍휼히 여기시는 마음으로 하셨다. 그러나 엘리사는 그런 능력이 없다. 그래서 하나님께서 말씀하셨기 때문에 그것에 따라 이렇게 하고 있는 것이다.

44 그가 그들 앞에 주었더니 여호와께서 말씀하신 대로 먹고 남았더라
44 So the servant set the food before them, and, as the Lord had said, they all ate and there was still some left over.

**4:44 말씀하신 대로 먹고 남았더라.** 음식이 남았다는 것은 백여명의 사람이 배불리 먹었다는 것을 의미한다. 이것은 이후 예수님의 오빵이어 기적과 비슷하다. 이것을 '이십 빵 기적'이라 부르겠다.
사람들은 한 끼의 식사를 먹었다. 그러나 그것은 단순히 한 끼의 식사가 아니다. 하나님의 은혜다. 백성들의 필요를 언제든지 채워 주시는 하나님의 은혜의 빵이다. 또한 먹을 것이 없어도 하나님께서 능력이 없으셔서 그런 것이 아님을 배우는 은혜의 빵이다. 그 백성들이 귀하지 않으셔서 그렇게 배고프게 하시는 것이 아니라는 것을 말씀하시는 은혜의 빵이다.

## 5장

1 아람 왕의 군대 장관 나아만은 그의 주인 앞에서 크고 존귀한 자니 이는 여호와께서 전에 그에게 아람을 구원하게 하셨음이라 그는 큰 용사이나 나병환자더라
2 전에 아람 사람이 떼를 지어 나가서 이스라엘 땅에서 어린 소녀 하나를 사로잡으매 그가 나아만의 아내에게 수종들더니
1 Naaman, the commander of the Syrian army, was highly respected and esteemed by the king of Syria, because through Naaman the Lord had given victory to the Syrian forces. He was a great soldier, but he suffered from a dreaded skin disease.
2 In one of their raids against Israel, the Syrians had carried off a little Israelite girl, who became a servant of Naaman's wife.

**5:2 소녀.** 아람이 북이스라엘을 침략하여 잡아간 소녀다. 아람은 당시 이 지역의 패권을 잡고 있었는데 이스라엘과 때때로 전쟁을 하였다. 나아만 장군이 이스라엘에 온 것을 보면 두 나라 사이가 평화롭다는 것을 반영한다. 아마 이전에 아람과 이스라엘의 전쟁 가운데 잡혀갔을 것이다. 어렸을적 아람에 잡혀왔다는 것은 어쩌면 그의 부모는 전쟁의 희생양이 되었다는 것을 의미할 수 있다. 이 소녀는 타국에 포로로 잡혀간 불쌍한 소녀였다. 그곳에서 하녀 생활을 하고 있었던 존재감 없는 소녀였다. 그러나 소녀는 믿음이 좋았던 것으로 보인다. 이야기의 중심 인물이 된다.

3 그의 여주인에게 이르되 우리 주인이 사마리아에 계신 선지자 앞에 계셨으면 좋겠나이다 그가 그 나병을 고치리이다 하는지라
3 One day she said to her mistress, "I wish that my master could go to the prophet who lives in Samaria! He would cure him of his disease."

**5:3 우리 주인이 사마리아에 계신 선지자 앞에 계셨으면 좋겠나이다 그가 그 나병을 고치리이다.** 소녀는 자신의 주인 나아만 장군이 피부병으로 고생하는 것을 보았다. 엘리사 선지자가 그를 고쳐줄 수 있을 것이라고 그가 섬기는 여주인에게 말하였다. 소녀의 이런 말은 매우 사랑스럽다. 그가 주인을 사랑으로 섬기지 않았다면 어찌 보면 원수와 같은 그가 피부병에서 고침을 받는 것을 원하지 않았을 것이다. 그러나 그의 마음이 원수까지 사랑하는 마음으로 바뀌어 있었던 것 같다. 또한 매우 위험한 일이기도 하다. 그가 주장한 대로 되지 않으면 그 소녀는 큰 위험에 처할 수 있다. 북이스라엘도 큰 위험에 처할 수 있다. 그녀는 무엇보다 하나님을 향한 신뢰가 있었던 것으로 보인다. 하나님의 치료하심이 아니면 모두가 위험해질 수도 있으나 하나님을 향한 믿음이 더 컸기 때문에 이런 어렵고도 힘든 말을 건넸다.

4 나아만이 들어가서 그의 주인께 아뢰어 이르되 이스라엘 땅에서 온 소녀의 말이 이러이러하더이다 하니
4 When Naaman heard of this, he went to the king and told him what the girl had said.

**5:4 나아만이 들어가서 그의 주인께 아뢰어 이르되.** 나아만이 자신의 왕에게 북이스라엘에 가도록 허락을 받고 있다. 한 소녀의 말을 듣고 엄청난 예물을 가지고 북이스라엘에 가는 것을 보면 소녀가 그 집에서 신뢰를 받는 사람이었다는 것을 의미한다. 또한 나아만의 낫고 싶은 마음이 매우 강하였다는 것을 의미한다. 그리고 어쩌면 북이

스라엘의 하나님에 대해 또는 엘리야와 엘리사를 통한 역사함에 대해 누군가로부터 여러 이야기를 들었을 수도 있다. 아마 세 가지 모두 작용한 것 같다.

5 아람 왕이 이르되 갈지어다 이제 내가 이스라엘 왕에게 글을 보내리라 하더라 나아만이 곧 떠날새 은 십 달란트와 금 육천 개와 의복 열 벌을 가지고 가서
6 이스라엘 왕에게 그 글을 전하니 일렀으되 내가 내 신하 나아만을 당신에게 보내오니 이 글이 당신에게 이르거든 당신은 그의 나병을 고쳐 주소서 하였더라
7 이스라엘 왕이 그 글을 읽고 자기 옷을 찢으며 이르되 내가 사람을 죽이고 살리는 하나님이냐 그가 어찌하여 사람을 내게로 보내 그의 나병을 고치라 하느냐 너희는 깊이 생각하고 저 왕이 틈을 타서 나와 더불어 시비하려 함인줄 알라 하니라

5 The king said, "Go to the king of Israel and take this letter to him." So Naaman set out, taking 30,000 pieces of silver, 6,000 pieces of gold, and ten changes of fine clothes.
6 The letter that he took read: "This letter will introduce my officer Naaman. I want you to cure him of his disease."
7 When the king of Israel read the letter, he tore his clothes in dismay and exclaimed, "How can the king of Syria expect me to cure this man? Does he think that I am God, with the power of life and death? It's plain that he is trying to start a quarrel with me!"

**5:7 자기 옷을 찢으며 이르되 내가 사람을 죽이고 살리는 하나님이냐.** 북이스라엘 왕은 아람 왕의 편지를 보고 절규하였다. 당시의 왕은 아합의 아들 여호람 왕이다. 그는 나아만 장군이 온 것을 보고 믿음에 대해서 생각도 하지 못하였다. 단지 아람 왕이 시비를 걸기 위해 장군을 보냈다고 생각하였다.

8 하나님의 사람 엘리사가 이스라엘 왕이 자기의 옷을 찢었다 함을 듣고 왕에게 보내 이르되 왕이 어찌하여 옷을 찢었나이까 그 사람을 내게로 오게 하소서 그가 이스라엘 중에 선지자가 있는 줄을 알리이다 하니라
9 나아만이 이에 말들과 병거들을 거느리고 이르러 엘리사의 집 문에 서니
10 엘리사가 사자를 그에게 보내 이르되 너는 가서 요단 강에 몸을 일곱 번 씻으라 네 살이 회복되어 깨끗하리라 하는지라

8 When the prophet Elisha heard what had happened, he sent word to the king: "Why are you so upset? Send the man to me, and I'll show him that there is a prophet in Israel!"
9 So Naaman went with his horses and chariot, and stopped at the entrance to Elisha's house.
10 Elisha sent a servant out to tell him to go and wash himself seven times in the River Jordan, and he would be completely cured of his disease.

**5:10 엘리사가 사자를 그에게 보내 이르되.** 나아만은 엘리사가 자신을 만나러 왔어야 했다고 생각했을 가능성이 높다. 자신은 높은 직위의 사람이니 당연히 엘리사가 와야 하는데 자신에게 오라고 하였으니 기분이 상하였을 것이다. 더 나아가 자신이 직접 엘리사를 만나러 왔음에도 불구하고 엘리사가 직접 나오지 않고 사람을 보내 자신에게 '요단 강에 몸을 씻으라' 하니 더욱더 기분이 상하였을 것이다.

> **11** 나아만이 노하여 물러가며 이르되 내 생각에는 그가 내게로 나와 서서 그의 하나님 여호와의 이름을 부르고 그의 손을 그 부위 위에 흔들어 나병을 고칠까 하였도다
>
> **11** But Naaman left in a rage, saying, "I thought that he would at least come out to me, pray to the Lord his God, wave his hand over the diseased spot, and cure me!

**5:11 나아만이 노하여 물러가며.** 엘리사의 행위가 너무 괘씸하였을 것이다. 성질 같으면 가서 죽이고 싶었을 수도 있다. 매우 불쾌한 일이다.

> **12** 다메섹 강 아바나와 바르발은 이스라엘 모든 강물보다 낫지 아니하냐 내가 거기서 몸을 씻으면 깨끗하게 되지 아니하랴 하고 몸을 돌려 분노하여 떠나니
> **13** 그의 종들이 나아와서 말하여 이르되 내 아버지여 선지자가 당신에게 큰 일을 행하라 말하였더면 행하지 아니하였으리이까 하물며 당신에게 이르기를 씻어 깨끗하게 하라 함이리이까 하니
>
> **12** Besides, aren't the rivers Abana and Pharpar, back in Damascus, better than any river in Israel? I could have washed in them and been cured!"
> **13** His servants went up to him and said, "Sir, if the prophet had told you to do something difficult, you would have done it. Now why can't you just wash yourself, as he said, and be cured?"

**5:13 그의 종들이 나아와서 말하여...큰 일을 행하라 말하였더면 행하지 아니하였으리이까.** 더 어려운 일을 시켰어도 따라 했을 것인데 요단강 물에 담그는 아주 쉬운 방법을 알려주었는데 하지 않을 이유가 없다고 조심스럽게 조언하였다. 나아만은 아랫사람의 말을 들을 귀를 가지고 있었다. 소녀의 말을 듣고 북이스라엘까지 왔던 그는 또한 아랫사람의 말을 듣고 자신의 분을 삭였다. 자존심이 매우 상하였지만 선지자의 말에 순종하였다. 어쩌면 그래서 하나님께서 나아만을 치료하여 주시는 것 같다.

14 나아만이 이에 내려가서 하나님의 사람의 말대로 요단 강에 일곱 번 몸을 잠그니 그의 살이 어린 아이의 살 같이 회복되어 깨끗하게 되었더라
14 So Naaman went down to the Jordan, dipped himself in it seven times, as Elisha had instructed, and he was completely cured. His flesh became firm and healthy, like that of a child.

**5:14 하나님의 사람의 말대로 요단 강에 일곱 번 몸을 잠그니 그의 살이 어린 아이의 살 같이 회복되어.** 일곱 번 몸을 잠글 때 한번씩 잠그고 나올 때마다 자존심이 상할 수 있다. 그것을 보고 있는 사람들 보기에 민망할 수 있다. 그러나 그는 일곱 번을 다 채웠다. 조금씩 회복된 것이 아닐 것이다. 마지막 일곱 번 잠그고 나왔을 때 거짓말처럼 그의 피부가 완전히 좋아졌다. 하나님의 은혜로 치유된 것이다.
하나님의 은혜가 아람 장군에게 임하였다. 북이스라엘에 왕을 통한 통치만 있었다면 아람의 장군에게 하나님의 손길이 이어지지 않았을 것이다. 그러나 선지자 엘리사를 통한 섭리였기 때문에 가능하였다. 북이스라엘 왕들의 악이라는 시궁창에서도 꽃은 피었다. 하나님의 통치와 사랑의 꽃은 어디에서든 핀다.

15 나아만이 모든 군대와 함께 하나님의 사람에게로 도로 와서 그의 앞에 서서 이르되 내가 이제 이스라엘 외에는 온 천하에 신이 없는 줄을 아나이다 청하건대 당신의 종에게서 예물을 받으소서 하니
15 He returned to Elisha with all his men and said, "Now I know that there is no god but the God of Israel; so please, sir, accept a gift from me."

**5:15 나아만이 모든 군대와 함께 하나님의 사람에게로 도로 와서.** 그는 요단강에서 사마리아로 다시 돌아왔다. 병이 나았으니 그냥 가면 된다. 그러나 그는 40km이상의 길을 다시 돌아가서 엘리사에게 보답하고자 하였다.

16 이르되 내가 섬기는 여호와께서 살아 계심을 두고 맹세하노니 내가 그 앞에서 받지 아니하리라 하였더라 나아만이 받으라고 강권하되 그가 거절하니라
16 Elisha answered, "By the living Lord, whom I serve, I swear that I will not accept a gift." Naaman insisted that he accept it, but he would not.

**5:16 내가 그 앞에서 받지 아니하리라.** 나아만이 주는 예물의 양이 엄청나다. 그것이면 선지자들의 열악한 환경을 바꿀 수도 있다. 그러나 엘리사는 그것을 받지 않았다. 예의로 안 받은 것이 아니라 힘을 다하여 받지 않았다. 믿음이나 하나님께서 하시는 일

은 어떤 큰 돈으로도 대가를 다 치를 수 없다는 것을 가르치기 위함인 것으로 보인다.

17 나아만이 이르되 그러면 청하건대 노새 두 마리에 실을 흙을 당신의 종에게 주소서 이제부터는 종이 번제물과 다른 희생제사를 여호와 외 다른 신에게는 드리지 아니하고 다만 여호와께 드리겠나이다
17 So Naaman said, "If you won't accept my gift, then let me have two mule-loads of earth to take home with me, because from now on I will not offer sacrifices or burnt offerings to any god except the Lord.

**5:17 종이 번제물과 다른 희생제사를 여호와 외 다른 신에게는 드리지 아니하고 다만 여호와께 드리겠나이다.** 나아만은 결단하였다. 오직 여호와 하나님만 섬기겠다고 말하였다. 사람들이 자신의 병이 고침을 받으면 고침을 받은 사실에 집중하는 경향이 있다. 그러나 나아만은 자신의 병이 고침 받았을 때 고침을 주신 분에게 집중하였다. 그래서 오직 하나님만을 섬기겠다는 각오를 하였다. 그에게 미칠 어려움과 손해에 대해 생각하지 못한 것은 아닌 것으로 보인다. 그는 자신에게 손해가 있더라도 오직 하나님만 섬기겠다고 힘있게 각오하고 있는 것으로 보인다.

18 오직 한 가지 일이 있사오니 여호와께서 당신의 종을 용서하시기를 원하나이다 곧 내 주인께서 림몬의 신당에 들어가 거기서 경배하며 그가 내 손을 의지하시매 내가 림몬의 신당에서 몸을 굽히오니 내가 림몬의 신당에서 몸을 굽힐 때에 여호와께서 이 일에 대하여 당신의 종을 용서하시기를 원하나이다 하니
18 So I hope that the Lord will forgive me when I accompany my king to the temple of Rimmon, the god of Syria, and worship him. Surely the Lord will forgive me!"

**5:18 내 주인께서 림몬의 신당에 들어가 거기서 경배하며 그가 내 손을 의지하시매...여호와께서 이 일에 대하여 당신의 종을 용서하시기를 원하나이다.** 나아만 장군이 여호와 하나님만 섬기겠다고 말하는 것은 그냥 지나가는 말이 아니었다. 즉흥적인 것도 아니었다. 신중하게 생각한 것 같다.
한 가지가 걸렸다. 아람 왕이 자신의 림몬을 섬기러 들어갈 때 자신이 옆에서 보좌하는 것에 대해서 양해를 구하고 있다. 이런 것은 그냥 해도 될 것이다. 아무도 모르기 때문이다. 그러나 그는 이것이 양심에 거리낌이 되었던 것 같다. 그래서 일로서 왕을 보좌하는 것 외에는 다른 신에게 몸을 굽히는 일이 없을 것이고, 오직 모든 일에 여호

와만을 섬기겠다 말하고 있다. 나아만은 이방인이었지만 하나님만을 섬기겠다고 작심하였다. 그에게 임한 하나님의 은혜를 은혜만으로 끝나지 않고 믿음으로 반응하고 있다. 진지하고 실제적으로 반응하고 있다. 그러한 믿음은 그를 진정 아름다운 믿음의 사람으로 만든다. 어쩌면 그래서 그에게 특별한 하나님의 은혜가 임하였을 수 있다. 그를 찾아 부르신 것이다.

**19** 엘리사가 이르되 너는 평안히 가라 하니라 그가 엘리사를 떠나 조금 가니라
**20** 하나님의 사람 엘리사의 사환 게하시가 스스로 이르되 내 주인이 이 아람 사람 나아만에게 면하여 주고 그가 가지고 온 것을 그의 손에서 받지 아니하였도다 여호와께서 살아 계심을 두고 맹세하노니 내가 그를 쫓아가서 무엇이든지 그에게서 받으리라 하고
**19** "Go in peace," Elisha said. And Naaman left. He had gone only a short distance,
**20** when Elisha's servant Gehazi said to himself, "My master has let Naaman get away without paying a thing! He should have accepted what that Syrian offered him. By the living Lord, I will run after him and get something from him."

**5:20 엘리사의 사환 게하시.** '사환(히. 나아르)'은 '젊은 사람' 또는 '수행원' 등을 의미하는 단어다. 따라서 게하시는 엘리사를 수행하는 사람으로서 선지자일 가능성이 높다. **여호와께서 살아 계심을 두고 맹세하노니 내가 그를 쫓아가서 무엇이든지 그에게서 받으리라.** 게하시는 엘리사가 나아만으로부터 아무 예물도 받지 않은 것이 너무 마음에 들지 않았다. 그 돈이면 엘리사와 함께 하면서 겪는 많은 경제적 문제를 다 해결할 수 있다고 생각하였을 것이다. 엄청난 기회였다. 아람 사람의 손에서 예물을 받는다고 그것이 무슨 문제가 될 수 있겠는가? 재물이 문제가 아니라 그것을 어떻게 사용하느냐가 문제다. '여호와께서 살아 계심을 두고 맹세하노니'라고 말하는 것을 보면 그는 자신의 행위에 정당성을 부여한 것 같다. 그 돈을 좋은 곳에 사용하고자 한 것일까?

**21** 나아만의 뒤를 쫓아가니 나아만이 자기 뒤에 달려옴을 보고 수레에서 내려 맞이하여 이르되 평안이냐 하니
**22** 그가 이르되 평안하나이다 우리 주인께서 나를 보내시며 말씀하시기를 지금 선지자의 제자 중에 두 청년이 에브라임 산지에서부터 내게로 왔으니 청하건대 당신은 그들에게 은 한 달란트와 옷 두 벌을 주라 하시더이다
**21** So he set off after Naaman. When Naaman saw a man running after him, he got down from his chariot to meet him, and asked, "Is something wrong?"
**22** "No," Gehazi answered. "But my master sent me to tell you that just now two members

of the group of prophets in the hill country of Ephraim arrived, and he would like you to give them three thousand pieces of silver and two changes of fine clothes."

**5:22 우리 주인께서 나를 보내시며 말씀하시기를...당신은 그들에게 은 한 달란트와 옷 두 벌을 주라 하시더이다.** 게하시는 스승 엘리사를 빙자하여 돈을 받고자 하였다. 이렇게 거짓말을 하여 얻는 것을 보니 그의 합리화는 처음부터 잘못된 걸음을 떼기 시작한다.

**23** 나아만이 이르되 바라건대 두 달란트를 받으라 하고 그를 강권하여 은 두 달란트를 두 전대에 넣어 매고 옷 두 벌을 아울러 두 사환에게 지우매 그들이 게하시 앞에서 지고 가니라

**23** "Please take six thousand pieces of silver," Naaman replied. He insisted on it, tied up the silver in two bags, gave them and two changes of fine clothes to two of his servants, and sent them on ahead of Gehazi.

**5:23 두 달란트를 받으라...두 사환에게 지우매 그들이 게하시 앞에서 지고 가니라.** 한 달란트는 34kg다. 한 사람이 질 수 있는 무게에서 나왔을 수 있다. 은 두 달란트(6000세겔)는 함무라비 때로 계산(1인 평균 연 소득 은 10세겔)하면 오늘날 180억이다. 매우 큰 돈이다. 엘리사는 받을 수 있는 돈이었으나 게하시는 받으면 안 되는 돈이다. 엘리사는 하나님의 영광과 믿음이 더 많은 가치를 가지고 있음을 말하기 위해 받지 않았으나 게하시는 자신의 믿음을 그 돈에 팔아먹었다.

**24** 언덕에 이르러서는 게하시가 그 물건을 두 사환의 손에서 받아 집에 감추고 그들을 보내 가게 한 후

**25** 들어가 그의 주인 앞에 서니 엘리사가 이르되 게하시야 네가 어디서 오느냐 하니 대답하되 당신의 종이 아무데도 가지 아니하였나이다 하니라

**24** When they reached the hill where Elisha lived, Gehazi took the two bags and carried them into the house. Then he sent Naaman's servants back.

**25** He went back into the house, and Elisha asked him, "Where have you been?" "Oh, nowhere, sir," he answered.

**5:25 당신의 종이 아무데도 가지 아니하였나이다.** 돈을 숨기고 들어오는 게하시에게 엘리사가 물었다. 어쩌면 이것은 그가 진실을 말하도록 하는 기회였을 것이다. 그런데 게하시는 엘리사에게 계속 거짓말을 하였다. 돈 때문에 자신의 양심을 팔아 먹고 있다.

26 엘리사가 이르되 한 사람이 수레에서 내려 너를 맞이할 때에 내 마음이 함께 가지 아니하였느냐 지금이 어찌 은을 받으며 옷을 받으며 감람원이나 포도원이나 양이나 소나 남종이나 여종을 받을 때이냐
27 그러므로 나아만의 나병이 네게 들어 네 자손에게 미쳐 영원토록 이르리라 하니 게하시가 그 앞에서 물러나오매 나병이 발하여 눈같이 되었더라
26 But Elisha said, "Wasn't I there in spirit when the man got out of his chariot to meet you? This is no time to accept money and clothes, olive groves and vineyards, sheep and cattle, or servants!
27 And now Naaman's disease will come upon you, and you and your descendants will have it for ever!" When Gehazi left, he had the disease—his skin was as white as snow.

**5:27 나아만의 나병이 네게 들어 네 자손에게 미쳐 영원토록 이르리라.** 게하시의 불신앙 때문에 나아만의 피부병이 그에게 생겼다. 하나님의 심판이다.
게하시는 믿음의 사람 같았다. 엘리사가 기적을 행할 때 늘 그 자리에 있었다. 그런데 하나님의 은혜를 그렇게 많이 경험하고 목격자가 되었음에도 불구하고 믿음으로 반응하지 못하였다. 하나님의 은혜에 불신앙으로 응답함으로 나아만의 병이 그에게 생겼다. 은혜를 경험한 사람은 반드시 믿음으로 응답해야 한다. 은혜를 경험한 만큼 믿음으로 응답해야 한다. 그렇지 않으면 은혜는 나의 것이 되지 못할 것이다. 오히려 은혜를 소멸한 재앙이 있을 것이다.

## 6장

1 선지자의 제자들이 엘리사에게 이르되 보소서 우리가 당신과 함께 거주하는 이 곳이 우리에게는 좁으니
2 우리가 요단으로 가서 거기서 각각 한 재목을 가져다가 그 곳에 우리가 거주할 처소를 세우사이다 하니 엘리사가 이르되 가라 하는지라
3 그 하나가 이르되 청하건대 당신도 종들과 함께 하소서 하니 엘리사가 이르되 내가 가리라 하고
4 드디어 그들과 함께 가니라 무리가 요단에 이르러 나무를 베더니
5 한 사람이 나무를 벨 때에 쇠도끼가 물에 떨어진지라 이에 외쳐 이르되 아아, 내 주여 이는 빌려온 것이니이다 하니
1 One day the group of prophets that Elisha was in charge of complained to him, "The place where we live is too small!
2 Give us permission to go to the Jordan and cut down some trees, so that we can build a place to live." "All right," Elisha answered.
3 One of them urged him to go with them; he agreed,

4 and they set out together. When they arrived at the Jordan, they began to work.
5 As one of them was cutting down a tree, suddenly his iron axe head fell in the water. "What shall I do, sir?" he exclaimed to Elisha. "It was a borrowed axe!"

**6:5 쇠도끼가 물에 떨어진지라.** 나무를 베다 실수하여 철기구가 요단강에 빠졌다. '쇠도끼(히. 바르젤)'는 문자적으로는 '철'이다. 쇠도끼인지 칼인지는 잘 모른다. 그런데 이 당시 철기구는 매우 비싼 물건이었다. 오늘날 도끼가 만원이라면 이 당시는 100만원은 족히 갔을 것이다. '빌려온(히. 샤알)'은 '요청하다'는 뜻이다. 그래서 빌려온 것일 수 있고, 기도하여 응답 받아 산 것일 수도 있으며, 아내를 설득하여 간신히 산 물건일 수도 있다. 비싼 철기구를 잃어버렸으니 어쩌면 아내와의 관계가 깨질 수 있고, 아니면 이웃에게 갚아주어야 해서 가정이 경제적으로 어려움에 처해질 수도 있다. 그래서 철기구가 요단강에 빠졌을 때 '외쳐(히. 짜악)' 상황을 말하였다. 아들이 노예로 팔려가야 했던 상황에서 절규하며 과부가 외쳤던 단어와 같은 단어다.

6 하나님의 사람이 이르되 어디 빠졌느냐 하매 그 곳을 보이는지라 엘리사가 나뭇가지를 베어 물에 던져 쇠도끼를 떠오르게 하고
6 "Where did it fall?" Elisha asked. The man showed him the place, and Elisha cut off a stick, threw it in the water, and made the axe head float.

**6:6 나뭇가지를 베어 물에 던져 쇠도끼를 떠오르게 하고.** 철은 무거운 물체이기 때문에 떠오를 수 없다. 그러나 엘리사는 하나님께서 주신 은혜로 그 철기구가 떠오르게 하였다.

7 이르되 너는 그것을 집으라 하니 그 사람이 손을 내밀어 그것을 집으니라
7 "Take it out," he ordered, and the man bent down and picked it up.

**6:7 그 사람이 손을 내밀어 그것을 집으니라.** 이 선지자는 잃어버렸던 철기구를 하나님의 은혜로 다시 찾게 되었다. 이 선지자가 찾은 것은 철기구만이 아닐 것이다. 이것을 잃어버렸다면 좋았던 부부관계가 깨질 수 있는 문제였고 아니면 가정의 화목한 분위기가 깨질 수도 있었을 것이다. 이것은 선지자에게 속한 개인적인 일이며 작은 문제일 수 있다. 그러나 하나님은 그 선지자의 그 작은 문제에까지 관심을 가지셨다. 그래서 놀라운 기적으로 그 가정을 지킬 수 있게 하셨다.
하나님께서 가정을 지키시는 것은 기적을 통해서만 그런 것은 아닐 것이다. 한 가정

이 화목하게 살아가는 것을 방해하는 수많은 것이 있다. 그때 하나님께서 이런 기적을 베풀지 않으실지라도 그 가정이 화목하도록 지키고자 하신다. 이 선지자 가정을 지키셨으니 우리의 가정 또한 지키기를 원하신다는 것을 알아야 한다. 우리의 가정에도 어쩌면 기적이 필요할 수도 있다. 기적이라는 방법이 아니어도 가정의 화목이 지켜지는 것이 기적보다 더 기적적인 일이다. 우리는 하나님께 기도하면서 가정의 화목이 지켜지는 기적을 이루어 가야 한다.

8 그 때에 아람 왕이 이스라엘과 더불어 싸우며 그의 신복들과 의논하여 이르기를 우리가 아무데 아무데 진을 치리라 하였더니
8 The king of Syria was at war with Israel. He consulted his officers and chose a place to set up his camp.

**6:8 우리가 아무데 아무데 진을 치리라 하였더니.** 북이스라엘이 아람과 사이가 나빠져 전쟁을 하게 되었다. 아람의 군대가 북이스라엘을 공격하기 위해 은밀하게 이곳저곳에 진을 치고 숨어 공격을 엿보았다.

9 하나님의 사람이 이스라엘 왕에게 보내 이르되 왕은 삼가 아무 곳으로 지나가지 마소서 아람 사람이 그 곳으로 나오나이다 하는지라
9 But Elisha sent word to the king of Israel, warning him not to go near that place, because the Syrians were waiting in ambush there.

**6:9 하나님의 사람이 이스라엘 왕에게 보내 이르되 왕은 삼가 아무 곳으로 지나가지 마소서.** 엘리사는 아람 군대가 은밀하게 진을 치고 있는 곳을 북이스라엘 왕에게 알려주어 미리 예방할 수 있도록 하였다. 그래서 아람 왕의 군대는 본래 목적하던 것을 이루지 못하고 실패를 거듭하였다.

10 이스라엘 왕이 하나님의 사람이 자기에게 말하여 경계한 곳으로 사람을 보내 방비하기가 한두 번이 아닌지라
11 이러므로 아람 왕의 마음이 불안하여 그 신복들을 불러 이르되 우리 중에 누가 이스라엘 왕과 내통하는 것을 내게 말하지 아니하느냐 하니
10 So the king of Israel warned the people who lived in that place, and they were on guard. This happened several times.
11 The Syrian king became greatly upset over this; he called in his officers and asked them,

"Which one of you is on the side of the king of Israel?"

**6:11 우리 중에 누가 이스라엘 왕과 내통하는 것을 내게 말하지 아니하느냐.** 그는 아람에서 내통하는 사람이 있어 북이스라엘 왕이 자신들의 위치를 사전에 알아차린다고 생각하였다. 그렇게 오해할 수밖에 없었다.

> **12** 그 신복 중의 한 사람이 이르되 우리 주 왕이여 아니로소이다 오직 이스라엘 선지자 엘리사가 왕이 침실에서 하신 말씀을 이스라엘의 왕에게 고하나이다 하는지라
>
> **12** One of them answered, "No one is, Your Majesty. The prophet Elisha tells the king of Israel what you say even in the privacy of your own room."

**6:12 엘리사가 왕이 침실에서 하신 말씀을 이스라엘의 왕에게 고하나이다.** 엘리사가 아람에 잘 알려진 것 같다. 아람의 군대 위치가 발각되는 것은 내통하는 자가 있기 때문이 아니라 엘리사가 알려주는 것이라고 말하고 있다. 그의 보고는 정확하였다.

> **13** 왕이 이르되 너희는 가서 엘리사가 어디 있나 보라 내가 사람을 보내어 그를 잡으리라 왕에게 아뢰어 이르되 보라 그가 도단에 있도다 하나이다
> **14** 왕이 이에 말과 병거와 많은 군사를 보내매 그들이 밤에 가서 그 성읍을 에워쌌더라
> **15** 하나님의 사람의 사환이 일찍이 일어나서 나가보니 군사와 말과 병거가 성읍을 에워쌌는지라 그의 사환이 엘리사에게 말하되 아아, 내 주여 우리가 어찌 하리이까 하니
>
> **13** "Find out where he is," the king ordered, "and I will capture him." When he was told that Elisha was in Dothan,
> **14** he sent a large force there with horses and chariots. They reached the town at night and surrounded it.
> **15** Early the next morning Elisha's servant got up, went out of the house, and saw the Syrian troops with their horses and chariots surrounding the town. He went back to Elisha and exclaimed, "We are doomed, sir! What shall we do?"

**6:15 하나님의 사람의 사환이 일찍 일어나서.** 앞 부분 '사환(히.샤라트)'과 뒷부분 '사환(히. 나아르)'이 히브리어는 다른 단어다. 아마 앞 부분은 집안 일을 하는 사람을 의미하는 것 같고, 뒷부분은 이전에 게하시를 부를 때 사용하던 사환(히. 나아르)으로서 '수행원'의 의미가 강할 것이다. 그런데 여기에서 사환이 게하시와 동일 인물인지는 알 수 없다. **우리가 어찌 하리이까.** 엘리사는 이 당시 도단이라는 성에 있었다. 그런데 아

람의 군대가 그 성을 포위하고 있었다. 아주 큰 일 났다고 생각한 것이다. 아람의 군대는 강하였다. 도단을 지키고 있는 북이스라엘의 군대는 약하였다.

16 대답하되 두려워하지 말라 우리와 함께 한 자가 그들과 함께 한 자보다 많으니라 하고
16 "Don't be afraid," Elisha answered. "We have more on our side than they have on theirs."

**6:16 우리와 함께 한 자가 그들과 함께 한 자보다 많으니라.** 엘리사는 도단을 지키는 이들이 더 많다고 말하였다. 더 강하다고 말하였다. 이것은 무엇을 말하는 것일까?

17 기도하여 이르되 여호와여 원하건대 그의 눈을 열어서 보게 하옵소서 하니 여호와께서 그 청년의 눈을 여시매 그가 보니 불말과 불병거가 산에 가득하여 엘리사를 둘렀더라
17 Then he prayed, "O Lord, open his eyes and let him see!" The Lord answered his prayer, and Elisha's servant looked up and saw the hillside covered with horses and chariots of fire all round Elisha.

**6:17 그의 눈을 열어서 보게 하옵소서 하니 여호와께서 그 청년의 눈을 여시매.** '청년'은 앞에 사환이라고 번역한 것과 같은 단어(히. 나아르)이다. 엘리사는 자신을 수행하던 그 사람의 눈이 열려 엘리사가 보고 있는 것을 보게 되기를 기도하였다. **그가 보니 불말과 불병거가 산에 가득하여 엘리사를 둘렀더라.** 하나님께서 천사를 보내신 것을 말씀하는 것일 것이다. 수많은 천사가 엘리사를 지키고 있었다. 그것은 상징적으로 보여주시는 것이다. 사람들의 눈높이에 맞추어 주시는 것이다. 천사가 그렇게 많아야 엘리사를 지킬 수 있는 것이 아니다. 천사가 불말과 불병거를 타야 전쟁을 할 수 있는 것도 아니다.

18 아람 사람이 엘리사에게 내려오매 엘리사가 여호와께 기도하여 이르되 원하건대 저 무리의 눈을 어둡게 하옵소서 하매 엘리사의 말대로 그들의 눈을 어둡게 하신지라
18 When the Syrians attacked, Elisha prayed, "O Lord, strike these men blind!" The Lord answered his prayer and struck them blind.

**6:18 무리의 눈을 어둡게 하옵소서.** 엘리사는 아람 군대의 눈이 어둡게 되기를 하나님

께 요청하였다. 그래서 그들의 눈이 어두워졌다. 곧 제대로 판단할 수 없는 눈이 되었다.

19 엘리사가 그들에게 이르되 이는 그 길이 아니요 이는 그 성읍도 아니니 나를 따라 오라 내가 너희를 인도하여 너희가 찾는 사람에게로 나아가리라 하고 그들을 인도하여 사마리아에 이르니라
19 Then Elisha went to them and said, "You are on the wrong road; this is not the town you are looking for. Follow me, and I will lead you to the man you are after." And he led them to Samaria.

**6:19 나를 따라 오라 내가 너희를 인도하여 너희가 찾는 사람에게로 나아가리라.** 아람 군대는 눈이 어두워 판단을 제대로 할 수 없게 되어 엘리사의 말을 따라갔다. **사마리아에 이르니라.** 도단에서 사마리아까지는 20km다. 그들은 그 길을 잘 알 것이다. 그런데 눈이 어두워 제대로 파악하지 못하고 마치 포로로 끌려가듯이 엘리사의 말에 따라 아무것도 모르고 적진의 한 복판인 사마리아에 이르게 되었다.

20 사마리아에 들어갈 때에 엘리사가 이르되 여호와여 이 무리의 눈을 열어서 보게 하옵소서 하니 여호와께서 그들의 눈을 여시매 그들이 보니 자기들이 사마리아 가운데에 있더라
21 이스라엘 왕이 그들을 보고 엘리사에게 이르되 내 아버지여 내가 치리이까 내가 치리이까 하니
20 As soon as they had entered the city, Elisha prayed, "Open their eyes, Lord, and let them see." The Lord answered his prayer; he restored their sight, and they saw that they were inside Samaria.
21 When the king of Israel saw the Syrians, he asked Elisha, "Shall I kill them, sir? Shall I kill them?"

**6:21 이스라엘 왕이...엘리사에게 이르되 내 아버지여 내가 치리이까.** 두 번 반복한 것을 보면 치고 싶었던 것 같다. 이런 기회가 두 번 다시 없을 것이다.

22 대답하되 치지 마소서 칼과 활로 사로잡은 자인들 어찌 치리이까 떡과 물을 그들 앞에 두어 먹고 마시게 하고 그들의 주인에게로 돌려보내소서 하는지라
22 "No," he answered. "Not even soldiers you had captured in combat would you put to death. Give them something to eat and drink, and let them return to their king."

**6:22 칼과 활로 사로잡은 자인들 어찌 치리이까.** 이것의 의미는 두 가지 가능성이 있다. 첫째, 전쟁에서 포로로 잡은 자도 치지 않는 것처럼 이들을 죽이지 말라는 말일 수 있다. 둘째, 전쟁에서 사로 잡은 자는 죽일 수 있어도 전쟁에서 잡은 자가 아니라 하나님께서 잡도록 하신 것이니 죽이지 말라는 말일 수도 있다. 두 번째일 가능성이 더 커 보인다.

23 왕이 위하여 음식을 많이 베풀고 그들이 먹고 마시매 놓아보내니 그들이 그들의 주인에게로 돌아가니라 이로부터 아람 군사의 부대가 다시는 이스라엘 땅에 들어오지 못하니라
23 So the king of Israel provided a great feast for them; and after they had eaten and drunk, he sent them back to the king of Syria. From then on the Syrians stopped raiding the land of Israel.

**6:23 그들이 먹고 마시매 놓아보내니...다시는 이스라엘 땅에 들어오지 못하니라.** 포로들을 오히려 배불리 먹이고 아람으로 보냈다. 결국 전쟁이 그쳤다.
신앙인이 세상을 향하여 이런 넉넉함이 있었으면 좋겠다. 세상은 우리의 싸움 대상이 되지 못한다. 세상의 통치자이신 하나님께서 그 백성을 지키시기 때문이다. 훨씬 더 많은 천사로 지키신다. 신앙인은 자신이 세상에서 강한 사람인 것을 알아야 한다. 혹 직책은 낮은 위치일 수 있고, 돈이 더 없을 수도 있고, 핍박 받는 사람일 수도 있다. 그러나 여전히 그 사람은 본질적으로 더 높은 사람이다. 힘이 더 강한 사람이다. 하나님께서 그를 보호하시기 때문이다.

24 이 후에 아람 왕 벤하닷이 그의 온 군대를 모아 올라와서 사마리아를 에워싸니
24 Some time later King Benhadad of Syria led his entire army against Israel and laid siege to the city of Samaria.

**6:24 온 군대를 모아 올라와서 사마리아를 에워싸니.** 또 전쟁이 일어났다. 세상은 늘 문제가 많다. 아람은 사마리아를 포위하고 아사 작전을 사용하였다. 아람의 공격 효과가 컸다.

25 아람 사람이 사마리아를 에워싸므로 성중이 크게 주려서 나귀 머리 하나에

은 팔십 세겔이요 비둘기 똥 사분의 일 갑에 은 다섯 세겔이라 하니
25 As a result of the siege the food shortage in the city was so severe that a donkey's head cost 80 pieces of silver, and 200 grammes of dove's dung cost five pieces of silver.

**6:25 나귀 머리 하나에 은 팔십 세겔이요.** 아람의 포위공격으로 인하여 예루살렘 성내의 음식 물가가 터무니 없게 치솟았다. 나귀 머리는 귀한 동물이고, 먹을 것도 별로 없으며, 율법적으로 부정한 음식이었지만 그 머리가 2억 넘게 거래되었다. **비둘기 똥.** 야생 콩 종류를 의미하는 것으로 보이는데 형편 없어서 '비둘기 똥'이라 이름이 붙여진 것이다. **사분의 일 갑에 은 다섯 세겔이라.** '갑(히. 카브)'은 1리터이다. 싸구려 콩 0.25리터가 1500만원(6개월 임금)에 거래되었다. 돈 있는 사람은 이렇게라도 먹을 수 있었다. 그러나 가난한 사람은 더욱더 비참하였을 것이다. 전쟁은 가난한 사람들에게 더욱더 치명적이다.

26 이스라엘 왕이 성 위로 지나갈 때에 한 여인이 외쳐 이르되 나의 주 왕이여 도우소서
27 왕이 이르되 여호와께서 너를 돕지 아니하시면 내가 무엇으로 너를 도우랴 타작 마당으로 말미암아 하겠느냐 포도주 틀로 말미암아 하겠느냐 하니라
28 또 이르되 무슨 일이냐 하니 여인이 대답하되 이 여인이 내게 이르기를 네 아들을 내놓아라 우리가 오늘 먹고 내일은 내 아들을 먹자 하매
29 우리가 드디어 내 아들을 삶아 먹었더니 이튿날에 내가 그 여인에게 이르되 네 아들을 내놓아라 우리가 먹으리라 하나 그가 그의 아들을 숨겼나이다 하는지라
26 The king of Israel was walking by on the city wall when a woman cried out, "Help me, Your Majesty!"
27 He replied, "If the Lord won't help you, what help can I provide? Have I got any wheat or wine?
28 What's your trouble?" She answered, "The other day this woman here suggested that we eat my child, and then eat her child the next day.
29 So we cooked my son and ate him. The next day I told her that we would eat her son, but she had hidden him!"

**6:29 우리가 드디어 내 아들을 삶아 먹었더니.** 두 여인이 서로의 아들을 순차적으로 삶아 먹기로 약속을 하고 삶아 먹었음을 말하고 있다. 참으로 비극적인 일이다. 아들을 먹는 일은 굶어 죽어도 하지 말아야 할 일이다. 그러나 그들은 먹을 것이 없는 것을 해결하기 위해 아들을 먹는 것을 선택하였다. 그들이 생각하기에는 그것만이 그들을 죽음에서 구원하는 문제 해결 방법같이 보였지만 문제는 결코 그렇게 해결하면

안 된다. 그것은 악한 것이기 때문이다.

**30** 왕이 그 여인의 말을 듣고 자기 옷을 찢으니라 그가 성 위로 지나갈 때에 백성이 본즉 그의 속살에 굵은 베를 입었더라
**31** 왕이 이르되 사밧의 아들 엘리사의 머리가 오늘 그 몸에 붙어 있으면 하나님이 내게 벌 위에 벌을 내리실지로다 하니라
**30** Hearing this, the king tore his clothes in dismay, and the people who were close to the wall could see that he was wearing sackcloth under his clothes.
**31** He exclaimed, "May God strike me dead if Elisha is not beheaded before the day is over!"

**6:31 엘리사의 머리가 오늘 그 몸에 붙어 있으면 하나님이 내게 벌 위에 벌을 내리실지로다.** 왕은 문제의 원인을 엘리사로 생각하였다. 그래서 문제 해결을 위해 엘리사를 죽이고자 하였다. 아람이 제일 미워하는 사람이 엘리사다. 그래서 엘리사를 죽이면 어쩌면 그들이 철군할 것이라고 생각한 것 같다. 아니면 이전에 아람 군대를 다 죽일 수 있었는데 엘리사가 죽이지 마라고 하였었는데 지금 아람 군대가 다시 쳐들어 왔으니 이 모든 것이 엘리사 때문이라고 생각한 것이다. 그러나 북이스라엘의 왕이 생각하지 못하고 있는 것이 있다. 아람은 엘리사에게 개인 원한이 있어 그를 죽이고자 하는 것이 아니다. 엘리사 때문에 북이스라엘과의 전쟁에서 졌기 때문에 엘리사를 죽이려 하는 것이다. 이전에 아람 군대를 죽일 수 있었던 기회도 그가 잘하여 그렇게 된 것이 아니라 하나님께서 엘리사를 통해 아람 군대가 사로잡힐 수 있도록 하셨었다. 그러니 그는 문제 해결방법을 잘못 찾은 것이다.

**32** 그 때에 엘리사가 그의 집에 앉아 있고 장로들이 그와 함께 앉아 있는데 왕이 자기 처소에서 사람을 보냈더니 그 사자가 이르기 전에 엘리사가 장로들에게 이르되 너희는 이 살인한 자의 아들이 내 머리를 베려고 사람을 보내는 것을 보느냐 너희는 보다가 사자가 오거든 문을 닫고 문 안에 들이지 말라 그의 주인의 발소리가 그의 뒤에서 나지 아니하느냐 하고
**33** 무리와 말을 할 때에 그 사자가 그에게 이르니라 왕이 이르되 이 재앙이 여호와께로부터 나왔으니 어찌 더 여호와를 기다리리요
**32** And he sent a messenger to get Elisha. Meanwhile, Elisha was at home with some elders who were visiting him. Before the king's messenger arrived, Elisha said to the elders, "That murderer is sending someone to kill me! Now, when he gets here, shut the door and don't let him come in. The king himself will be just behind him."
**33** He had hardly finished saying this, when the king arrived and said, "It's the Lord who has brought this trouble on us! Why should I wait any longer for him to do something?"

**6:33 재앙이 여호와께로부터 나왔으니.** 북이스라엘의 여호람 왕은 아람 군대의 공격이 하나님께로부터 나왔다고 생각하였다. 그렇다면 어떻게 해야 할까? 하나님 앞에 엎드려 회개해야 한다. 그러나 그는 반대로 생각하였다.

**어찌 더 여호와를 기다리리요.** 하나님께로부터 재앙이 왔으면 회개해야 한다. 하나님의 재앙은 죄에 대한 심판이기 때문이다. 그러나 여호람은 제대로 된 회개없이 기다렸다. 그리고 문제가 지속되자 이제 더 이상 하나님께 바랄 것이 없다고 생각하였다. 하나님을 기다리지 않고 자신이 문제를 해결하고자 하였다. 최소한 어깃장이라도 놓으려고 하였다. 그래서 하나님의 사람 엘리사를 죽이고자 하였다.

## 7장

1 엘리사가 이르되 여호와의 말씀을 들을지어다 여호와께서 이르시되 내일 이맘때에 사마리아 성문에서 고운 밀가루 한 스아를 한 세겔로 매매하고 보리 두 스아를 한 세겔로 매매하리라 하셨느니라

1 Elisha answered, "Listen to what the Lord says! By this time tomorrow you will be able to buy in Samaria three kilogrammes of the best wheat or six kilogrammes of barley for one piece of silver."

**7:1 여호와의 말씀을 들을지어다.** 하나님께서 엘리사에게 주신 말씀이 있는 것으로 보인다. **내일 이맘때에 사마리아 성문에서 고운 밀가루 한 스아를 한 세겔로 매매하고.** '스아(히. 세아)'는 4.5L다. 앞에 나온 형편없는 콩을 1500만원이나 주고 샀던 것보다 양이 18배나 된다. 좋은 밀기루를 300만원으로 구입이 가능하게 된다는 말이다. 여전히 비싸기는 하지만 이전에 비하면 상상도 할 수 없이 저렴하다. 그것도 하루 아침에 그렇게 된다고 하니 참으로 상상이 안 되는 일이었다.

2 그 때에 왕이 그의 손에 의지하는 자 곧 한 장관이 하나님의 사람에게 대답하여 이르되 여호와께서 하늘에 창을 내신들 어찌 이런 일이 있으리요 하더라 엘리사가 이르되 네가 네 눈으로 보리라 그러나 그것을 먹지는 못하리라 하니라

2 The personal attendant of the king said to Elisha, "That can't happen—not even if the Lord himself were to send grain at once!" "You will see it happen, but you will never eat any of the food," Elisha replied.

**7:2 여호와께서 하늘에 창을 내신들 어찌 이런 일이 있으리요.** 엘리사를 죽이기 위해 왔던 왕의 사자는 엘리사 말을 듣고 조롱하였다. 그러나 그는 하나님의 능력을 조롱한 것이다. 하나님의 말씀을 전하는 엘리사가 그렇게 말하였으면 그것은 하나님께서 그렇게 하시겠다는 뜻이다. 하나님께서 문제를 해결하실 때 때때로 사람이 상상도 할 수 없는 방식으로 일어난다. 문제 해결은 하나님만이 가능하시며 또한 그것은 하나님의 방식이기에 우리들이 상상할 수 없는 경우가 많다는 것을 알아야 한다. **네가 네 눈으로 보리라 그러나 그것을 먹지는 못하리라.** 엘리사의 말을 조롱하였던 그 장교는 조롱의 대가로 죽게 될 것이다. 하나님께서 문제 해결을 하신다는 것을 제대로 믿지 않고 조롱하는 사람들은 그와 같은 운명이다. 신앙인은 끝까지 하나님을 믿고 하나님의 문제 해결을 기다려야 한다. 오직 회개하면서 말이다.

> **3** 성문 어귀에 나병환자 네 사람이 있더니 그 친구에게 서로 말하되 우리가 어찌하여 여기 앉아서 죽기를 기다리랴
> **3** Four men who were suffering from a dreaded skin disease were outside the gates of Samaria, and they said to one another, "Why should we wait here until we die?

**7:3 성문 어귀에 나병환자 네 사람이 있더니.** 이들은 피부병 때문에 성문 안에서 살지 못하던 사람들이다. 성의 인심 좋은 사람의 자선이나 쓰레기 같은 것으로 근근이 생활하였다. 그런데 성 안에 먹을 것이 떨어졌으니 이들에게 돌아올 수 있는 음식은 거의 없었을 것이다. **여기 앉아서 죽기를 기다리랴.** 그들에게 다른 선택이 없었다. 가만히 있으면 굶어 죽을 것이기 때문이다. 그들은 아람 군대에 가서 항복할 것을 결심하였다.

> **4** 만일 우리가 성읍으로 가자고 말한다면 성읍에는 굶주림이 있으니 우리가 거기서 죽을 것이요 만일 우리가 여기서 머무르면 역시 우리가 죽을 것이라 그런즉 우리가 가서 아람 군대에게 항복하자 그들이 우리를 살려 두면 살 것이요 우리를 죽이면 죽을 것이라 하고
> **5** 아람 진으로 가려 하여 해 질 무렵에 일어나 아람 진영 끝에 이르러서 본즉 그 곳에 한 사람도 없으니
> **4** It's no use going into the city, because we would starve to death in there; but if we stay here, we'll die also. So let's go to the Syrian camp; the worst they can do is kill us, but maybe they will spare our lives."
> **5** So, as it began to get dark, they went to the Syrian camp, but when they reached it, no one was there.

**7:5 해 질 무렵에 일어나.** '해 질 무렵(히. 네쉐프)'은 아침에 해 뜨기 전의 미명이나 저녁에 해지고 난 후의 미명을 말한다. 둘 중에 하나를 선택해야 한다. 나는 개역개정처럼 황혼을 선택한다.

> 6 이는 주께서 아람 군대로 병거 소리와 말 소리와 큰 군대의 소리를 듣게 하셨으므로 아람 사람이 서로 말하기를 이스라엘 왕이 우리를 치려 하여 헷 사람의 왕들과 애굽 왕들에게 값을 주고 그들을 우리에게 오게 하였다 하고
> 6 The Lord had made the Syrians hear what sounded like the advance of a large army, with horses and chariots, and the Syrians thought that the king of Israel had hired Hittite and Egyptian kings and their armies to attack them.

**7:6 주께서 아람 군대로 병거 소리와 말 소리와 큰 군대의 소리를 듣게 하셨으므로.** 아람 군대는 새벽 미명에 많은 군대가 움직이는 소리를 들으며 깼던 것 같다. 그 소리가 어마어마하여 남쪽의 애굽 군대와 북쪽의 헷 군대가 북이스라엘의 사주를 받고 동원된 것으로 착각하였다. 그래서 혼비백산하여 도망갔다.

> 7 해질 무렵에 일어나서 도망하되 그 장막과 말과 나귀를 버리고 진영을 그대로 두고 목숨을 위하여 도망하였음이라
> 7 So that evening the Syrians had fled for their lives, abandoning their tents, horses, and donkeys, and leaving the camp just as it was.

**7:7 해질 무렵에.** 5절의 '해질 무렵'과 같은 단어다. 이 단어를 새벽으로 번역할 것인지 아니면 황혼으로 번역할 것인지는 문맥 속에서 결정된다. 나는 5절은 황혼을 의미하고 7절은 새벽이라고 번역하는 것이 좋다고 생각한다. 15절을 보면 왕이 보낸 병사가 말을 타고 아람 군대의 흔적을 찾아가는 이야기가 나온다. 그 저녁에 요단강에 갔는데 아람 군대는 이미 요단강을 넘어 자신들의 나라로 가고 있었다. 사마리아에서 요단강까지 40km를 넘게 간 것을 보면 새벽부터 도망간 것이 분명하다.
이 날의 사건을 다시 정리해보는 것이 좋다. 이 날 새벽 미명에 성 밖의 아람 군대가 도망을 쳤다. 그리고 아침에 성 안의 한 여인이 북이스라엘의 여호람 왕에게 절규하며 다른 여인이 아들을 함께 먹기로 한 아들을 내놓지 않는다고 고발하였다. 여호람 왕은 엘리사에게 분풀이를 하였다. 그래서 엘리사를 그 날 반드시 죽이겠다고 말하며 군사를 보냈다. 자신을 죽이려고 온 장교에게 엘리사는 다음날 사마리아의 물가가 아주 떨어질 것이라고 말하였다. 그 장교는 믿지 않고 조롱하였다. 그런 일이 벌어진

그 날 해가 지는 황혼의 시간에 피부병에 걸린 사람들이 아람 군대에 항복하러 갔다. 성 안에서 여인의 절규와 여호람 왕의 엘리사를 향한 분노 그리고 장교의 조롱 등이 일어난 그 시간은 사실 성 밖에서 이미 아람 군대가 줄행랑을 치고 난 시점이다. 하나님께서 놀라운 일을 이미 행하셔서 다 정리되어 있었다. 성안 사람들이 단지 모르고 있었을 뿐이다. 하나님의 인도하심을 모르고 있었다. 그것에 무관심하였기 때문이다.

8 그 나병환자들이 진영 끝에 이르자 한 장막에 들어가서 먹고 마시고 거기서 은과 금과 의복을 가지고 가서 감추고 다시 와서 다른 장막에 들어가 거기서도 가지고 가서 감추니라
8 When the four men reached the edge of the camp, they went into a tent, ate and drank what was there, grabbed the silver, gold, and clothing they found, and went off and hid them; then they returned, entered another tent, and did the same thing.

**7:8 장막에 들어가서 먹고 마시고 거기서 은과 금과 의복을 가지고.** 피부병 환자들은 먼저 음식을 실컷 먹었다. 배가 부르자 진귀한 물건들이 눈에 들어왔다. 장막을 뒤져서 진귀한 물건을 찾아 자신들만 알고 있는 장소에 숨겼다. 얼마나 신났을까?

9 나병환자들이 그 친구에게 서로 말하되 우리가 이렇게 해서는 아니되겠도다 오늘은 아름다운 소식이 있는 날이거늘 우리가 침묵하고 있도다 만일 밝은 아침까지 기다리면 벌이 우리에게 미칠지니 이제 떠나 왕궁에 가서 알리자 하고
9 But then they said to each other, “We shouldn’t be doing this! We have good news and we shouldn’t keep it to ourselves. If we wait until morning to tell it, we are sure to be punished. Let’s go at once and tell the king’s officers!”

**7:9 우리가 이렇게 해서는 아니되겠도다 오늘은 아름다운 소식이 있는 날이거늘 우리가 침묵하고 있도다.** 그들은 성 안에서 얼마나 많은 사람이 굶주림으로 죽어가고 있는지를 알았다. 아람 군대의 철수는 참으로 반가운 소식이다. 그렇게 좋은 일을 빨리 알리는 것이 마땅하다는 양심의 소리가 들렸다. **만일 밝은 아침까지 기다리면 벌이 우리에게 미칠지니.** 그들이 생각한 벌이 하나님께서 내리시는 벌인지 아니면 왕이 내리는 벌을 생각한지는 정확히 모른다. 그러나 그들은 시간이 흐를수록 성에서는 사람들이 더 죽어가는데 자신들이 자신들의 욕심을 채우느라 소식을 늦게 알리면 그것이 악한 것이라고 생각한 것 같다. 하나님께서 주신 기회를 탐욕으로 자신들의 욕심을 더 채우느라 다른 사람들이 죽어가는 것을 모른 채 한다면 그것은 분명히 죄다.

10 가서 성읍 문지기를 불러 그들에게 말하여 이르되 우리가 아람 진에 이르러서 보니 거기에 한 사람도 없고 사람의 소리도 없고 오직 말과 나귀만 매여 있고 장막들이 그대로 있더이다 하는지라

10 So they left the Syrian camp, went back to Samaria and called out to the guards at the gates: "We went to the Syrian camp and didn't see or hear anybody; the horses and donkeys have not been untied, and the tents are just as the Syrians left them."

**7:10 가서 성읍 문지기를 불러 그들에게 말하여.** 피부병에 걸린 그들은 저녁이 되어 성에 돌아가 성읍 문지기에게 아람 군대가 철수하였음을 알렸다. 자신들의 욕심을 채우느라 조금 늦기는 하였지만 그래도 너무 늦지는 않았다. 그들은 하나님께서 인도하시는 방법의 하나인 양심의 소리에 귀를 기울임으로 너무 늦지 않은 시점에 사마리아에 알릴 수 있었다. 그래서 사마리아 사람들도 하나님의 인도하심을 알게 되었다.

11 그가 문지기들을 부르매 그들이 왕궁에 있는 자에게 말하니
12 왕이 밤에 일어나 그의 신복들에게 이르되 아람 사람이 우리에게 행한 것을 내가 너희에게 알게 하노니 그들이 우리가 주린 것을 알고 있으므로 그 진영을 떠나서 들에 매복하고 스스로 이르기를 그들이 성읍에서 나오거든 우리가 사로잡고 성읍에 들어가겠다 한 것이니라 하니

11 The guards announced the news, and it was reported in the palace.
12 It was still night, but the king got out of bed and said to his officials, "I'll tell you what the Syrians are planning! They know about the famine here, so they have left their camp to go and hide in the countryside. They think that we will leave the city to find food, and then they will take us alive and capture the city."

**7:12 왕이 밤에 일어나.** 왕이 잠자리에 들었다가 일어났다. 신하들이 웬만하면 잠자리에 든 왕을 깨우지 않을 것이다. 그러나 지금은 아주 중요한 일이었기 때문에 잠자던 왕에게 보고되었다. **진영을 떠나서 들에 매복하고 스스로 이르기를 그들이 성읍에서 나오거든 우리가 사로잡고 성읍에 들어가겠다 한 것이니라.** 북이스라엘 왕은 아람 군대의 속임수라고 생각하였다. 아람 군대가 성 밖에 없는 것은 철수했기 때문이 아니라 매복하고 있는 것이라고 말한다. 아람 군대가 그냥 철수할 리가 없기 때문이다. 북이스라엘 왕은 자신이 보낸 장군이 엘리사를 죽이지 않고 돌아와서 엘리사가 말한 것을 보고하는 것을 들었을 것이다. 그러나 그는 여전히 하나님께서 하시는 일에 대해 무지하였다. 전혀 생각하지도 않고 있었기 때문일 것이다.

13 그의 신하 중 한 사람이 대답하여 이르되 청하건대 아직 성중에 남아 있는 말 다섯 마리를 취하고 사람을 보내 정탐하게 하소서 그것들이 성중에 남아 있는 이스라엘 온 무리 곧 멸망한 이스라엘 온 무리와 같으니이다 하고
13 One of his officials said, "The people here in the city are doomed anyway, like those that have already died. So let's send some men with five of the horses that are left, so that we can find out what has happened."

**7:13 사람을 보내 정탐하게 하소서 그것들이 성중에 남아 있는 이스라엘 온 무리 곧 멸망한 이스라엘 온 무리와 같으니이다.** 왕의 신하 중 한 사람이 아람 군대의 상황을 파악하도록 말을 탄 정탐꾼을 보내도록 요청하였다. 만약 아람 군대가 매복하고 있는 것이라면 정탐꾼들은 죽은 목숨이 될 것이다. 군사와 말이 아깝게 낭비되는 것이다. 그러나 사실 그들이 정탐을 나갔다 죽는다 하여도 성중에 남은 사람과 운명이 그리 크게 다르지 않다. 성중에 남은 사람도 곧 굶어 죽을 것이기 때문이다. 그러니 말과 사람을 아까워하지 말고 정탐꾼을 보내 확인해 보기를 간청하였다.

14 그들이 병거 둘과 그 말들을 취한지라 왕이 아람 군대 뒤로 보내며 가서 정탐하라 하였더니
15 그들이 그들의 뒤를 따라 요단에 이른즉 아람 사람이 급히 도망하느라고 버린 의복과 병기가 길에 가득하였더라 사자가 돌아와서 왕에게 알리니
14 They chose some men, and the king sent them in two chariots with instructions to go and find out what had happened to the Syrian army.
15 The men went as far as the Jordan, and all along the road they saw the clothes and equipment that the Syrians had abandoned as they fled. Then they returned and reported to the king.

**7:15 요단에 이른즉 아람 사람이 급히 도망하느라고 버린 의복과 병기가 길에 가득하였더라.** 아람 군대는 사마리아 성에서 철수하였을 뿐만 아니라 그 저녁에 이미 요단강을 넘어간 상태였다. 급히 요단강을 건너가느라 의복과 병기를 많이 두고 갔다. 그들은 재빨리 돌아와 왕에게 보고하였다.

16 그러자 백성은 나가서 아람군 진영을 털었다. 그리하여 주님의 말씀대로 고운 밀가루 한 스아가 한 세켈, 보리 두 스아가 한 세켈 하였다.
16 The people of Samaria rushed out and looted the Syrian camp. And, as the Lord had said, 3 kilogrammes of the best wheat or 6 kilogrammes of barley were sold for one piece of silver.

**7:16 여호와의 말씀과 같이 되었고.** 엘리사를 통해 말씀하신 대로 사마리아의 식량 물가는 순식간에 떨어졌다. 아람 군대가 많은 군량미를 두고 떠났기 때문에 가능하였다. 도저히 불가능할 것 같은 일이 일어났다. 그러나 하나님께서 말씀하신 것이니 사실은 당연히 일어날 일이었다.

**17** 왕이 그의 손에 의지하였던 그의 장관을 세워 성문을 지키게 하였더니 백성이 성문에서 그를 밟으매 하나님의 사람의 말대로 죽었으니 곧 왕이 내려왔을 때에 그가 말한 대로라

**17** It so happened that the king of Israel had put the city gate under the command of the officer who was his personal attendant. The officer was trampled to death there by the people and died, as Elisha had predicted when the king went to see him.

**7:17 백성이 성문에서 그를 밟으매 하나님의 사람의 말대로 죽었으니.** 이전에 엘리사를 죽이도록 보내졌던 장교다. 그는 엘리사를 통한 하나님의 말씀을 듣고 조롱하였었다. 그 조롱의 대가가 참으로 크다.

**18** 하나님의 사람이 왕에게 말한 바와 같으니 이르기를 내일 이맘 때에 사마리아 성문에서 보리 두 스아를 한 세겔로 매매하고 고운 밀가루 한 스아를 한 세겔로 매매하리라 한즉

**18** Elisha had told the king that by that time the following day 3 kilogrammes of the best wheat or 6 kilogrammes of barley would be sold in Samaria for one piece of silver,

**7:18** 18절-19절은 앞에서 나온 것을 거의 그대로 반복하여 말하고 있다. 이것은 그만큼 강조하고 있는 것이다. 장교가 하나님의 말씀을 조롱한 것이 얼마나 큰 죄인지를 강조하고 있다. 삶이 나를 속여도 결코 하나님이 하시는 일을 조롱하지 말아야 한다. 하나님의 말씀을 조롱하지 말아야 한다. 끝까지 하나님을 신뢰하고 소망해야 한다. 하나님께서 하시면 언제든 어떤 방식으로든 가능하다는 사실을 믿어야 한다. 끝까지 하나님을 향해 소망해야 한다.

**19** 그 때에 이 장관이 하나님의 사람에게 대답하여 이르되 여호와께서 하늘에 창을 내신들 어찌 이 일이 있으랴 하매 대답하기를 네가 네 눈으로 보리라 그러나 그것을 먹지는 못하리라 하였더니

**20** 그의 장관에게 그대로 이루어졌으니 곧 백성이 성문에서 그를 밟으매 죽었

더라
**19** to which the officer had answered, "That can't happen—not even if the Lord himself were to send grain at once!" And Elisha had replied "You will see it happen, but you will never eat any of the food."
**20** And that is just what happened to him—he died, trampled to death by the people at the city gate.

## 8장

1 엘리사가 이전에 아들을 다시 살려 준 여인에게 이르되 너는 일어나서 네 가족과 함께 거주할 만한 곳으로 가서 거주하라 여호와께서 기근을 부르셨으니 그대로 이 땅에 칠 년 동안 임하리라 하니
1 Now Elisha had told the woman who lived in Shunem, whose son he had brought back to life, that the Lord was sending a famine on the land, which would last for seven years, and that she should leave with her family and go and live somewhere else.

**8:1 너는 일어나서 네 가족과 함께 거주할 만한 곳으로 가서 거주하라.** 엘리사는 수넴 여인이 기근을 피할 수 있도록 다른 곳으로 가라고 알려주었다. 하나님께서 수넴 여인이 기근으로 고생하는 것을 불쌍히 여기셔서 피할 길을 알려주신 것이다.

2 여인이 일어나서 하나님의 사람의 말대로 행하여 그의 가족과 함께 가서 블레셋 사람들의 땅에 칠 년을 우거하다가
2 She had followed his instructions, and had gone with her family to live in Philistia for the seven years.

**8:2 하나님의 사람의 말대로 행하여 그의 가족과 함께 가서 블레셋 사람들의 땅에 칠 년을 우거하다가.** 여인은 즉각적으로 순종하였다. 고향을 떠나는 것이 어려울 때다. 그러나 마치 아브라함이 고향을 떠나듯 과감하게 떠났다.

3 칠 년이 다하매 여인이 블레셋 사람들의 땅에서 돌아와 자기 집과 전토를 위하여 호소하려 하여 왕에게 나아갔더라
3 At the end of the seven years, she returned to Israel and went to the king to ask for her house and her land to be restored to her.

**8:3 칠 년이 다하매 여인이 블레셋 사람들의 땅에서 돌아와.** 기근 기간 동안 피하였다가 다시 북이스라엘로 돌아왔다. 그런데 그 사이 문제가 생겼다. **자기 집과 전토를 위하여 호소하려 하여 왕에게 나아갔더라.** 그녀가 떠나 있는 동안에 그의 집과 전토가 집 안의 다른 사람에게 넘어간 것 같다. 아니면 왕에게 넘어갔을 수도 있다. 그래서 자기 재산권을 호소하기 위해 왕에게 가야 했다. 그녀의 재산 문제가 해결되지 못하고 남편 이야기가 나오지 않는 것을 볼 때 그녀의 남편은 이전에 또는 블레셋에서 죽은 것 같다. 여인이 홀로 헤쳐 나가기에 어려운 상황이다.

> **4** 그 때에 왕이 하나님의 사람의 사환 게하시와 서로 말하며 이르되 너는 엘리사가 행한 모든 큰 일을 내게 설명하라 하니
> **4** She found the king talking with Gehazi, Elisha's servant; the king wanted to know about Elisha's miracles.

**8:4 그 때에 왕이 하나님의 사람의 사환 게하시와 서로 말하며.** 왕은 무슨 일인지 모르지만 게하시를 왕궁으로 불렀다. 그리고 그를 통해 엘리사가 행한 큰 일을 듣고 있었다.

> **5** 게하시가 곧 엘리사가 죽은 자를 다시 살린 일을 왕에게 이야기할 때에 그 다시 살린 아이의 어머니가 자기 집과 전토를 위하여 왕에게 호소하는지라 게하시가 이르되 내 주 왕이여 이는 그 여인이요 저는 그의 아들이니 곧 엘리사가 다시 살린 자니이다 하니라
> **5** While Gehazi was telling the king how Elisha had brought a dead person back to life, the woman made her appeal to the king. Gehazi said to him, "Your Majesty, here is the woman and here is her son whom Elisha brought back to life!"

**8:5 게하시가 곧 엘리사가 죽은 자를 다시 살린 일을 왕에게 이야기할 때.** 죽은 자를 살린 이야기는 왕의 큰 흥미를 끌었을 것이다. 너무 기이한 이야기이기 때문이다. 그런데 바로 그때 수넴 여인이 왕에게 와서 호소를 하였다.
여인의 호소는 타이밍이 매우 정확하였다. 이 타이밍이 우연히 된 것이 아닐 것이다. 하나님께서 이 여인을 위해 타이밍을 정확히 맞추신 것 같다. **게하시가 이르되 내 주 왕이여 이는 그 여인이요 저는 그의 아들이니 곧 엘리사가 다시 살린 자니이다.** 수넴 여인과 그의 아들이 와서 호소하는 순간 얼굴을 알아보고 소스라치게 놀라면서 외쳤다. 놀라운 이야기의 주인공이 바로 눈 앞에 있었다. 살다 보면 때가 너무 정확하게 맞을

때가 많다. 어떻게 그렇게 때가 정확하게 맞는지. 확률적으로 도저히 안 될 것 같은데 하나님께서 하시면 어떤 확률도 무의미하다. 0%가 100%가 될 수 있고 100%도 0%가 될 수 있다. 확률이라는 것은 개연성일 뿐이고 하나님께서 하시는 일은 실제이기 때문이다.

6 왕이 그 여인에게 물으매 여인이 설명한지라 왕이 그를 위하여 한 관리를 임명하여 이르되 이 여인에게 속한 모든 것과 이 땅에서 떠날 때부터 이제까지 그의 밭의 소출을 다 돌려 주라 하였더라
6 In answer to the king's question, she confirmed Gehazi's story, and so the king called an official and told him to give back to her everything that was hers, including the value of all the crops that her fields had produced during the seven years she had been away.

**8:6 왕이...여인에게 속한 모든 것과 이 땅에서 떠날 때부터 이제까지 그의 밭의 소출을 다 돌려 주라 하였더라.** 수넴 여인은 집과 토지와 수익까지 모두 돌려받을 수 있게 되었다. 말씀을 따라 갔다가 손해만 본 것 같았는데 하나님께서 모든 것을 다 보충해 주셨다.
수넴 여인이 말씀을 따라 갔기 때문에 하나님께서 그 결과를 보호하여 주셨다. 말씀을 따라 가는데 낭떠러지로 떨어지게 하지 않으신다. 말씀을 따라 가면 복의 길로 가게 하신다. 하나님의 말씀을 따라 갔으니 결국 하나님께서 책임져 주시는 것이다.

7 엘리사가 다메섹에 갔을 때에 아람 왕 벤하닷이 병들었더니 왕에게 들리기를 이르되 하나님의 사람이 여기 이르렀나이다 하니
7 Elisha went to Damascus at a time when King Benhadad of Syria was ill. When the king was told that Elisha was there,

**8:7 엘리사가 다메섹에 갔을 때.** 엘리사가 아람의 수도 다메섹에 갔다. 아주 드문 경우다. 왜 갔는지 성경에 나오지 않는다. 아마 아람의 왕이 바뀌는 것과 관련된 것 같다.

8 왕이 하사엘에게 이르되 너는 손에 예물을 가지고 가서 하나님의 사람을 맞이하고 내가 이 병에서 살아나겠는지 그를 통하여 여호와께 물으라
8 he said to Hazael, one of his officials, "Take a gift to the prophet, and ask him to consult the Lord to find out whether or not I am going to get well."

**8:8 내가 이 병에서 살아나겠는지 그를 통하여 여호와께 물으라.** 아람 왕은 엘리사가 자신의 도시에 왔다는 것을 알고 신하를 보냈다. 병에 걸린 자신이 어떻게 될지를 물었다. 그는 '여호와'라는 고유 명사를 사용하였다. 그는 엘리야와 엘리사를 통해 여호와 하나님을 간접 경험하였다. 그래서 지금 자신이 심각한 병에 걸렸는데 병에서 나을 것인지 낫지 못할 것인지를 알고 싶었던 것이다.
벤하닷은 사실 마지막 기회를 놓치고 있었다. 그의 인생의 마지막 기회다. 그는 여전히 죄 많은 세상의 것에 대해 궁금해하였다. 죄가 이끄는 세상에 대한 미련이다. 미련한 관심이고 질문이다. 그는 자신의 인생에서 진짜 궁금해야 하는 것을 놓치고 있다. 여전히 죄와 탐욕의 세상에서 헤어나오지 못하고 있었다. 사람이 진짜 궁금해야 하는 것은 자신의 인생이 어디에서 와서 어디로 가는지에 대한 것이어야 한다. 자신의 존재와 여호와 하나님의 존재에 대한 질문을 했어야 한다. 엘리야, 엘리사라는 위대한 선지자들과 같은 시대에 살고 경험할 기회를 가졌음에도 불구하고 그는 여전히 여호와 하나님에 대해 너무 무관심하였고 무지하였다. 오직 알량한 자기 자신의 수명 연장에만 관심을 집중하고 있다.

> 9 하사엘이 그를 맞이하러 갈새 다메섹의 모든 좋은 물품으로 예물을 삼아 가지고 낙타 사십 마리에 싣고 나아가서 그의 앞에 서서 이르되 당신의 아들 아람 왕 벤하닷이 나를 당신에게 보내 이르되 나의 이 병이 낫겠나이까 하더이다 하니
> 10 엘리사가 이르되 너는 가서 그에게 말하기를 왕이 반드시 나으리라 하라 그러나 여호와께서 그가 반드시 죽으리라고 내게 알게 하셨느니라 하고
> 9 So Hazael loaded 40 camels with all kinds of the finest products of Damascus and went to Elisha. When Hazael met him, he said, "Your servant King Benhadad has sent me to ask you whether or not he will recover from his illness."
> 10 Elisha answered, "The Lord has revealed to me that he will die; but go to him and tell him that he will recover."

**8:10 왕이 반드시 나으리라...그러나 여호와께서 그가 반드시 죽으리라고 내게 알게 하셨느니라.** '병이 나을 것인지' 묻는 벤하닷에게 엘리사는 '병에서 나을 것이라' 대답해 주었다. 그런데 병을 넘어 그 이상의 것을 말하였다. 벤하닷에게 지금 중요한 것은 병이 아니다. 병에 걸려 죽고 사는 것은 지극히 짧은 시간에 관한 것이다. 여전히 병과 관련된 것밖에 보지 못하는 그에게 엘리사는 조금 더 근원적인 죽음에 대해 말하였다. 그의 관심이 집중되어 있는 그 병이 아니라 다른 방식으로 죽게 된다고 알려주었다. 사실 병이라는 것은 그의 인생에서 지극히 작은 문제다.

11 하나님의 사람이 그가 부끄러워하기까지 그의 얼굴을 쏘아보다가 우니
12 하사엘이 이르되 내 주여 어찌하여 우시나이까 하는지라 대답하되 네가 이스라엘 자손에게 행할 모든 악을 내가 앎이라 네가 그들의 성에 불을 지르며 장정을 칼로 죽이며 어린 아이를 메치며 아이 밴 부녀를 가르리라 하니
11 Then Elisha stared at him with a horrified look on his face until Hazael became ill at ease. Suddenly Elisha burst into tears.
12 "Why are you crying, sir?" Hazael asked. "Because I know the horrible things you will do against the people of Israel," Elisha answered. "You will set their fortresses on fire, slaughter their finest young men, batter their children to death, and rip open their pregnant women."

**8:12 어찌하여 우시나이까...네가 이스라엘 자손에게 행할 모든 악을 내가 앎이라 네가 그들의 성에 불을 지르며.** 엘리사는 하사엘이 북이스라엘에 잔인한 짓을 행할 것을 미리 보면서 슬퍼하였다.
혹자는 이렇게 예견할 것이 아니라 하사엘의 악행을 미리 막아야 하지 않을까 라고 생각할 수 있다. 그러나 하나님께서 선악과를 먹는 것을 막지 않으셨던 것처럼 이 세상에서 일어나는 수많은 악행도 억지로 막지 않으신다.
이 세상에서 일어나는 수많은 무가치한 삶이 있다. 그러한 것을 하나님께서 막으시고 가치 있는 삶을 살도록 이끄시면 좋을 것 같다. 물론 하나님께서 그렇게 되기를 원하신다. 그러나 하나님은 사람을 기계로 만들지 않으셨다. 사람들은 결국 자신들이 원하는 것을 선택한다. 그 선택에 대한 책임이 있나.

13 하사엘이 이르되 당신의 개 같은 종이 무엇이기에 이런 큰일을 행하오리이까 하더라 엘리사가 대답하되 여호와께서 네가 아람 왕이 될 것을 내게 알게 하셨느니라 하더라
14 그가 엘리사를 떠나가서 그의 주인에게 나아가니 왕이 그에게 묻되 엘리사가 네게 무슨 말을 하더냐 하니 대답하되 그가 내게 이르기를 왕이 반드시 살아나시리이다 하더이다 하더라
15 그 이튿날에 하사엘이 이불을 물에 적시어 왕의 얼굴에 덮으매 왕이 죽은지라 그가 대신하여 왕이 되니라
13 "How could I ever be that powerful?" Hazael asked. "I'm a nobody!" "The Lord has shown me that you will be king of Syria," Elisha replied.
14 Hazael went back to Benhadad, who asked him, "What did Elisha say?" "He told me that you would certainly get well," Hazael answered.
15 But on the following day Hazael took a blanket, soaked it in water, and smothered the king. And Hazael succeeded Benhadad as king of Syria.

**8:15 그 이튿날에...죽은지라...그가 대신하여 왕이 되니라.** 어쩌면 하사엘이 역모를 꾸

미고 있었을 수도 있다. 엘리사의 말을 듣고 역모가 들통날까 봐 거사일을 앞당긴 것일 수도 있다. 아마 그는 10여 년 전에 엘리사를 통해 왕으로 기름부음을 받았을 것이다.
하사엘은 47년간 왕위에 있으면서 북이스라엘을 많이 괴롭히는 왕이 된다. 그의 이름이 성경에 23번이나 기록되어 있다. 그는 당대의 제국인 앗수르와 싸우면서 나름대로 자신의 이름을 빛냈다. 그러나 그렇다고 그가 가치 있는 삶을 산 것은 아니다. 그는 하나님의 백성인 북이스라엘 사람들을 괴롭힌 악당에 불과하다.
이 시기에 메소포타미아 북부 지역에 자리잡은 앗수르는 제국의 자리를 확대하고 있었다. 앗수르의 왕은 아주 유명한 살마네세르 3세다. 그는 34년 동안 통치하면서 가나안 지역까지 여러 차례 점령한 왕이다. 놀랍게도 현무암으로 조각된 그의 동상과 부조 그리고 그의 업적 등의 글이 많이 발견되었다. 이 당시 우리나라는 여전히 청동기 시대다. 유물로는 유일하게 고인돌이 남아 있다. 고인돌은 주전 1200년-200년 사이의 것들이다.
유명한 아람의 왕 하사엘이 있었다. 더 유명한 앗수르의 살마네세르 왕이 있었다. 유명하지는 않지만 자신의 지역에서는 한 시대를 주름잡던 고인돌의 주인공들이 있었다. 그러나 그들은 거기에서 마쳤다. 그들은 무가치한 삶으로 마쳤다.
세상 나라의 유명한 왕들은 하나님의 통치 속에 있었지만 하나님께서 주시는 생명과는 거리가 먼 사람들이었다. 그들은 북이스라엘을 침략하고 괴롭히는 왕들이다. 그것이 성공이라고 생각하는 왕이다. 그러나 그것은 달콤한 열매가 아니라 영원한 죽음이라는 처절한 열매다. 가치가 없을 뿐만 아니라 처절히 심판 받아 마땅한 탐욕과 죄의 삶이었다. 크고 작음이 중요하지 않다. 생명이 중요하다. 창조주 하나님을 향하여 반응하는 사람으로 살아야 한다.

8:16-29은 유다의 여호람 왕과 아하시야 왕의 통치에 대한 이야기다.

**16** 이스라엘의 왕 아합의 아들 요람 제오년에 여호사밧이 유다의 왕이었을 때에 유다의 왕 여호사밧의 아들 여호람이 왕이 되니라
**17** 여호람이 왕이 될 때에 나이가 삼십이 세라 예루살렘에서 팔 년 동안 통치하니라
**18** 그가 이스라엘 왕들의 길을 가서 아합의 집과 같이 하였으니 이는 아합의 딸이 그의 아내가 되었음이라 그가 여호와 보시기에 악을 행하였으나
**16** In the fifth year of the reign of Joram son of Ahab as king of Israel, Jehoram son of

Jehoshaphat became king of Judah
17 at the age of 32, and he ruled in Jerusalem for eight years.
18 His wife was Ahab's daughter, and like the family of Ahab he followed the evil ways of the kings of Israel. He sinned against the Lord,

**8:18 이스라엘 왕들의 길을 가서 아합의 집과 같이 하였으니.** 여호람 왕은 아합이 걸어간 악한 길을 간 것으로 보인다. 우상 숭배까지 하였던 것으로 보인다. 유다의 왕인데 북이스라엘의 가장 악한 아합의 길을 갔다. 왜 그렇게 되었을까? **아합의 딸이 그의 아내가 되었음이라.** 여호람이 악한 왕이 된 가장 결정적 이유는 아합의 딸인 아달랴가 그의 아내가 되었기 때문이다. 아달랴는 이후 유다의 여왕 자리까지 찬탈한다. 그는 자신의 어머니인 북이스라엘의 이세벨에 버금가는 아주 악한 여인이다.
여호람이 악한 길로 가게 된 것은 안타깝게도 그의 아버지 여호사밧의 영향이 크다. 여호사밧이 선한 왕이었으나 북이스라엘의 아합과 친하였고 결국 그의 딸을 자신의 아들의 아내로 받아들이게 되었기 때문이다. 여호사밧 때는 아달랴의 우상숭배의 경향이 조금은 통제가 가능하였을 것이다. 그러나 아달랴를 며느리로 받아들인 것은 이후 유다에 아주 악한 영향을 미친다. 유다의 영적인 상태를 북이스라엘의 아합 때의 영적인 수준으로 전락시켰다.

19 여호와께서 그의 종 다윗을 위하여 유다 멸하기를 즐겨하지 아니하셨으니 이는 그와 그의 자손에게 항상 등불을 주겠다고 말씀하셨음이더라
20 여호람 때에 에돔이 유다의 손에서 배반하여 자기 위에 왕을 세운 고로
19 but the Lord was not willing to destroy Judah, because he had promised his servant David that his descendants would always continue to rule.
20 During Jehoram's reign Edom revolted against Judah and became an independent kingdom.

**8:20 에돔이 유다의 손에서 배반하여.** 이전에 모압이 북이스라엘을 배반하여 유다와 유다의 종속 국가인 에돔과 북이스라엘이 함께 연합군을 이루어 모압을 공격하였었다. 그런데 이번에는 에돔이 유다를 배반하였다. 이것은 여호람이 아합의 길을 갔기 때문에 하나님께서 징계하시는 측면이다.

21 여호람이 모든 병거를 거느리고 사일로 갔더니 밤에 일어나 자기를 에워싼 에돔 사람과 그 병거의 장관들을 치니 이에 백성이 도망하여 각각 그들의 장막들로 돌아갔더라

21 So Jehoram set out with all his chariots for Zair, where the Edomite army surrounded them. During the night he and his chariot commanders managed to break out and escape, and his soldiers scattered to their homes.

**8:21 여호람이...자기를 에워싼 에돔 사람과 그 병거의 장관들을 치니 이에 백성이 도망하여.** 여호람은 배반한 에돔을 공격하였으나 오히려 포위를 당하였다. 다행히 그 포위를 뚫고 간신히 도망갈 수 있었다. 결국 에돔은 유다의 통치에서 떨어져 나갔다.

**22** 이와 같이 에돔이 유다의 수하에서 배반하였더니 오늘까지 그러하였으며 그 때에 립나도 배반하였더라

**22** Edom has been independent of Judah ever since. During this same period the city of Libnah also revolted.

**8:22 립나도 배반하였더라.** '립나'는 블레셋 지역에 가까운 유대인의 도시다. 그런데 무슨 이유인지 국가를 배반하였다. 여호람은 그의 재위 기간 동안 국력이 심히 약해졌고 주변 국가의 배반이 이어졌다.

**23** 여호람의 남은 사적과 그가 행한 모든 일은 유다 왕 역대지략에 기록되지 아니하였느냐
**24** 여호람이 그의 조상들과 함께 자매 그의 조상들과 함께 다윗 성에 장사되고 그의 아들 아하시야가 대신하여 왕이 되니라
**25** 이스라엘의 왕 아합의 아들 요람 제십이년에 유다 왕 여호람의 아들 아하시야가 왕이 되니
**26** 아하시야가 왕이 될 때에 나이가 이십이 세라 예루살렘에서 일 년을 통치하니라 그의 어머니의 이름은 아달랴라 이스라엘 왕 오므리의 손녀이더라

**23** Everything else that Jehoram did is recorded in The History of the Kings of Judah.
**24** Jehoram died and was buried in the royal tombs in David's City, and his son Ahaziah succeeded him as king.
**25** In the twelfth year of the reign of Joram son of Ahab as king of Israel, Ahaziah son of Jehoram became king of Judah
**26** at the age of 22, and he ruled in Jerusalem for one year. His mother was Athaliah, the daughter of King Ahab and granddaughter of King Omri of Israel.

**8:26 그의 어머니의 이름은 아달랴라 이스라엘 왕 오므리의 손녀이더라.** 아달랴는 아합의 딸, 여호람의 아내, 아하시야의 어머니였다. '오므리의 손녀'라는 것은 아합이 오므리의 아들이기 때문에 그렇게 번역한 것이다. 여호람이 악한 왕이 되고 그의 아들 아

하시야가 악한 왕이 된 것의 연결 고리는 아달랴다. 여호람의 아내요 아하시야의 어머니인 아달랴가 그 이면에서 영적인 어둠인 우상숭배로 끌고 갔던 것으로 보인다.

**27** 아하시야가 아합의 집 길로 행하여 아합의 집과 같이 여호와 보시기에 악을 행하였으니 그는 아합의 집의 사위가 되었음이러라
**27** Since Ahaziah was related to King Ahab by marriage, he sinned against the Lord, just as Ahab's family did.

**8:27 아합의 집 길로 행하여 아합의 집과 같이 여호와 보시기에 악을 행하였으니.** 아하시야가 아합의 길로 간 것은 그의 어머니 아달랴의 영향이 컸을 것이다. 그래서 1년 통치에도 악한 왕이라 평가를 받는다. **아합의 집의 사위.** '사위(히. 하탄)'는 '결혼으로 맺어진 모든 관계'를 일컫는 단어다. 이것은 아하시야가 아합의 사위가 되었다는 뜻이 아니라 그의 어머니 아달랴가 아합의 딸이기 때문에 어머니를 통해 연결된 관계라는 것을 의미한다.

**28** 그가 아합의 아들 요람과 함께 길르앗 라못으로 가서 아람 왕 하사엘과 더불어 싸우더니 아람 사람들이 요람에게 부상을 입힌지라
**29** 요람 왕이 아람 왕 하사엘과 싸울 때에 라마에서 아람 사람에게 당한 부상을 치료하려 하여 이스르엘로 돌아왔더라 유다의 왕 여호람의 아들 아하시야가 아합의 아들 요람을 보기 위하여 내려갔으니 이는 그에게 병이 생겼음이더라
**28** King Ahaziah joined King Joram of Israel in a war against King Hazael of Syria. The armies clashed at Ramoth in Gilead, and Joram was wounded in battle.
**29** He returned to the city of Jezreel to recover from his wounds, and Ahaziah went there to visit him.

**8:29 아합의 아들 요람을 보기 위하여 내려갔으니.** 아하시야는 외삼촌 관계인 북이스라엘의 요람 왕의 부상 소식을 듣고 병문안을 갔다. 이 길은 결국 그가 죽음에 이르게 되는 마지막 길이 된다. 아하시야는 그렇게 철저히 아합의 집에 연결되어 있다가 악의 길을 갔고 그렇게 허무하게 인생을 마치게 된다.
악한 연결고리는 과감히 끊을 필요가 있다. 특히 믿음에 악한 영향을 미치는 일에 대해 그러하다. 우리는 우리를 믿음에서 멀어지게 하는 악한 연결이 있지는 않은지 잘 살펴보아야 한다. 악의 영향을 받고 있지 말고 선에 영향을 받고 있어야 한다.

## 9장

**1** 선지자 엘리사가 선지자의 제자 중 하나를 불러 이르되 너는 허리를 동이고 이 기름병을 손에 가지고 길르앗 라못으로 가라
**2** 거기에 이르거든 님시의 손자 여호사밧의 아들 예후를 찾아 들어가서 그의 형제 중에서 일어나게 하고 그를 데리고 골방으로 들어가
**3** 기름병을 가지고 그의 머리에 부으며 이르기를 여호와의 말씀이 내가 네게 기름을 부어 이스라엘 왕으로 삼노라 하셨느니라 하고 곧 문을 열고 도망하되 지체하지 말지니라 하니

**1** Meanwhile the prophet Elisha called one of the young prophets and said to him, "Get ready and go to Ramoth in Gilead. Take this jar of olive oil with you,
**2** and when you get there look for Jehu, the son of Jehoshaphat and grandson of Nimshi. Take him to a private room away from his companions,
**3** pour this olive oil on his head, and say, 'The Lord proclaims that he anoints you king of Israel.' Then leave there as fast as you can."

**9:3 여호와의 말씀이 내가 네게 기름을 부어 이스라엘 왕으로 삼노라.** 예후를 이스라엘의 왕으로 세우는 기름 붓는 의식을 행하도록 하였다. 이것은 엘리야 때 이미 하나님께서 말씀하신 것이다. 이 일은 쉬운 일이 아니었다. 엘리사는 자신이 아닌 젊은 선지자를 보냄으로 이 일을 은밀히 진행하였다. 사람들이 보는 곳이 아니라 골방에 들어가 예후에게만 은밀히 기름을 붓도록 하였다. 그렇게 북이스라엘의 왕이 세워지는 일이 아무도 모르게 은밀히 이루어졌다.

**4** 그 청년 곧 그 선지자의 청년이 길르앗 라못으로 가니라
**5** 그가 이르러 보니 군대 장관들이 앉아 있는지라 소년이 이르되 장관이여 내가 당신에게 할 말이 있나이다 예후가 이르되 우리 모든 사람 중에 누구에게 하려느냐 하니 이르되 장관이여 당신에게니이다 하는지라
**6** 예후가 일어나 집으로 들어가니 청년이 그의 머리에 기름을 부으며 그에게 이르되 이스라엘 하나님 여호와의 말씀이 내가 네게 기름을 부어 여호와의 백성 곧 이스라엘의 왕으로 삼노니

**4** So the young prophet went to Ramoth,
**5** where he found the army officers in a conference. He said, "Sir, I have a message for you." Jehu asked, "Which one of us are you speaking to?" "To you, sir," he replied.
**6** Then the two of them went indoors, and the young prophet poured the olive oil on Jehu's head and said to him, "The Lord, the God of Israel, proclaims: 'I anoint you king of my people Israel.

**9:6 여호와의 백성 곧 이스라엘의 왕으로 삼노니.** 북이스라엘을 '여호와의 백성'이라고 칭하고 있다. 지난 100년 동안 북이스라엘이 거짓의 길을 가고 있었지만 하나님은 여전히 북이스라엘을 자신의 백성이라 부르신다. 그리고 이제 친히 예후에게 기름 부으심으로 북이스라엘이 과거의 죄에서 벗어나게 하고자 하셨다.

7 너는 네 주 아합의 집을 치라 내가 나의 종 곧 선지자들의 피와 여호와의 종들의 피를 이세벨에게 갚아 주리라
7 You are to kill your master the king, that son of Ahab, so that I may punish Jezebel for murdering my prophets and my other servants.

**9:7 너는 네 주 아합의 집을 치라.** 예후가 북이스라엘의 왕이 되는 가장 중요한 첫번째 이유는 '아합의 집을 치는 것'이다. 아합과 그 아들들의 죄에 대해 물으시는 것이다. **선지자들의 피와 여호와의 종들의 피를 이세벨에게 갚아 주리라.** 아합의 아내 이세벨이 여전히 살아 있었다. 그녀는 우상숭배를 하였을 뿐만 아니라 하나님의 사람을 죽이기까지 하였다. 그래서 그의 죄를 심판하는 것은 더욱더 중요하였다.

8 아합의 온 집이 멸망하리니 이스라엘 중에 매인자나 놓인 자나 아합에게 속한 모든 남자는 내가 다 멸절하되
8 All Ahab's family and descendants are to die; I will get rid of every male in his family, young and old alike.

**9:8 아합에게 속한 모든 남자는 내가 다 멸절하되.** 아합이 번영할 때 많은 자손이 있었다. 그러나 많은 것이 결코 복이 되지 못하였다. 심판 받을 때 모두 멸절되기 때문이다. 사람들은 죄로 이것저것을 모은다. 재물을 모으고 명예를 모은다. 그것이 당시에는 대단한 것처럼 보인다. 그러나 죄에 대해 심판 받을 때 순식간에 무너진다. 오히려 심판의 증거물이 된다.

9 아합의 집을 느밧의 아들 여로보암의 집과 같게 하며 또 아히야의 아들 바아사의 집과 같게 할지라
10 이스르엘 지방에서 개들이 이세벨을 먹으리니 그를 장사할 사람이 없으리라 하셨느니라 하고 곧 문을 열고 도망하니라
9 I will treat his family as I did the families of King Jeroboam of Israel and of King Baasha of Israel.

10 Jezebel will not be buried; her body will be eaten by dogs in the territory of Jezreel.' "
After saying this, the young prophet left the room and fled.

**9:10 개들이 이세벨을 먹으리니 그를 장사할 사람이 없으리라.** 이세벨은 부정한 짐승인 개가 먹을 것이며 장사조차도 치러지지 못할 것이다. 그녀의 죄가 참으로 컸기 때문이다.

악에 대한 진정한 심판은 이 세상에서가 아니라 주님 다시 오실 때이다. 그런데 때때로 이 땅에서도 심판이 있다. 그것을 나는 작은 심판이라고 이름을 붙인다. 죄에 대해 심판이 있음을 사람들에게 경고하기 위해 작은 심판이 있다. 그러나 작은 심판은 때때로 있다. 반드시 모든 악한 사람들이 이 세상에서 심판을 받는 것은 아니다. 그러나 주님 재림하실 때는 반드시 모든 악한 사람이 심판을 받는다. 더 크고 엄하게 심판받는다. 이세벨 또한 그때 그의 죄에 대해 아주 더 크게 영원한 지옥으로 심판을 받을 것이다.

11 예후가 나와서 그의 주인의 신복들에게 이르니 한 사람이 그에게 묻되 평안하냐 그 미친 자가 무슨 까닭으로 그대에게 왔더냐 대답하되 그대들이 그 사람과 그가 말한 것을 알리라 하더라
12 무리가 이르되 당치 아니한 말이라 청하건대 그대는 우리에게 이르라 하니 대답하되 그가 이리 이리 내게 말하여 이르기를 여호와의 말씀이 내가 네게 기름을 부어 이스라엘 왕으로 삼는다 하셨다 하더라 하는지라
11 Jehu went back to his fellow-officers, who asked him, "Is everything all right? What did that crazy fellow want with you?" "You know what he wanted," Jehu answered.
12 "No we don't!" they replied. "Tell us what he said!" "He told me that the Lord proclaims: 'I anoint you king of Israel.' "

**9:12 여호와의 말씀이 내가 네게 기름을 부어 이스라엘 왕으로 삼는다 하셨다 하더라.** 선지자는 골방에서 비밀스럽게 기름을 부었다. 예후는 그것이 위험한 일이라는 것을 알기에 처음에는 비밀로 하였다. 그러나 함께한 장군들이 그 사람이 와서 한 일을 예후에게 말하도록 재촉하자 어쩔 수 없이 대답하였다. 예후가 자신이 들은 신탁을 이야기하였을 때 모든 장군들은 그 젊은 선지자의 말을 인정하고 예후를 왕으로 세웠다. 매우 극적이다. 그러나 하나님께서 준비하셨기에 모든 것이 물 흐르듯 자연스럽게 이루어졌다.

**13** 무리가 각각 자기의 옷을 급히 가져다가 섬돌 위 곧 예후의 밑에 깔고 나팔을 불며 이르되 예후는 왕이라 하니라
**14** 이에 님시의 손자 여호사밧의 아들 예후가 요람을 배반하였으니 곧 요람이 온 이스라엘과 더불어 아람의 왕 하사엘과 맞서서 길르앗 라못을 지키다가
**15** 아람의 왕 하사엘과 더불어 싸울 때에 아람 사람에게 부상한 것을 치료하려 하여 이스르엘로 돌아왔던 때라 예후가 이르되 너희 뜻에 합당하거든 한 사람이라도 이 성에서 도망하여 이스르엘에 알리러 가지 못하게 하라 하니라
**16** 예후가 병거를 타고 이스르엘로 가니 요람 왕이 거기에 누워 있었음이라 유다의 왕 아하시야는 요람을 보러 내려왔더라
**17** 이스르엘 망대에 파수꾼 하나가 서 있더니 예후의 무리가 오는 것을 보고 이르되 내가 한 무리를 보나이다 하니 요람이 이르되 한 사람을 말에 태워 보내어 맞이하여 평안하냐 묻게 하라 하는지라

**13** At once Jehu's fellow-officers spread their cloaks at the top of the steps for Jehu to stand on, blew trumpets, and shouted, "Jehu is king!"
**14** Then Jehu plotted against King Joram, who was in Jezreel, where he had gone to recover from the wounds which he had received in the battle at Ramoth against King Hazael of Syria. So Jehu said to his fellow-officers, "If you are with me, make sure that no one slips out of Ramoth to go and warn the people in Jezreel."
**16** Then he got into his chariot and set off for Jezreel. Joram had still not recovered, and King Ahaziah of Judah was there, visiting him.
**17** A guard on duty in the watchtower at Jezreel saw Jehu and his men approaching. "I see some men riding up!" he called out. Joram replied, "Send a horseman to find out if they are friends or enemies."

**9:17 한 무리를 보나이다...한 사람을 말에 태워 보내어 맞이하여 평안하냐 묻게 하라.** 평안(히. 샬롬)'은 '관계가 좋은 것'을 아우르는 말이다. 평안, 평화, 부 등을 의미한다. 좋은 관계로 오는 것인지 묻는 것이다. 전쟁 중에 요양차 내려온 요람 왕은 큰 무리의 병사들이 자신이 있는 성에 오는 것을 보고 불안한 마음이 들어 사람을 보내 물었다.

**18** 한 사람이 말을 타고 가서 만나 이르되 왕의 말씀이 평안하냐 하시더이다 하매 예후가 이르되 평안이 네게 상관이 있느냐 내 뒤로 물러나라 하니라 파수꾼이 전하여 이르되 사자가 그들에게 갔으나 돌아오지 아니하나이다 하는지라
**19** 다시 한 사람을 말에 태워 보내었더니 그들에게 가서 이르되 왕의 말씀이 평안하냐 하시더이다 하매 예후가 이르되 평안이 네게 상관이 있느냐 내 뒤를 따르라 하더라

**18** The messenger rode out to Jehu and said to him, "The king wants to know if you come as a friend." "That's none of your business!" Jehu answered. "Fall in behind me." The guard on the watchtower reported that the messenger had reached the group but was not returning.

19 Another messenger was sent out, who asked Jehu the same question. Again Jehu answered, "That's none of your business! Fall in behind me."

**9:19 왕의 말씀이 평안하냐 하시더이다.** 첫 번째 보낸 병사가 돌아오지 않자 또 사람을 보냈다. 왕은 매우 조바심이 났다. 그는 이 순간 평안이 가장 중요했다. 간절히 원했다. 그런데 이번에도 예후는 그 사자를 자신의 뒤에 따르도록 하였다. 사자가 요람에게 돌아오지 않았다.

20 파수꾼이 또 전하여 이르되 그도 그들에게까지 갔으나 돌아오지 아니하고 그 병거 모는 것이 님시의 손자 예후가 모는 것 같이 미치게 모나이다 하니
21 요람이 이르되 메우라 하매 그의 병거를 메운지라 이스라엘 왕 요람과 유다 왕 아하시야가 각각 그의 병거를 타고 가서 예후를 맞을새 이스르엘 사람 나봇의 토지에서 만나매
20 Once more the guard reported that the messenger had reached the group but was not returning. And he added, "The leader of the group is driving his chariot like a madman, just like Jehu!"
21 "Get my chariot ready," King Joram ordered. It was done, and he and King Ahaziah rode out, each in his own chariot, to meet Jehu. They met him at the field which had belonged to Naboth.

**9:21 요람과 유다 왕 아하시야가 각각 그의 병거를 타고 가서 예후를 맞을새.** 요람 왕은 갑갑한 마음에 자신이 직접 병거를 몰고 나갔다. 요람은 오는 무리가 어떤 의도로 오는지 불안감을 가지고 있었던 것 같다. 완전히 불신하였으면 나가지 않았을 것이다. 또한 완전히 신뢰하였어도 밖으로 나가는 수고를 하지 않았을 것이다. 반신반의하는 마음으로 불안한 생각을 가지고 있었던 것 같다. **이스르엘 사람 나봇의 토지에서 만나매.** 요람이 직접 병거를 몰고 가는 것이 일반적인 일은 아니다. 불안한 마음과 또한 그를 향한 하나님의 신비로운 섭리 때문에 그렇게 된 것 같다. '나봇의 토지'에서 만나도록 하는 섭리다.

22 요람이 예후를 보고 이르되 예후야 평안하냐 하니 대답하되 네 어머니 이세벨의 음행과 술수가 이렇게 많으니 어찌 평안이 있으랴 하더라
22 "Are you coming in peace?" Joram asked him. "How can there be peace," Jehu answered, "when we still have all the witchcraft and idolatry that your mother Jezebel started?"

**9:22 요람이 예후를 보고 이르되 예후야 평안하냐.** 요람은 평안을 원하였다. 그렇게 되기를 원하는 간절한 마음이 담겨 있다. **이세벨의 음행과 술수가 이렇게 많으니 어찌 평안이 있으랴.** 예후는 하나님께서 자신을 선택하여 아합과 이세벨의 죄를 물으신다는 것을 알았다. 그래서 이세벨의 죄가 많은데 어찌 평안이 있겠느냐고 되물었다. 요람이 평안을 원하나 이세벨의 죄 때문에 평안이 없다. 사람들은 평안을 원한다. 평안의 길을 가지 않으면서 평안을 원한다. 평안을 원하면 평안의 길을 가야 한다.

**23** 요람이 곧 손을 돌이켜 도망하며 아하시야에게 이르되 아하시야여 반역이로다 하니
**24** 예후가 힘을 다하여 활을 당겨 요람의 두 팔 사이를 쏘니 화살이 그의 염통을 꿰뚫고 나오매 그가 병거 가운데에 엎드러진지라
**25** 예후가 그의 장관 빗갈에게 이르되 그 시체를 가져다가 이스르엘 사람 나봇의 밭에 던지라 네가 기억하려니와 이전에 너와 내가 함께 타고 그의 아버지 아합을 좇았을 때에 여호와께서 이같이 그의 일을 예언하셨느니라
**23** "It's treason, Ahaziah!" Joram cried out, as he turned his chariot round and fled.
**24** Jehu drew his bow, and with all his strength shot an arrow that struck Joram in the back and pierced his heart. Joram fell dead in his chariot,
**25** and Jehu said to his aide Bidkar, "Get his body and throw it in the field that belonged to Naboth. Remember that when you and I were riding together behind King Joram's father Ahab, the Lord spoke these words against Ahab:

**9:25 그 시체를 가져다가 이스르엘 사람 나봇의 밭에 던지라 네가 기억하려니와 이전에 너와 내가 함께...여호와께서 이같이 그의 일을 예언하셨느니라.** 예후는 이전에 엘리야가 이 일을 예언할 때 그 자리에서 자신의 수하 장군과 함께 들었던 것 같다. 그것을 상기하면서 요람을 심판하였다.

**26** 여호와께서 말씀하시기를 내가 어제 나봇의 피와 그의 아들들의 피를 분명히 보았노라 여호와께서 또 말씀하시기를 이 토지에서 네게 갚으리라 하셨으니 그런즉 여호와의 말씀대로 그의 시체를 가져다가 이 밭에 던질지니라 하는지라
**26** 'I saw the murder of Naboth and his sons yesterday. And I promise that I will punish you here in this same field.' So take Joram's body," Jehu ordered his aide, "and throw it in the field that belonged to Naboth, so as to fulfil the Lord's promise."

**9:26 네게 갚으리라.** '갚는다(히. 샬렘)'가 '평안(히. 샬롬)'의 동사형이다. '샬렘'은 '건물이 완공되다' 등의 의미로 사용된다. 하나님의 말씀이 성취됨으로 이제야 샬롬이 된다.

27 유다의 왕 아하시야가 이를 보고 정원의 정자 길로 도망하니 예후가 그 뒤를 쫓아가며 이르되 그도 병거 가운데서 죽이라 하매 이블르암 가까운 구르 비탈에서 치니 그가 므깃도까지 도망하여 거기서 죽은지라
27 King Ahaziah saw what happened, so he fled in his chariot towards the town of Beth Haggan, pursued by Jehu. "Kill him too!" Jehu ordered his men, and they wounded him as he drove his chariot on the road up to Gur, near the town of Ibleam. But he managed to keep going until he reached the city of Megiddo, where he died.

**9:27 예후가 그 뒤를 쫓아가며 이르되 그도 병거 가운데서 죽이라.** 아하시야는 외삼촌 요람의 병문안을 왔다가 북이스라엘의 쿠데타에 말려들었다. 예후는 북이스라엘의 요람 왕을 죽인 이후 유다의 아하시야 왕도 죽이려 하였다. 왜 죽이려 하였는지는 나오지 않는다. 어쩌면 아하시야가 이후에 잠재적 원수가 될 수 있기 때문일 수도 있다.
아하시야의 죽음은 결국 아합의 죄와 연결된다. 아하시야는 아합의 영향 끝지점에 있다. 아하시야와 그의 아버지 여호람(요람이라고도 함)은 북이스라엘과 밀접한 관련을 가지고 있었다. 여호람과 아하시야의 이름은 북이스라엘의 아하시야와 요람(여호람이라고도 함) 왕과 이름이 같다. 서로 왕이 된 순서만 다를 뿐 유다와 북이스라엘의 왕의 이름이 같다. 아하시야라는 이름을 가진 왕들은 모두 1년밖에 통치하지 못하였다는 것도 같다. 서로 너무 많이 닮아 있다. 왕의 종교적 통치가 닮았다. 그것이 제일 중요하다. 그렇게 유다와 북이스라엘은 닮은 것을 넘어 불신앙까지 닮았다. 아하시야 왕은 하나님의 심판을 받아 마땅했다.

28 그의 신복들이 그를 병거에 싣고 예루살렘에 이르러 다윗 성에서 그들의 조상들과 함께 그의 묘실에 장사하니라
29 아합의 아들 요람의 제십일년에 아하시야가 유다 왕이 되었었더라
30 예후가 이스르엘에 오니 이세벨이 듣고 눈을 그리고 머리를 꾸미고 창에서 바라보다가
28 His officials took his body back to Jerusalem in a chariot and buried him in the royal tombs in David's City.
29 Ahaziah had become king of Judah in the eleventh year that Joram son of Ahab was king of Israel.
30 Jehu arrived in Jezreel. Jezebel, having heard what had happened, put on eyeshadow, arranged her hair, and stood looking down at the street from a window in the palace.

**9:30 이세벨이 듣고 눈을 그리고 머리를 꾸미고 창에서 바라보다가.** 자신의 아들이 죽었다는 소식을 듣고 이세벨은 최후의 다짐을 한 것 같다. 화장을 하고 우아하게 단장을 한다. 마지막 순간을 우아하고 위엄 있게 죽기로 다짐을 하였던 것 같다.

31 예후가 문에 들어오매 이르되 주인을 죽인 너 시므리여 평안하냐 하니
31 As Jehu came through the gate, she called out, "You Zimri! You assassin! Why are you here?"

**9:31 주인을 죽인 너 시므리여 평안하냐.** 조롱을 담은 말이다. 다가오는 예후를 창문 열고 위에서 내려다보며 위엄 있게 꾸짖었다. 그녀는 그렇게 끝까지 위엄을 지키고자 하였다. 그러나 그 위엄은 오래가지 못한다.

32 예후가 얼굴을 들어 창을 향하고 이르되 내 편이 될 자가 누구냐 누구냐 하니 두어 내시가 예후를 내다보는지라
33 이르되 그를 내려던지라 하니 내려던지매 그의 피가 담과 말에게 튀더라 예후가 그의 시체를 밟으니라
32 Jehu looked up and shouted, "Who is on my side?" Two or three palace officials looked down at him from a window,
33 and Jehu said to them, "Throw her down!" They threw her down, and her blood spattered the wall and the horses. Jehu drove his horses and chariot over her body,

**9:33 그를 내려던지라 하니 내려던지매.** 예후는 이세벨을 창 아래로 '내려던지라'고 말하였다. 그 말을 들은 내시가 그녀를 창에서 내려 던졌다. 내시는 왕궁의 모든 혜택을 받던 사람들이다. 이세벨 가까이에 있었으니 이세벨을 돌보던 내시인 것으로 보인다. 우리나라 조선 시대의 상궁과 같은 역할을 하던 사람이다. 그녀는 가장 가까운 사람에게 배신을 당하였다. 우아하게 죽지 못하고 비참하게 죽었다. **예후가 그의 시체를 밟으니.** 예후가 탄 말과 병거가 그 시체 위를 지나간 것 같다. 이세벨의 시체는 완전히 짓눌렸을 것이다.

34 예후가 들어가서 먹고 마시고 이르되 가서 이 저주 받은 여자를 찾아 장사하라 그는 왕의 딸이니라 하매
35 가서 장사하려 한즉 그 두골과 발과 그의 손 외에는 찾지 못한지라
34 entered the palace, and had a meal. Only then did he say, "Take that cursed woman and bury her; after all, she is a king's daughter."
35 But the men who went out to bury her found nothing except her skull, and the bones of her hands and feet.

**9:35 두골과 발과 그의 손 외에는 찾지 못한지라.** 벌써 들개들이 그 시신을 많이 훼손하였다. 몇몇 조각만 남아 있었다.

36 돌아와서 전하니 예후가 이르되 이는 여호와께서 그 종 디셉 사람 엘리야를 통하여 말씀하신 바라 이르시기를 이스르엘 토지에서 개들이 이세벨의 살을 먹을지라

36 When they reported this to Jehu, he said, "This is what the Lord said would happen, when he spoke through his servant Elijah: 'Dogs will eat Jezebel's body in the territory of Jezreel.

**9:36 이스르엘 토지에서 개들이 이세벨의 살을 먹을지라.** 이 말씀대로 개들이 그 시신을 먹어 가장 비참한 죽음이 되었다.
이세벨의 비참함은 개들의 먹이가 되었다는 사실보다 죽음 이후의 삶에 있다. 죽음은 그것으로 끝나는 것이 아니라 그 이후가 있기 때문이다. 사람은 죽음 이후 영원한 세상을 맞이하게 된다. 영원한 세상에서 이 땅의 죄 때문에 영원히 죄에 대한 책임을 지게 될 것이다. 그것이 가장 비참하다. 죽음 이후를 생각해야만 진정한 공평함이 있다.

37 그 시체가 이스르엘 토지에서 거름같이 밭에 있으리니 이것이 이세벨이라고 가리켜 말하지 못하게 되리라 하셨느니라 하였더라

37 Her remains will be scattered there like dung, so that no one will be able to identify them.' "

## 10장

1 아합의 아들 칠십 명이 사마리아에 있는지라 예후가 편지들을 써서 사마리아에 보내서 이스르엘 귀족들 곧 장로들과 아합의 여러 아들을 교육하는 자들에게 전하니 일렀으되

1 There were 70 descendants of King Ahab living in the city of Samaria. Jehu wrote a letter and sent copies to the rulers of the city, to the leading citizens, and to the guardians of Ahab's descendants. The letter read:

**10:1 이스르엘 귀족들.** 내용적으로 이상해서 이것을 사마리아의 귀족들로 바꾼 후대 사본들이 많다. 사본상으로는 이스르엘 귀족들이 더 타당하게 보인다. 그렇다면 그 의미는 무슨 이유인지는 모르지만 이스르엘의 귀족들이 사마리아에 가 있는 것을 반영할 것이다. **아합의 아들 칠십 명이 사마리에 있는지라 예후가 편지들을 써서.** '칠십'이라는 숫자가 '완전'을 상징하는 숫자로 사용하였을 수도 있으나 실제 숫자로 보아도

무방할 것 같다. 북이스라엘의 수도 사마리아에 70명에 상당할 정도로 아합의 많은 자녀들이 있었다. 그들을 놔두면 정치적으로 문제가 될 것이다. 또한 하나님의 심판이라는 측면에서는 더욱더 그러하다.

2 너희 주의 아들들이 너희와 함께 있고 또 병거와 말과 견고한 성과 무기가 너희에게 있으니 이 편지가 너희에게 이르거든
3 너희 주의 아들들 중에서 가장 어질고 정직한 자를 택하여 그의 아버지의 왕좌에 두고 너희 주의 집을 위하여 싸우라 하였더라
2 "You are in charge of the king's descendants and you have at your disposal chariots, horses, weapons, and fortified cities. So then, as soon as you receive this letter,
3 you are to choose the best qualified of the king's descendants, make him king, and fight to defend him."

**10:3 정직한 자를 택하여 그의 아버지의 왕좌에 두고 너희 주의 집을 위하여 싸우라.** 사마리아는 견고한 성이고, 많은 군사가 있으며, 아합의 자녀들이 곳곳에 있으니 충분히 싸울 수 있다. 그러기에 새로운 왕을 세우고 '자신에 대항하여 싸우라'고 도발하였다.

4 그들이 심히 두려워하여 이르되 두 왕이 그를 당하지 못하였거든 우리가 어찌 당하리요 하고
4 The rulers of Samaria were terrified. "How can we oppose Jehu," they said, "when neither King Joram nor King Ahaziah could?"

**10:4 그들이 심히 두려워하여.** 문제는 마음의 의지였다. 사마리아 사람들은 아합 집안을 위해 예후와 싸우고자 하는 의지가 없었다. 그것은 아합의 집안에 대한 애정이 없음을 의미한다. 아합과 그의 자녀들이 왕으로 있을 때는 대단히 충성하는 것처럼 보였을 것이다. 그러나 힘이 없어지자 충성심이 사라졌다. 세상의 권력이 그렇다.

5 그 왕궁을 책임지는 자와 그 성읍을 책임지는 자와 장로들과 왕자를 교육하는 자들이 예후에게 말을 전하여 이르되 우리는 당신의 종이라 당신이 말하는 모든 것을 우리가 행하고 어떤 사람이든지 왕으로 세우지 아니하리니 당신이 보기에 좋은 대로 행하라 한지라
6 예후가 다시 그들에게 편지를 부치니 일렀으되 만일 너희가 내 편이 되어 내

말을 너희가 들으려거든 너희 주의 아들된 사람들의 머리를 가지고 내일 이맘때에 이스르엘에 이르러 내게 나아오라 하였더라 왕자 칠십 명이 그 성읍의 귀족들, 곧 그들을 양육하는 자들과 함께 있는 중에
**7** 편지가 그들에게 이르매 그들이 왕자 칠십 명을 붙잡아 죽이고 그들의 머리를 광주리에 담아 이스르엘 예후에게로 보내니라

**5** So the officer in charge of the palace and the official in charge of the city, together with the leading citizens and the guardians, sent this message to Jehu: "We are your servants and we are ready to do anything you say. But we will not make anyone king; do whatever you think best."
**6** Jehu wrote them another letter: "If you are with me, and are ready to follow my orders, bring the heads of King Ahab's descendants to me at Jezreel by this time tomorrow." The 70 descendants of King Ahab were under the care of the leading citizens of Samaria, who were bringing them up.
**7** When Jehu's letter was received, the leaders of Samaria killed all 70 of Ahab's descendants, put their heads in baskets, and sent them to Jehu at Jezreel.

**10:7 그들이 왕자 칠십 명을 붙잡아 죽이고.** 예후와 싸울 의지가 없었던 사마리아 사람들은 아합의 자녀들을 죽이고 예후에게 충성을 약속하였다. 아합의 자녀들은 그렇게 순식간에 버려졌다. 이전에는 그들에게 잘 보이기 위해 모든 것을 하던 사람들인데 순식간에 돌변하였다. 세상의 일들이 그렇다. 그러기에 세상의 일에 대해 미련을 가지고 있지 말아야 한다. 의지하지 말아야 한다. 죄가 많은 것을 만들어 내는 것 같으나 실상은 모래 위에 성을 쌓는 것이다.

**8** 사자가 와서 예후에게 전하여 이르되 그 무리가 왕자들의 머리를 가지고 왔나이다 이르되 두 무더기로 쌓아 내일 아침까지 문 어귀에 두라 하고
**9** 이튿날 아침에 그가 나가 서서 뭇 백성에게 이르되 너희는 의롭도다 나는 내 주를 배반하여 죽였거니와 이 여러 사람을 죽인 자는 누구냐

**8** When Jehu was told that the heads of Ahab's descendants had been brought, he ordered them to be piled up in two heaps at the city gate and to be left there until the following morning.
**9** In the morning, he went out to the gate and said to the people who were there, "I was the one who plotted against King Joram and killed him; you are not responsible for that. But who killed all these?

**10:9 너희는 의롭도다.** 사마리아 사람들이 아합의 자녀들을 죽였다. 마음에 양심의 거리낌이 있었을 것이다. 그래서 그들에게 죄가 없다고 선언한다. **나는 내 주를 배반하여 죽였거니와.** 자신이 요람 왕을 죽였다. 그것 또한 배신자라는 소리를 들을 수 있다. 그러나 그는 이것이 어디에서 왔는지를 설명한다. **이 여러 사람을 죽인 자는 누구냐.**

'죽이다'는 동사는 단수 주어를 취한다. '죽인 자들'이 아니라 '죽인 자'이다. 이들을 죽인 사람들은 사마리아 사람들이지만 예후는 실제로는 '하나님'이심을 말한다. 그래서 아합의 자녀들을 죽인 사마리아 사람들도, 요람을 죽인 자신도 실제로는 죄가 없다는 것을 말하고 있는 것이다. 이 모든 일을 하나님께서 하시는 것이기 때문이다.

10 그런즉 이제 너희는 알라 곧 여호와께서 아합의 집에 대하여 하신 말씀은 하나도 땅에 떨어지지 아니하리라 여호와께서 그의 종 엘리야를 통하여 하신 말씀을 이제 이루셨도다 하니라
10 This proves that everything that the Lord said about the descendants of Ahab will come true. The Lord has done what he promised through his prophet Elijah."

**10:10 너희는 알라 곧 여호와께서 아합의 집에 대하여 하신 말씀은 하나도 땅에 떨어지지 아니하리라.** 아합의 집안에 일어난 모든 일은 하나님께서 하신 일이라는 선언이다.

11 예후가 아합의 집에 속한 이스르엘에 남아 있는 자를 다 죽이고 또 그의 귀족들과 신뢰 받는 자들과 제사장들을 죽이되 그에게 속한 자를 하나도 생존자를 남기지 아니하였더라
11 Then Jehu put to death all the other relatives of Ahab living in Jezreel, and all his officers, close friends, and priests; not one of them was left alive.

**10:11 아합의 집에 속한 이스르엘에 남아 있는 자를 다 죽이고.** 예후는 아합의 집과 관련된 사람들을 철저히 숙청하였다. 그의 숙청은 과하게 보인다. 그래서 하나님께서 과하게 행하시는 것처럼 보일 수 있다. 그러나 죄와 벌에 대해 잘 생각해야 한다. 사람들은 벌을 보면서 과하다고 생각하는 경우가 많다. 이 경우에도 예후보다는 아합 집과 관련된 사람들이 약자여서 불쌍해 보일 수 있다. 그러나 우리는 벌이 아니라 죄가 과하다는 것을 알아야 한다.

벌이 문제가 아니다. 죄가 문제다. 벌은 죄에 대한 당연한 결과다. 사람들이 벌을 보고 과하다 생각하는 것은 죄의 심각성에 대해 모르기 때문이다. 벌을 과하다 생각하지 말고 죄가 얼마나 심각한 문제인지를 더 깊이 생각해야 한다. 죄 때문에 멸망하는 사람들을 위해 예수 그리스도께서 십자가를 지시기까지 하셨다. 그만큼 죄는 처절한 것이다. 그러기에 죄에 대한 벌을 볼 때 벌이 과하다 생각하지 말고 죄의 심각성에 대

해 생각해야 한다. 사실 이 땅에서의 벌은 죄에 대한 응당한 처벌이 아니다. 죄는 훨씬 더 심각한 것이어서 영원한 처벌이 이후에 있을 것이다. 그러니 죄의 심각성을 훨씬 더 깊이 생각해야 한다.

**12** 예후가 일어나서 사마리아로 가더니 도중에 목자가 양털 깎는 집에 이르러
**13** 예후가 유다의 왕 아하시야의 형제들을 만나 묻되 너희는 누구냐 하니 대답하되 우리는 아하시야의 형제라 이제 왕자들과 태후의 아들들에게 문안하러 내려가노라 하는지라

**12** Jehu left Jezreel to go to Samaria. On the way, at a place called "Shepherds' Camp",
**13** he met some relatives of the late King Ahaziah of Judah and asked them, "Who are you?" "Ahaziah's relatives," they answered. "We are going to Jezreel to pay our respects to the children of Queen Jezebel and to the rest of the royal family."

**10:13 유다의 왕 아하시야의 형제들을 만나.** '형제(히. 아흐)'는 형제나 친척 등을 의미하는 말인데 여기에서는 친척으로 보는 것이 맞을 것 같다. 당시 유다는 아합의 딸 아달랴와 여호사밧의 아들 여호람이 결혼한 이후 가까이 지내고 있었다. 그래서 아하시야의 친척들이 당시 벌어지고 있던 일들을 전혀 알지 못하고 사마리아로 가고 있었다.

**14** 이르되 사로잡으라 하매 곧 사로잡아 목자가 양털 깎는 집 웅덩이 곁에서 죽이니 사십이 명이 하나도 남지 아니하였더라

**14** Jehu ordered his men, "Take them alive!" They seized them, and he put them to death near a pit there. There were 42 people in all, and not one of them was left alive.

**10:14 죽이니 사십이 명이 하나도 남지 아니하였더라.** 예후는 아하시야의 친족을 만난 것을 좋은 기회로 여긴 것 같다. 그들을 모두 죽였다. 그러나 이것은 과한 살인이 분명하다. 아하시야의 친족들은 아합의 죄와 상관이 없기 때문이다. 그들은 다윗의 혈통이지 아합의 혈통이 아니다. 아하시야의 어머니가 아합의 딸 아달랴이기 때문에 조금은 관련이 있을 수는 있다. 그러나 대부분의 사람들은 전혀 관련이 없었을 것이다. 이것은 예후의 과오가 분명해 보인다. 그는 열정적으로 혁명을 진행하였는데 그 과정에 죄 없는 유다 사람들을 죽이는 잘못을 범하였다. 열정이 방향까지 옳은 것은 아니다. 늘 조심해야 한다.

**15** 예후가 거기에서 떠나가다가 자기를 맞이하러 오는 레갑의 아들 여호나답

을 만난지라 그의 안부를 묻고 그에게 이르되 내 마음이 네 마음을 향하여 진실함과 같이 네 마음도 진실하냐 하니 여호나답이 대답하되 그러하니이다 이르되 그러면 나와 손을 잡자 손을 잡으니 예후가 끌어 병거에 올리며
**15** Jehu started out again, and on his way he was met by Jonadab son of Rechab. Jehu greeted him and said, "You and I think alike. Will you support me?" "I will," Jonadab answered. "Give me your hand, then," Jehu replied. They clasped hands, and Jehu helped him up into the chariot,

**10:15 레갑의 아들 여호나답을 만난지라.** 레갑 자손은 성경에 이따금씩 나오는 이들로 금욕주의적 순수 신앙을 지키던 사람들이다. 그들과 함께함으로 예후는 개혁을 더 잘 할 수 있게 된다. 열정이 조절되기 위해서는 누군가 함께하는 사람이 있는 것이 좋다.

**16** 이르되 나와 함께 가서 여호와를 위한 나의 열심을 보라 하고 이에 자기 병거에 태우고
**17** 사마리아에 이르러 거기에 남아 있는 바 아합에게 속한 자들을 죽여 진멸하였으니 여호와께서 엘리야에게 이르신 말씀과 같이 되었더라
**16** saying, "Come with me and see for yourself how devoted I am to the Lord." And they rode on together to Samaria.
**17** When they arrived there, Jehu killed all of Ahab's relatives, not sparing even one. This is what the Lord had told Elijah would happen.

**10:17 아합에게 속한 자들을 죽여 진멸하였으니 여호와께서 엘리야에게 이르신 말씀과 같이 되었더라.** 사마리아에서 아합에게 속한 자들을 죽인 것은 타당한 일이다. 하나님께서 엘리야에게 말씀하신 것이다.

**18** 예후가 뭇 백성을 모으고 그들에게 이르되 아합은 바알을 조금 섬겼으나 예후는 많이 섬기리라
**18** Jehu called the people of Samaria together and said, "King Ahab served the god Baal a little, but I will serve him much more.

**10:18 아합은 바알을 조금 섬겼으나 예후는 많이 섬기리라.** 이것은 바알을 섬기는 이들을 안심시키기 위한 계략이다. 이러한 거짓이 권장될 수는 없지만 이것은 예후가 바알 신앙을 진멸시키고자 하는 것이 진심이라는 것을 엿볼 수 있다.

**19** 그러므로 내가 이제 큰 제사를 바알에게 드리고자 하노니 바알의 모든 선지자와 모든 섬기는 자와 모든 제사장들을 한 사람도 빠뜨리지 말고 불러 내게로 나아오게 하라 모든 오지 아니하는 자는 살려 두지 아니하리라 하니 이는 예후가 바알 섬기는 자를 멸하려 하여 계책을 씀이라
**20** 예후가 바알을 위하는 대회를 거룩히 열라 하매 드디어 공포되었더라
**21** 예후가 온 이스라엘에 사람을 두루 보냈더니 바알을 섬기는 모든 사람이 하나도 빠진 자가 없이 다 이르렀고 무리가 바알의 신당에 들어가매 바알의 신당 이쪽부터 저쪽까지 가득하였더라

**19** Call together all the prophets of Baal, all his worshippers, and all his priests. No one is excused; I am going to offer a great sacrifice to Baal, and whoever is not present will be put to death." (This was a trick on the part of Jehu by which he meant to kill all the worshippers of Baal.)
**20** Then Jehu ordered, "Proclaim a day of worship in honour of Baal!" The proclamation was made,
**21** and Jehu sent word throughout all the land of Israel. All who worshipped Baal came; not one of them failed to come. They all went into the temple of Baal, filling it from one end to the other.

**10:21 바알을 섬기는 모든 사람이 하나도 빠진 자가 없이 다 이르렀고.** 예후의 의도대로 바알을 섬기는 사람들이 다 모였다.

**22** 예후가 예복 맡은 자에게 이르되 예복을 내다가 바알을 섬기는 모든 자에게 주라 하매 그들에게로 예복을 가져온지라
**23** 예후가 레갑의 아들 여호나답과 더불어 바알의 신당에 들어가서 바알을 섬기는 자들에게 이르되 너희는 살펴보아 바알을 섬기는 자들만 여기 있게 하고 여호와의 종은 하나도 여기 너희 중에 있지 못하게 하라 하고

**22** Then Jehu ordered the priest in charge of the sacred robes to bring the robes out and give them to the worshippers.
**23** After that, Jehu himself went into the temple with Jonadab son of Rechab and said to the people there, "Make sure that only worshippers of Baal are present and that no worshipper of the Lord has come in."

**10:23 여호나답과 더불어 바알의 신당에 들어가서.** 이후에 예후가 바알 신앙을 진멸시킬 수 있었던 것은 여호나답의 영향이 컸던 것으로 보인다.

**24** 무리가 번제와 다른 제사를 드리려고 들어간 때에 예후가 팔십 명을 밖에 두며 이르되 내가 너희 손에 넘겨 주는 사람을 한 사람이라도 도망하게 하는 자는 자기의 생명으로 그 사람의 생명을 대신하리라 하니라

**25** 번제 드리기를 다하매 예후가 호위병과 지휘관들에게 이르되 들어가서 한 사람도 나가지 못하게 하고 죽이라 하매 호위병과 지휘관들이 칼로 그들을 죽여 밖에 던지고
**26** 바알의 신당 있는 성으로 가서 바알의 신당에서 목상들을 가져다가 불사르고
**27** 바알의 목상을 헐며 바알의 신당을 헐어서 변소를 만들었더니 오늘까지 이르니라

**24** Then he and Jonadab went in to offer sacrifices and burnt offerings to Baal. He had stationed 80 men outside the temple and had instructed them: "You are to kill all these people; anyone who lets one of them escape will pay for it with his life!"
**25** As soon as Jehu had presented the offerings, he said to the guards and officers, "Go in and kill them all; don't let anyone escape!" They went in with drawn swords, killed them all, and dragged the bodies outside. Then they went on into the inner sanctuary of the temple,
**26** brought out the sacred pillar that was there, and burnt it.
**27** So they destroyed the sacred pillar and the temple, and turned the temple into a latrine—which it still is today.

**10:27 바알의 신당을 헐어서 변소를 만들었더니.** 바알의 신당은 아합이 만들었다. 그 신당을 예후가 헐었다. 그리고 그것에 대한 백성들의 미련을 없애기 위해 신당의 자리에 변소를 만들었다. 바알 신을 철저히 능멸하는 행위다. 만약 바알 신이 진짜 있다면 그렇게 만든 예후를 가만 두지 않을 것이다. 그러니 이렇게 한 것은 예후의 확고한 믿음 또는 신념을 볼 수 있는 대목이다. 백성들에게도 확실한 메시지가 되었을 것이다. **오늘까지 이르니라.** 열왕기하를 쓰던 당시를 말한다. 그때까지 그곳이 변소였다는 것은 북이스라엘에 바알을 섬기는 일이 완전히 종식되었다는 것을 의미한다. 예후의 행동이 매우 중요하였다는 것을 볼 수 있다.

**28** 예후가 이와 같이 이스라엘 중에서 바알을 멸하였으나
**28** That was how Jehu wiped out the worship of Baal in Israel.

**10:28 이스라엘 중에서 바알을 멸하였으나.** 예후는 북이스라엘에서 바알을 멸하였다. 바알의 신당을 파괴하고 변소로 만들었다. 완전하고 확실한 제거다. 이것이 얼마나 크고 중요한 일인지 모른다. 그는 이 일로 인하여 북이스라엘 19명의 왕 중에서 유일하게 중간으로 평가받는 왕이 되었다. 북이스라엘에 선한 왕이 한 명도 없었으니 그는 북이스라엘의 왕 중에는 그래도 제일 나은 사람으로 평가된 것이다.

**29** 이스라엘에게 범죄하게 한 느밧의 아들 여로보암의 죄 곧 벧엘과 단에 있는 금송아지를 섬기는 죄에서는 떠나지 아니하였더라
**30** 여호와께서 예후에게 이르시되 네가 나보기에 정직한 일을 행하되 잘 행하여 내 마음에 있는 대로 아합 집에 다 행하였은즉 네 자손이 이스라엘 왕위를 이어 사대를 지내리라 하시니라
**29** But he imitated the sin of King Jeroboam, who led Israel into the sin of worshipping the gold bull calves he set up in Bethel and in Dan.
**30** The Lord said to Jehu, "You have done to Ahab's descendants everything I wanted you to do. So I promise you that your descendants, down to the fourth generation, will be kings of Israel."

**10:30 네가 나보기에 정직한 일을 행하되 잘 행하여.** 하나님께서 예후의 행동을 지켜보고 계셨다. 예후가 옳은 일을 하였을 때 그것을 '잘 하였다'고 칭찬하신다. 그가 옳은 일을 할 때 매우 기뻐하셨던 것으로 보인다. 그래서 칭찬하셨다. 아합의 죄에 대해 심판하고 바알 신당을 멸한 것을 기뻐하셨다. **내 마음에 있는 대로 아합 집에 다 행하였은즉.** 예후가 하나님께서 원하시는 대로 행동하였다. 예후의 행동에 대해 하나님께서 기뻐하신다. 예후는 하나님께서 기뻐하시는 행동을 할 수 있었다. 우리도 하나님께서 기뻐하시는 행동을 할 수 있다. 우리가 이 땅을 살면서 하나님께서 기뻐하시는 행동을 할 수 있다는 것은 참으로 귀한 일이다. 행복한 일이다. 지금까지 나 때문에 하나님께서 몇 번 웃으셨을까? 하나님의 기뻐하시는 모습을 상상할 수 있는가? 상상해 보라. 하나님께서 기뻐하시는 모습을 즐거워하라. 하나님께서 우리 때문에 행복하실 때가 있다. 하나님께서 우리 때문에 행복하시다니 얼마나 놀라운 일인가? 그 놀라운 삶을 살아야 하지 않을까? 하나님께서 기뻐하시는 삶을 살 때 우리도 진정 행복하다. **네 자손이 이스라엘 왕위를 이어 사대를 지내리라.** 하나님께서 예후의 행동을 기뻐하셔서 그에게 복을 주신다. 그들의 잘못 여하에 상관없이 네 명의 자손이 북이스라엘의 왕위를 이을 수 있는 복을 주셨다. 이것은 영원한 복에 대한 약속과도 같다.

**31** 그러나 예후가 전심으로 이스라엘 하나님 여호와의 율법을 지켜 행하지 아니하며 여로보암이 이스라엘에게 범하게 한 그 죄에서 떠나지 아니하였더라
**31** But Jehu did not obey with all his heart the law of the Lord, the God of Israel; instead, he followed the example of Jeroboam, who led Israel into sin.

**10:31 전심으로...여호와의 율법을 지켜 행하지 아니하며.** 예후의 시작은 좋았다. 성경은 그의 시작에 대해 많은 부분을 기록하고 있다. 직간접적으로 그는 177번이나 나온

다. 그러나 그 이후는 거의 기록하지 않고 있다. 그 이후는 기록할 것이 거의 없는 삶이었기 때문이다. 그것이 매우 안타까운 일이다. 예후는 하나님의 율법을 지키며 사는 일에 소홀하였다. 그것이 그의 통치의 대부분을 무가치한 것으로 만들었다. 예후는 말씀을 따라 살지 않았다. 믿음은 한 번의 무엇이 아니라 깊고 풍성하다. 말씀은 신앙인에게 하루하루를 어떻게 살아야 하는지를 말한다. 말씀에 따라 살 때 풍성한 열매가 있고 말씀이 없으면 열매가 없다. 예후는 말씀을 따라 살지 아니함으로 인해 풍성한 삶을 놓쳤다. 허비하는 인생이 되었고 안타까운 인생이 되었다. **여로보암이 이스라엘에게 범하게 한 그 죄에서 떠나지 아니하였더라.** 여로보암은 정치적인 이유로 종교적인 것을 희생시켰다. 북이스라엘 백성들이 예루살렘에 가지 않도록 하기 위해 말씀이 말하지 않은 금송아지를 만들었다. 예후도 그것에서 벗어나지 못하였다. 금송아지를 하나님의 발등상이라 말하며 하나님을 섬기는 것이라 말하여도 그것은 언약궤를 대체할 수 없다. 자기의 뜻을 위해 종교를 이용하는 것은 거짓이다. 말씀을 따라가야 믿음이다.

32 이 때에 여호와께서 이스라엘에서 땅을 잘라 내기 시작하시매 하사엘이 이스라엘의 모든 영토에서 공격하되
33 요단 동쪽 길르앗 온 땅 곧 갓 사람과 르우벤 사람과 므낫세 사람의 땅 아르논 골짜기에 있는 아로엘에서부터 길르앗과 바산까지 하였더라
34 예후의 남은 사적과 행한 모든 일과 업적은 이스라엘 왕 역대지략에 기록되지 아니하였느냐

32 At that time the Lord began to reduce the size of Israel's territory. King Hazael of Syria conquered all the Israelite territory
33 east of the Jordan, as far south as the town of Aroer on the River Arnon—this included the territories of Gilead and Bashan, where the tribes of Gad, Reuben, and East Manasseh lived.
34 Everything else that Jehu did, including his brave deeds, is recorded in The History of the Kings of Israel.

**10:34 행한 모든 일과 업적은 이스라엘 왕 역대지략에 기록되지 아니하였느냐.** 예후는 부강한 국가를 이루는데 일조한 것으로 보인다. 그러나 믿음과는 상관없는 일이었다. 성경은 그의 초기 몇 개월은 아주 상세하게 말하고 있지만 그 이후의 통치는 한마디 말로 끝낸다. 가치가 없기 때문이다.

35 예후가 그의 조상들과 함께 자매 사마리아에 장사되고 그의 아들 여호아하

스가 그를 대신하여 왕이 되니라
**36** 예후가 사마리아에서 이스라엘을 다스린 햇수는 스물여덟 해이더라
**35** He died and was buried in Samaria, and his son Jehoahaz succeeded him as king.
**36** Jehu had ruled in Samaria as king of Israel for 28 years.

**10:36 다스린 햇수는 스물여덟 해이더라.** 28년을 통치하였는데 성경은 그의 첫 몇 개월만 이야기한다. 나머지는 안타까운 인생이었다. 그 많은 좋은 세월을 헛되게 보낸 것이다. 그가 만약 이후에도 첫 시작처럼 보냈다면 얼마나 귀한 삶이 되었을까? 예후의 개혁 처음 시기나 이후의 시기나 시간은 똑같이 귀하다. 그런데 그는 시작은 좋았으나 그 이후의 수많은 시간을 헛되게 보냈다.
인생의 후반부를 잘못 사는 경우가 많은 것 같다. 우리는 죽을 때까지 잘 살아야 한다. 성경의 사람을 보라. 아브라함과 야곱과 요셉이 하였던 마지막 축복은 마지막 예언이기도 하다. 그들이 얼마나 기도하였으면 그렇게 정확한 예언을 할 수 있었을까? 그들의 마지막 생은 육체적 힘이 없으나 마음은 더욱더 열정적이고 간절하였다는 것을 볼 수 있다. 나는 시간이 빨리 그렇게 흘러 축복하는 유언을 할 수 있었으면 좋겠다.

## 11장

**1** 아하시야의 어머니 아달랴가 그의 아들이 죽은 것을 보고 일어나 왕의 자손을 모두 멸절하였으나
**1** As soon as King Ahaziah's mother Athaliah learnt of her son's murder, she gave orders for all the members of the royal family to be killed.

**11:1 아달랴가...왕의 자손을 모두 멸절하였으나.** 아달랴는 자신의 아들이 죽은 것을 보고 자신이 왕이 되고 싶은 탐욕을 가졌다. 그래서 유다의 왕족을 모두 죽였다. 아달랴의 탐욕으로 다윗의 자손이 왕이 되는 것이 끊길 위험에 처했다.

**2** 요람 왕의 딸 아하시야의 누이 여호세바가 아하시야의 아들 요아스를 왕자들이 죽임을 당하는 중에서 빼내어 그와 그의 유모를 침실에 숨겨 아달랴를 피하여 죽임을 당하지 아니하게 한지라
**2** Only Ahaziah's son Joash escaped. He was about to be killed with the others, but was rescued by his aunt Jehosheba, who was King Jehoram's daughter and Ahaziah's half-sister. She took him and his nurse into a bedroom in the Temple and hid him from Athaliah, so that

he was not killed.

**11:2 요람 왕의 딸 아하시야의 누이 여호세바가 아하시야의 아들 요아스를…숨겨.** 여호세바는 아하시야의 누이다. 그렇다면 아달랴의 딸일 가능성이 높다. 만약 그랬다면 '이세벨-아달랴-여호세바'로 이어지는 악녀 삼총사가 되었을 것이다. 그러나 요세푸스의 주장이나 정황상 아하시야의 배 다른 누이일 가능성이 더 높아 보인다. 여호람(요람)이 아달랴와 낳은 딸이 아니라 다른 여인과 낳은 딸일 가능성이 높아 보인다. 여호세바는 악녀가 아니라 유다를 구원하는 역할을 한다. **죽임을 당하지 아니하게 한지라.** 대부분의 왕족 사람들이 아달랴에 의해 죽임을 당하였는데 여호세바의 용기 있고 재빠른 동작으로 아하시야의 한 살배기 아들이 죽임을 당하지 않는 기적이 일어났다.

3 요아스가 그와 함께 여호와의 성전에 육 년을 숨어 있는 동안에 아달랴가 나라를 다스렸더라
3 For six years Jehosheba took care of the boy and kept him hidden in the Temple, while Athaliah ruled as queen.

**11:3 육 년을 숨어 있는 동안에 아달랴가 나라를 다스렸더라.** 아달랴는 스스로 유다의 왕이 되었다. 6년을 통치하였다. 그러나 유다의 역사에서 그를 왕으로 인정하지 않는다. 그를 왕으로 인정할 때 유다는 20명의 왕이 된다. 그를 인정하지 않으면 19명의 왕이다. 그가 실제로 유다를 6년 동안 통치하였기 때문에 왕이라 할 수 있다. 그러나 그는 다윗의 혈통이 아니기 때문에 정식 왕으로 인정받지 못하였다. 아달랴가 탐욕으로 6년간 왕의 역할을 할 수 있었다. 그러나 1년만 통치한 아하시야도 왕으로 인정받는데 반해 그는 6년간 통치하였어도 왕으로 인정받지 못하였다. 성경은 그를 왕으로 인정하는 표현이나 평가를 하지 않는다.

4 일곱째 해에 여호야다가 사람을 보내 가리 사람의 백부장들과 호위병의 백부장들을 불러 데리고 여호와의 성전으로 들어가서 그들과 언약을 맺고 그들에게 여호와의 성전에서 맹세하게 한 후에 왕자를 그들에게 보이고
4 But in the seventh year Jehoiada the priest sent for the officers in charge of the royal bodyguard and of the palace guards, and told them to come to the Temple, where he made them agree under oath to what he planned to do. He showed them King Ahaziah's son Joash

**11:4 일곱째 해에 여호야다가 사람을 보내.** 여호야다는 요아스가 7살이 되었을 때 그를 왕위에 앉히기 위해 결행하였다. 유다에서는 13살이 되면 성인이 된다. 그러나 아달랴의 통치는 결코 계속 놔둘 수 없는 상황이었을 것이다. 유다의 정체성이 사라지고 종교와 모든 면이 비정상적인 상태였던 것으로 보인다. 그래서 요아스가 일곱이 된 시점에 여호세바의 남편이요 대제사장인 여호야다가 움직였다. **가리 사람의 백부장들과 호위병의 백부장들을 불러 데리고 여호와의 성전으로 들어가서 그들과 언약을 맺고.** 여호야다는 궁전의 호위병들을 불러 요아스가 살아있음을 알리고 언약을 맺은 후 그를 실제로 보여주었다.

5 명령하여 이르되 너희가 행할 것이 이러하니 안식일에 들어온 너희 중 삼분의 일은 왕궁을 주의하여 지키고
6 삼분의 일은 수르 문에 있고 삼분의 일은 호위대 뒤에 있는 문에 있어서 이와 같이 왕궁을 주의하여 지키고
7 안식일에 나가는 너희 중 두 대는 여호와의 성전을 주의하여 지켜 왕을 호위하되
8 너희는 각각 손에 무기를 잡고 왕을 호위하며 너희 대열을 침범하는 모든 자는 죽이고 왕이 출입할 때에 시위할지니라 하니
9 백부장들이 이에 제사장 여호야다의 모든 명령대로 행하여 각기 관할하는 바 안식일에 들어오는 자와 안식일에 나가는 자를 거느리고 제사장 여호야다에게 나아오매
10 제사장이 여호와의 성전에 있는 다윗 왕의 창과 방패를 백부장들에게 주니
11 호위병이 각각 손에 무기를 잡고 왕을 호위하되 성전 오른쪽에서부터 왼쪽까지 제단과 성전 곁에 서고
12 여호야다가 왕자를 인도하여 내어 왕관을 씌우며 율법책을 주고 기름을 부어 왕으로 삼으매 무리가 박수하며 왕의 만세를 부르니라
5 and gave them the following orders: "When you come on duty on the Sabbath, one third of you are to guard the palace;
6 another third are to stand guard at the Sur Gate, and the other third are to stand guard at the gate behind the other guards.
7 The two groups that go off duty on the Sabbath are to stand guard at the Temple to protect the king.
8 You are to guard King Joash with drawn swords and stay with him wherever he goes. Anyone who comes near you is to be killed."
9 The officers obeyed Jehoiada's instructions and brought their men to him—those going off duty on the Sabbath and those going on duty.
10 He gave the officers the spears and shields that had belonged to King David and had been kept in the Temple,
11 and he stationed the men with drawn swords all round the front of the Temple, to protect

the king.
**12** Then Jehoiada led Joash out, placed the crown on his head, and gave him a copy of the laws governing kingship. Then Joash was anointed and proclaimed king. The people clapped their hands and shouted, "Long live the king!"

**11:12 기름을 부어 왕으로 삼으매 무리가 박수하며 왕의 만세를 부르니라.** 군대의 지지와 더불어 대중의 지지까지 받으며 왕위에 올랐다. 이것은 아달랴가 그동안 지지를 받지 못했다는 것을 의미할 것이다. 왕위가 그의 것이 아니니 그 자리에서 자신의 탐욕만을 채웠기 때문일 것이다. 요아스가 나이는 어리지만 다윗의 자손이기에 종교계와 군대 그리고 대중의 지지를 받으며 왕위에 올랐다. 유다라는 나라가 정상이 된 것이다.

**13** 아달랴가 호위병과 백성의 소리를 듣고 여호와의 성전에 들어가 백성에게 이르러
**14** 보매 왕이 규례대로 단 위에 섰고 장관들과 나팔수가 왕의 곁에 모셔 섰으며 온 백성이 즐거워하여 나팔을 부는지라 아달랴가 옷을 찢으며 외치되 반역이로다 반역이로다 하매
**13** Queen Athaliah heard the noise being made by the guards and the people, so she hurried to the Temple, where the crowd had gathered.
**14** There she saw the new king standing by the column at the entrance of the Temple, as was the custom. He was surrounded by the officers and the trumpeters, and the people were all shouting joyfully and blowing trumpets. Athaliah tore her clothes in distress and shouted, "Treason! Treason!"

**11:14 옷을 찢으며 외치되 반역이로다.** 아달랴는 자신이 왕인데 다른 왕이 성전의 왕의 자리에 있는 것을 보고 반역이라고 외쳤다. '반역'이라는 것은 아달랴의 입장에서만 맞는 말이었다. 다른 사람의 입장에서는 그것은 반역이 아니었다. 아하시야의 아들로서 당연히 왕위를 이어야 하는 요아스가 그동안 어리고 힘이 없어서 숨어 지냈을 뿐 7살이 되어 대관식을 한 것이다. 왕의 자리가 힘센 자(아달랴)에 의해 비어 있었는데 이제 요아스가 왕의 자리에 앉은 것일 뿐이다. 아달랴가 반역을 한 것이었다. 사람들은 아달랴와 같은 착각을 많이 한다. 거짓을 행하고도 자기가 맞다고 생각하는 사람들이 많다. 그것은 자기 자신이 기준이 되기 때문이다. 우리는 자기 자신을 기준으로 삼으면 안 된다. 하루에도 수십 번씩 변하고 연약하기 짝이 없는 자기 자신의 생각과 감정이 기준이 되어서는 안 된다. 가장 오래되고, 가장 현대적이며, 가장 학문적이고, 가장 많은 사람이 기준으로 삼는 것이 무엇인가? 아달랴가 거짓이 될 수밖에 없

는 이유는 그녀가 성경을 기준으로 삼지 않고 자기 자신을 기준으로 하였기 때문이다.

15 제사장 여호야다가 군대를 거느린 백부장들에게 명령하여 이르되 그를 대열 밖으로 몰아내라 그를 따르는 자는 모두 칼로 죽이라 하니 제사장의 이 말은 여호와의 성전에서는 그를 죽이지 말라 함이라
15 Jehoiada did not want Athaliah killed in the temple area, so he ordered the army officers: "Take her out between the rows of guards, and kill anyone who tries to rescue her."

**11:15 여호와의 성전에서는 그를 죽이지 말라.** 여호야다는 아달랴를 빨리 죽이는 것이 중요한 일이었지만 성전의 거룩성 때문에 성전에서는 죽이지 말라고 말한다. 그는 가장 중요한 순간에도 진리를 생각했다. 늘 자기 자신만을 생각했던 아달랴와는 완전히 다른 모습이다.

16 이에 그의 길을 열어 주매 그가 왕궁의 말이 다니는 길로 가다가 거기서 죽임을 당하였더라
16 They seized her, took her to the palace, and there at the Horse Gate they killed her.

**11:16 죽임을 당하였더라.** 결국 아달랴는 죽음으로 마쳤다. 아합 집안 멸망의 마지막 퍼즐이 되었다. 그녀가 죽음으로 아합 집안 사람들의 멸망이 마쳤다. 세상은 늘 악한 사람이 성공하는 것처럼 보인다. 탐욕과 악은 이루는 힘이 있다. 그러나 유익한 성공이 아니다. 반드시 멸망하는 성공이다.

17 여호야다가 왕과 백성에게 여호와와 언약을 맺어 여호와의 백성이 되게 하고 왕과 백성 사이에도 언약을 세우게 하매
17 The priest Jehoiada made King Joash and the people enter into a covenant with the Lord that they would be the Lord's people; he also made a covenant between the king and the people.

**11:17 여호야다가 왕과 백성에게 여호와와 언약을 맺어 여호와의 백성이 되게 하고.** 여호야다는 유다가 하나님과 언약 갱신을 하도록 하였다. 하나님의 백성이라는 것은 하나님과 언약을 맺은 사람이라는 것을 의미한다. 유다는 하나님의 백성이지만 많은 부분 언약이 깨졌다. 그래서 언약 갱신을 하였다. 이것은 북이스라엘의 예후에게서 볼

수 없었던 부분이다.

18 온 백성이 바알의 신당으로 가서 그 신당을 허물고 그 제단들과 우상들을 철저히 깨뜨리고 그 제단 앞에서 바알의 제사장 맛단을 죽이니라 제사장이 관리들을 세워 여호와의 성전을 수직하게 하고
19 또 백부장들과 가리 사람과 호위병과 온 백성을 거느리고 왕을 인도하여 여호와의 성전에서 내려와 호위병의 문 길을 통하여 왕궁에 이르매 그가 왕의 왕좌에 앉으니
20 온 백성이 즐거워하고 온 성이 평온하더라 아달랴를 무리가 왕궁에서 칼로 죽였더라
21 요아스가 왕이 될 때에 나이가 칠 세였더라
18 Then the people went to the temple of Baal and tore it down; they smashed the altars and the idols, and killed Mattan, the priest of Baal, in front of the altars. Jehoiada put guards on duty at the Temple,
19 and then he, the officers, the royal bodyguard, and the palace guards escorted the king from the Temple to the palace, followed by all the people. Joash entered by the Guard Gate and took his place on the throne.
20 All the people were filled with happiness, and the city was quiet, now that Athaliah had been killed in the palace.
21 Joash became king of Judah at the age of seven.

**11:21 나이가 칠 세였더라.** 요아스가 왕이 될 때 일곱 살이었다. 그래서 이러한 개혁은 요아스가 할 수 없고 여호야다가 주도적으로 행하였다. 요아스는 나이가 매우 적었으나 사실 여호야다는 나이가 너무 많았다. "여호야다가 나이가 많고 늙어서 죽으니 죽을 때에 백삼십 세라"(대하 24:15) 여호야다가 130세에 죽은 것을 감안하면 개혁을 하고 있을 그의 나이는 100세 안팎이었을 것이다. 그는 100세의 개혁자였다. 보통 사람들은 너무 나이가 많다고 생각하였을 것이다. 그러나 그는 노령에도 불구하고 결코 열정이 죽지 않았다. 하나님 나라를 위해 위험을 무릅쓰는 용기를 가졌고, 실행하는 결단력을 가지고 있었다. 그래서 유다가 악의 수렁에서 건져질 수 있었다.

## 12장

1 예후의 제칠년에 요아스가 왕이 되어 예루살렘에서 사십 년간 통치하니라 그의 어머니의 이름은 시비아라 브엘세바 사람이더라

1 In the seventh year of the reign of King Jehu of Israel, Joash became king of Judah, and he ruled in Jerusalem for 40 years. His mother was Zibiah from the city of Beersheba.

**12:1 요아스가 왕이 되어 예루살렘에서 사십 년간 통치하니라.** 요아스 전에 유다를 6년간 통치하였던 아달랴에 대해서는 이런 표현이 없었다. 아달랴를 왕으로 인정하지 않는 것이다. 아하시야 이후 유다는 6년간 왕이 없는 것과 같은 암흑기를 지나 요아스가 왕이 됨으로 다시 통치 기간을 말하고 있다.

2 요아스는 제사장 여호야다가 그를 교훈하는 모든 날 동안에는 여호와 보시기에 정직히 행하였으되

2 Throughout his life he did what pleased the Lord, because Jehoiada the priest instructed him.

**12:2 여호야다가 그를 교훈하는 모든 날 동안에는 여호와 보시기에 정직히 행하였으되.** 7살에 왕이 되어 30살 근방까지는 여호야다가 그를 도왔다. 그때 요아스는 올바른 길을 갔다. 그러나 그는 여호야다가 죽은 이후 잘못된 길을 가게 된다. 그래서 그는 중간 정도로 평가받는 왕이 된다.

여호야다가 함께 있을 때 그의 도움으로 좋은 왕이 된 것은 좋다. 그런데 여호야다가 없을 때 악한 길을 간 것은 매우 잘못된 것이다. 그는 여호야다가 살아 있을 때 믿음이 독립해야 했다. 그러나 그는 홀로 옳은 길을 갈 수 있을 정도로 믿음이 독립되지 못하였다.

3 다만 산당들을 제거하지 아니하였으므로 백성이 여전히 산당에서 제사하며 분향하였더라

4 요아스가 제사장들에게 이르되 여호와의 성전에 거룩하게 하여 드리는 모든 은 곧 사람이 통용하는 은이나 각 사람의 몸값으로 드리는 은이나 자원하여 여호와의 성전에 드리는 모든 은을

5 제사장들이 각각 아는 자에게서 받아들여 성전의 어느 곳이든지 파손된 것을 보거든 그것으로 수리하라 하였으나

3 However, the pagan places of worship were not destroyed, and the people continued to offer sacrifices and burn incense there.

4 Joash called the priests and ordered them to save up the money paid in connection with the sacrifices in the Temple, both the dues paid for the regular sacrifices and the money given as free-will gifts.

5 Each priest was to be responsible for the money brought by those he served, and the

money was to be used to repair the Temple, as needed.

**12:5 아는 자에게서 받아들여.** '아는 자(히. 막카르)'는 '재무 담당자'로 보는 것이 더 맞을 것 같다. 요아스는 제사장들이 필요한 돈을 재무 담당자로부터 받아서 성전을 수리하도록 지시하였다. 당시 성전은 솔로몬 때 지어진 지 150년이 지난 시점이다. 또한 아달랴로 인하여 성전이 제대로 관리되지 않아 수리할 곳이 많았던 것 같다. 요아스는 국가적 위신 등의 이유로 성전 수리에 관심을 가졌던 것으로 보인다. 성전에 대한 관심은 좋은 관심이라 할 수 있다.

**6** 요아스 왕 제이십삼년에 이르도록 제사장들이 성전의 파손한 데를 수리하지 아니하였는지라

**6** But by the 23rd year of Joash's reign the priests still had not made any repairs to the Temple.

**12:6 제사장들이 성전의 파손한 데를 수리하지 아니하였는지라.** 왕이 지시하고 어느 정도의 기간이 지났는지는 모른다. 많이 지나지는 않은 것 같다. 왕이 과속하고 있는 것인지 제사장들이 저속하고 있는지는 정확하지 않다. 성전 수리는 제사장들이 더 원하는 일이었을 것 같다. 그런데 그렇게 하지 않고 있는 것은 이유가 있었을 것이다. 성전 수리를 위해서는 성전세를 받아야 하는데 국민의 경제적 여력이나 조세저항에 대한 염려 같은 것 때문에 조금 미루고 있었던 것으로 보인다. 그래서 성전세를 받는 것을 머뭇거리고 있었다. 성전세가 없으니 당연히 성전수리도 이루어지지 못하고 있었다.

**7** 요아스 왕이 대제사장 여호야다와 제사장들을 불러 이르되 너희가 어찌하여 성전의 파손한 데를 수리하지 아니하였느냐 이제부터는 너희가 아는 사람에게서 은을 받지 말고 그들이 성전의 파손한 데를 위하여 드리게 하라

**7** So he called in Jehoiada and the other priests and asked them, "Why aren't you repairing the Temple? From now on you are not to keep the money you receive; you must hand it over, so that the repairs can be made."

**12:7 이제부터는 너희가 아는 사람에게서 은을 받지 말고 그들이 성전의 파손한 데를 위하여 드리게 하라.** 요아스는 성전 수리의 일에서 제사장들에게 손을 떼라고 말하였다. 성전을 수리하는 사람들이 바로 돈을 받아서 수리하게 하였다.

8 제사장들이 다시는 백성에게 은을 받지도 아니하고 성전 파손한 것을 수리하지도 아니하기로 동의하니라
8 The priests agreed to this and also agreed not to make the repairs in the Temple.

**12:8 제사장들이 다시는 백성에게 은을 받지도 아니하고...동의하니라.** 제사장들은 성전 관리의 의무에서 벗어났다. 요아스가 과속인지 여호야다가 저속인지 평가가 나와 있지 않기 때문에 정확히는 모른다. 그러나 이후에 요아스의 행동을 보면 그가 과속한 측면이 많은 것 같다. 혹시 정속이라 할지라도 그는 성전수리가 아니라 자신의 내면을 조금 더 살펴야 했음을 이후의 사건에서 볼 수 있다.

9 제사장 여호야다가 한 궤를 가져다가 그것의 뚜껑에 구멍을 뚫어 여호와의 전문 어귀 오른쪽 곧 제단 옆에 두매 여호와의 성전에 가져 오는 모든 은을 다 문을 지키는 제사장들이 그 궤에 넣더라
9 Then Jehoiada took a box, made a hole in the lid, and placed the box by the altar, on the right side as one enters the Temple. The priests on duty at the entrance put in the box all the money given by the worshippers.

**12:9 궤를 가져다가...여호와의 전문 어귀 오른쪽 곧 제단 옆에 두매.** 제단이 성소 안의 제단인지 아니면 뜰에 놓인 번제단인지 아니면 또 다른 제단인지는 정확하지 않다. 아마 뜰의 번제단일 것으로 보인다. 이렇게 번제단 옆에 둔 것은 번제를 드리고자 하는 사람에게 성전세를 냈는지 확인하는 용도로도 사용된 것 같다. 성전세를 내지 않으면 번제를 드릴 수 없도록 한 것 같다.

10 이에 그 궤 가운데 은이 많은 것을 보면 왕의 서기와 대제사장이 올라와서 여호와의 성전에 있는 대로 그 은을 계산하여 봉하고
11 그 달아본 은을 일하는 자 곧 여호와의 성전을 맡은 자의 손에 넘기면 그들은 또 여호와의 성전을 수리하는 목수와 건축하는 자들에게 주고
12 또 미장이와 석수에게 주고 또 여호와의 성전 파손한 데를 수리할 재목과 다듬은 돌을 사게 하며 그 성전을 수리할 모든 물건을 위하여 쓰게 하였으되
13 여호와의 성전에 드린 그 은으로 그 성전의 은 대접이나 불집게나 주발이나 나팔이나 아무 금 그릇이나 은 그릇도 만들지 아니하고
10 Whenever there was a large amount of money in the box, the royal secretary and the High Priest would come, melt down the silver, and weigh it.
11 After recording the exact amount, they would hand the silver over to the men in charge of the work in the Temple, and these would pay the carpenters, the builders,

12 the masons, and the stonecutters, buy the timber and the stones used in the repairs, and pay all other necessary expenses.
13 None of the money, however, was used to pay for making silver cups, bowls, trumpets, or tools for tending the lamps, or any other article of silver or of gold.

**12:13 은 그릇도 만들지 아니하고.** 성전세로 드려진 것을 최우선적으로 오직 성전 수리를 위해 사용하게 하였다. 역대하를 보면 성전 수리를 마치고 나서 돈이 남았을 때 그때 성전 기구를 사는 것을 허용하였다고 말한다.

14 그 은을 일하는 자에게 주어 그것으로 여호와의 성전을 수리하게 하였으며
14 It was all used to pay the workers and to buy the materials used in the repairs.

**12:14 여호와의 성전을 수리하게 하였으며.** 백성들은 성전세를 내기 시작했고 그래서 성전을 수리하게 되었다. 요아스는 백성들이 성전세를 내도록 주도 면밀하게 계획하였고 그 계획대로 성전세를 걷을 수 있어 성전을 수리하게 되었다. 일이 잘 진행되었으니 좋은 것 같다. 특히 성전이 수리되었으니 좋은 것 같다. 그러나 좋은 것만은 아닌 것 같다.

15 또 그 은을 받아 일꾼에게 주는 사람들과 회계하지 아니하였으니 이는 그들이 성실히 일을 하였음이라
16 속건제의 은과 속죄제의 은은 여호와의 성전에 드리지 아니하고 제사장에게 돌렸더라
15 The men in charge of the work were thoroughly honest, so there was no need to require them to account for the funds.
16 The money given for the repayment offerings and for the offerings for sin was not deposited in the box; it belonged to the priests.

**12:16 속건제의 은과 속죄제의 은은...제사장에게 돌렸더라.** 속건제와 속죄제로 드려진 것은 본래 대로 제사장의 몫이 되었다. 그러기에 성전 수리는 온전히 성전세로 드려진 것으로 하였다는 것을 볼 수 있다. 이전에 제대로 드려지지 않던 성전세를 확실하게 걷고 그것으로 성전을 수리하였으니 좋은 것 같다. 오늘날 교회 건물을 멋있게 지으면 좋다. 교회 건물을 지을 때 모두 믿음으로 하는 것 같다. 헌금이 잘 걷히도록 작정 헌금을 하고 기발한 아이디어를 낸다. 과거에는 부흥회를 하기도 하였다. 그렇게 하여 크고 멋있는 교회 건물들이 세워졌다. 요아스 때는 건물 성전이기 때문에 오늘

날 사람 성전인 시대의 교회 건물과는 많이 다르다. 건물 성전 때는 건물 자체가 많은 가치를 가지고 있다. 그러나 그럼에도 불구하고 건물 성전의 수리보다 더 중요한 것이 있다. 그것은 말씀이다. 건물 성전의 핵심인 지성소에 있는 언약궤가 말하고 있는 것처럼 그 백성이 언약(말씀)을 지키는 것이다. 요아스는 건물 성전 수리도 중요하지만 말씀을 배우고 순종하는 것이 더 중요하다는 것을 알았어야 했다.

17 그 때에 아람 왕 하사엘이 올라와서 가드를 쳐서 점령하고 예루살렘을 향하여 올라오고자 하므로

17 At that time King Hazael of Syria attacked the city of Gath and conquered it; then he decided to attack Jerusalem.

**12:17 가드를 쳐서 점령하고 예루살렘을 향하여 올라오고자 하므로.** 열왕기하 본문은 성전 수리 이후 바로 아람의 군대 침략을 받은 것을 말한다. 그런데 역대하를 보면 성전수리를 마치고 얼마 지나지 않아 여호야다가 죽는다. 그리고 요아스는 바로 우상숭배에 빠졌으며 그것을 지적하는 여호야다의 아들을 죽였다. 그것에 대한 책망으로 하나님께서 아람의 하사엘을 사용하셔서 유다를 공격하게 하신 것이다. 역대하를 보면 아람의 군대가 유다의 군대보다 소수였다고 말한다. 유다는 더 많은 군사를 거느리고 있었지만 아람의 군대에 패하였던 것이다.

요아스가 우상숭배에 빠진 것과 여호야다의 아들을 죽인 사건을 통해 볼 때 요아스는 성전 수리가 급선무인 것이 아니라 자신의 신앙 수리가 급선무였다는 것을 볼 수 있다. 오늘날 신앙의 외적 어떤 업적을 남기려는 사람도 이와 비슷한 모습일 때가 많다. 신앙적으로 유명한 사람이 되고 큰 교회를 이루기도 한다. 그러나 그 이후를 보면 신앙이 급락하는 경우가 있다. 그러한 경우가 요아스와 같다. 신앙을 키우지 않고 외적인 업적만 키우는 경우다.

18 유다의 왕 요아스가 그의 조상들 유다 왕 여호사밧과 여호람과 아하시야가 구별하여 드린 모든 성물과 자기가 구별하여 드린 성물과 여호와의 성전 곳간과 왕궁에 있는 금을 다 가져다가 아람 왕 하사엘에게 보냈더니 하사엘이 예루살렘에서 떠나갔더라

18 King Joash of Judah took all the offerings that his predecessors Jehoshaphat, Jehoram, and Ahaziah had dedicated to the Lord, added to them his own offerings and all the gold in the treasuries of the Temple and the palace, and sent them all as a gift to King Hazael, who then led his army away from Jerusalem.

**12:18 여호사밧과 여호람과 아하시야가 구별하여 드린 모든 성물과 자기가 구별하여 드린 성물과 여호와의 성전 곳간과 왕궁에 있는 금을 다 가져다가.** 요아스는 선대 왕과 자신이 모은 모든 금과 은을 아람 왕 하사엘에게 보냈다. 그래서 간신히 아람의 군대를 되돌아가게 하였다. 외적인 것은 모을 때는 힘들지만 잃어버릴 때는 순간이다.

> 19 요아스의 남은 사적과 그가 행한 모든 일은 유다 왕 역대지략에 기록되지 아니하였느냐
> 20 요아스의 신복들이 일어나 반역하여 실라로 내려가는 길 가의 밀로 궁에서 그를 죽였고
> 19 Everything else that King Joash did is recorded in The History of the Kings of Judah.
> 20 King Joash's officials plotted against him, and two of them, Jozacar son of Shimeath and Jehozabad son of Shomer, killed him at the house built on the land that was filled in on the east side of Jerusalem, on the road that goes down to Silla. Joash was buried in the royal tombs in David's City, and his son Amaziah succeeded him as king.

**12:20 요아스의 신복들이 일어나 반역하여...그를 죽였고.** 요아스는 아람과의 전쟁으로 부상을 입었다. 요아스는 아람의 하사엘이 떠나고 안도하였다. 그러나 그가 여호야다의 아들을 죽이는 것을 보고 분개하였던 그의 신하가 반역을 일으켜 요아스를 죽였다. 요아스는 하사엘의 칼은 피하였으나 자신의 신하의 칼에 죽었다. 자신의 신하에 의해 죽임을 당한 왕은 유다 왕 중 처음이다.

> 21 그를 쳐서 죽인 신복은 시므앗의 아들 요사갈과 소멜의 아들 여호사바드였더라 그는 다윗 성에 그의 조상들과 함께 장사되고 그의 아들 아마샤가 그를 대신하여 왕이 되니라

**12:21 그의 아들 아마샤가 그를 대신하여 왕이 되니라.** 요아스는 신하들에 의해 암살당하였지만 북이스라엘과는 달랐다. 북이스라엘에서는 암살당하면 새로운 왕조가 탄생했다. 그러나 유다는 요아스의 아들이 왕위를 이어받았다. 다윗의 자손이 계속 왕위를 이어갔다.

## 13장

1 유다의 왕 아하시야의 아들 요아스의 제이십삼 년에 예후의 아들 여호아하스가 사마리아에서 이스라엘 왕이 되어 십칠 년간 다스리며
1 In the 23rd year of the reign of Joash son of Ahaziah as king of Judah, Jehoahaz son of Jehu became king of Israel, and he ruled in Samaria for seventeen years.

**13:1 예후의 아들 여호아하스가 사마리아에서 이스라엘 왕이 되어.** 하나님께서 예후에게 그 이후 4대가 왕을 이을 것을 보장해 주셨다. 여호아하스는 약속의 첫번째 왕이다.

2 여호와 보시기에 악을 행하여 이스라엘에게 범죄하게 한 느밧의 아들 여로보암의 죄를 따라가고 거기서 떠나지 아니하였으므로
2 Like King Jeroboam before him he sinned against the Lord and led Israel into sin; he never gave up his evil ways.

**13:2 여호와 보시기에 악을 행하여...여로보암의 죄를 따라가고.** 그는 이전의 잘못을 그대로 답습하고 있었다. 신앙인은 늘 깨어 있어야 한다. 하나님은 그 백성에게 말씀하신다. 계시하신다. 그러니 늘 깨어 있어 계시를 깨달을 수 있도록 해야 한다. 그래야 잘못된 것을 고칠 수 있다. 계시에 마음이 열려 있지 않으면 세상의 악을 따라가게 된다.

3 여호와께서 이스라엘에게 노하사 늘 아람 왕 하사엘의 손과 그의 아들 벤하닷의 손에 넘기셨더니
3 So the Lord was angry with Israel, and he allowed King Hazael of Syria and his son Benhadad to defeat Israel time after time.

**13:3 여호와께서 이스라엘에게 노하사...벤하닷의 손에 넘기셨더니.** 악에 묻혀 그것이 악인지도 모르고 살고 있던 여호아하스를 깨우기 위해 아람의 왕을 사용하셨다. 아람이 북이스라엘을 침공하였다.
우리의 인생에서 어느 날 일어난 고통과 환난은 어쩌면 하나님께서 우리를 악에서 일어나도록 이끄시는 거룩한 손길일 수 있다. 고통의 날에 고통으로 울부짖기보다는 하나님을 떠난 자신의 모습을 깨닫고 울부짖는 것이 필요하다.

4 아람 왕이 이스라엘을 학대하므로 여호아하스가 여호와께 간구하매 여호와께서 들으셨으니 이는 그들이 학대받음을 보셨음이라
4 Then Jehoahaz prayed to the Lord, and the Lord, seeing how harshly the king of Syria was oppressing the Israelites, answered his prayer.

**13:4 여호와께 간구하매 여호와께서 들으셨으니.** 여호아하스가 고통을 당하자 하나님을 찾았다. 놀라운 일이다. 이것은 그가 고통을 당하지 않은 것보다 훨씬 더 복된 것이다. 더 놀라운 일은 믿음이 별로 없는 여호아하스의 간구를 하나님께서 들으셨다는 사실이다. 하나님은 하나님을 찾는 자의 간구를 들으시는 분이다. 여호아하스가 하나님을 찾을 때 그의 죄를 따지지 않으시고 그에게 긍휼을 베푸셨다.

5 여호와께서 이에 구원자를 이스라엘에게 주시매 이스라엘 자손이 아람 사람의 손에서 벗어나 전과 같이 자기 장막에 거하였으나
5 The Lord sent Israel a leader, who freed them from the Syrians, and so the Israelites lived in peace, as before.

**13:5 여호와께서 이에 구원자를 이스라엘에게 주시매.** 구원자는 엘리사를 의미하는 것일 수도 있고 아니면 북이스라엘의 이름 모를 장군이나 외부인으로 아람을 공격한 앗수르의 왕을 의미할 수도 있다. 이후에 엘리사를 이스라엘의 병거와 마병이라고 말하는 것을 보면 엘리사를 의미할 가능성이 제일 많을 것 같다. 여하튼 중요한 것은 하나님께서 구원자를 보내셨다는 것이다.

6 그들이 이스라엘에게 범죄하게 한 여로보암 집의 죄에서 떠나지 아니하고 그 안에서 따라 행하며 또 사마리아에 아세라 목상을 그냥 두었더라
6 But they still did not give up the sins into which King Jeroboam had led Israel, but kept on committing them; and the image of the goddess Asherah remained in Samaria.

**13:6 여로보암의 죄에서 떠나지 아니하고.** 기도 응답에서 하나님의 은혜를 깨달았으면 자신의 삶에서 하나님께서 기뻐하시지 않는 것을 몰아내야 했다. 그러나 여호아하스는 그리 하지 않았다. 결국 여호아하스의 시절에 아람의 압박에서 벗어나지 못하였다.

7 아람 왕이 여호아하스의 백성을 멸절하여 타작 마당의 티끌 같이 되게 하고 마병 오십 명과 병거 열 대와 보병 만 명 외에는 여호아하스에게 남겨 두지 아

니하였더라
7 Jehoahaz had no armed forces left except 50 horsemen, ten chariots, and 10,000 men on foot, because the king of Syria had destroyed the rest, trampling them down like dust.

**13:7 마병 오십 명.** 군사의 숫자가 이렇게 구체적으로 기록되었다는 것은 아마 아람과의 전쟁에서 패한 이후 군사 조약의 일환으로 더 많은 군사력을 두지 못하고 제한적인 군사를 두었다는 것을 의미할 것이다. 40년 전 아합 때는 병거가 2000대로 기록되어 있다. 그런데 지금은 그것의 200분의 1도 안 된다. 그러니 참으로 굴욕적이고 참혹한 모습이라 할 수 있다. 그렇게 무기력에 빠져 있었다. 그 무기력에서도 하나님을 찾아야 했지만 더 이상 하나님을 찾지 않고 무기력에 남았다.

8 여호아하스의 남은 사적과 행한 모든 일과 그의 업적은 이스라엘 왕 역대지략에 기록되지 아니하였느냐
9 여호아하스가 그의 조상들과 함께 자매 사마리아에 장사되고 그 아들 요아스가 대신하여 왕이 되니라
10 유다의 왕 요아스의 제삼십칠 년에 여호아하스의 아들 요아스가 사마리아에서 이스라엘 왕이 되어 십육 년간 다스리며
8 Everything else that Jehoahaz did and all his brave deeds are recorded in The History of the Kings of Israel.
9 He died and was buried in Samaria, and his son Jehoash succeeded him as king.
10 In the 37th year of the reign of King Joash of Judah, Jehoash son of Jehoahaz became king of Israel, and he ruled in Samaria for sixteen years.

**13:10 요아스가 사마리아에서 이스라엘 왕이 되어 십육 년간 다스리며.** 그의 아버지 여호아하스의 17년의 통치와 비슷한 16년간의 통치다. 두 왕을 비교해 보는 것이 필요하다.

11 여호와께서 보시기에 악을 행하여 이스라엘에게 범죄하게 한 느밧의 아들 여로보암의 모든 죄에서 떠나지 아니하고 그 가운데 행하였더라
11 He too sinned against the Lord and followed the evil example of King Jeroboam, who had led Israel into sin.

**13:11 여호와께서 보시기에 악을 행하여...여로보암의 모든 죄에서 떠나지 아니하고.** 그는 그의 아버지와 비슷한 수준으로 통치하였다.

12 요아스의 남은 사적과 행한 모든 일과 유다 왕 아마샤와 싸운 그의 업적은 이스라엘 왕 역대지략에 기록되지 아니하였느냐
13 요아스가 그의 조상들과 함께 자매 이스라엘 왕들과 함께 사마리아에 장사되고 여로보암이 그 자리에 앉으니라
12 Everything else that Jehoash did, including his bravery in the war against King Amaziah of Judah, is recorded in The History of the Kings of Israel.
13 Jehoash died and was buried in the royal tombs in Samaria, and his son Jeroboam II succeeded him as king.

**13:13 요아스가 그의 조상들과 함께 자매.** 요아스의 생애에 대해 아주 짧게 말하고 마치고 있다. 요아스의 생애에 대해 말할 때 이렇게 짧게 마치고 있지만 이후에 이어지는 엘리사 이야기에서 그의 이야기가 길게 나온다. 또한 유다의 아마샤 이야기에서 또 길게 나온다. 그때 요아스는 전쟁에서 계속 승리한다.
요아스는 전쟁에서 많은 승리를 하였다. 사람들이 보기에 그것은 큰 성공이다. 그런데 성경은 요아스의 이야기에서 전혀 언급하지 않았다. 이후에 엘리사의 이야기와 아마샤의 이야기에서 곁다리로 언급될 뿐이다. 왜냐하면 이것이 그에게 진정한 성공이 아니었기 때문이다. 요아스는 많은 성공을 하였지만 진정한 성공을 이루지 못하여 말할 것이 없는 왕이 되었다.
세상에서는 이것저것 자랑할 것이 많은 사람들이 있다. 그들이 사회에서 성공한 것이나 벌어들인 돈을 보면 많은 업적이 있는 것처럼 보인다. 그러나 그것을 하나님 앞에서 평가해 본다면 아무것도 아닌 사람들이 많다. 진정한 성공이 아니기 때문이다. 자기 자신을 위해서는 수없이 많은 일을 한 것 같은데 결국 하나님을 아는 일에 실패한 사람들이다. 그들이 그렇게 이룬 업적은 사회에서는 대단한 것처럼 보일지 몰라도 실제로는 한 사람의 영혼보다 결코 가치 없는 일이다. 대단한 것 같지만 하나님 나라에서는 전혀 가치 없는 일이다. 쓰레기에 불과하다. 그러니 어찌 그것을 진정한 성공이라고 말할 수 있겠는가?

14 엘리사가 죽을 병이 들매 이스라엘의 왕 요아스가 그에게로 내려와 자기의 얼굴에 눈물을 흘리며 이르되 내 아버지여 내 아버지여 이스라엘의 병거와 마병이여 하매
14 The prophet Elisha fell ill with a fatal disease, and as he lay dying King Jehoash of Israel went to visit him. “My father, my father!” he exclaimed as he wept. “You have been the mighty defender of Israel!”

**13:14 엘리사가 죽을 병이 들매.** 엘리사의 나이가 70이 넘어 하나님께 갈 때가 되었다. 엘리사가 병이 들어 침상에 누워 있을 때 북이스라엘의 요아스 왕이 병문안을 왔다. **요아스가...눈물을 흘리며.** 요아스는 엘리사의 마지막 모습을 보면서 안타까워했다. 그러나 엘리사는 자신의 마지막이 아니라 이스라엘을 위해 안타까이 여겼다. 하나님은 그러한 엘리사에게 마지막 사역의 임무를 주셨다.

> 15 엘리사가 그에게 이르되 활과 화살들을 가져오소서 하는지라 활과 화살들을 그에게 가져오매
> 16 또 이스라엘 왕에게 이르되 왕의 손으로 활을 잡으소서 하매 그가 손으로 잡으니 엘리사가 자기 손을 왕의 손 위에 얹고
> 17 이르되 동쪽 창을 여소서 하여 곧 열매 엘리사가 이르되 쏘소서 하는지라 곧 쏘매 엘리사가 이르되 이는 여호와를 위한 구원의 화살 곧 아람에 대한 구원의 화살이니 왕이 아람 사람을 멸절하도록 아벡에서 치리이다 하니라
> 15 "Get a bow and some arrows," Elisha ordered him. Jehoash got them,
> 16 and Elisha told him to get ready to shoot. The king did so, and Elisha placed his hands on the king's hands.
> 17 Then, following the prophet's instructions, the king opened the window that faced towards Syria. "Shoot the arrow!" Elisha ordered. As soon as the king shot the arrow, the prophet exclaimed, "You are the Lord's arrow, with which he will win victory over Syria. You will fight the Syrians in Aphek until you defeat them."

**13:17 동쪽 창을 여소서 하여 곧 열매 엘리사가 이르되 쏘소서.** 동쪽은 아람이 있는 방향이다. **여호와를 위한 구원의 화살 곧 아람에 대한 구원의 화살이니 왕이 아람 사람을 멸절하도록 아벡에서 치리이다.** 엘리사는 방금 요아스가 쏜 화살이 영적인 상징의 의미가 있는 것임을 설명하였다.

> 18 또 이르되 화살들을 집으소서 곧 집으매 엘리사가 또 이스라엘 왕에게 이르되 땅을 치소서 하는지라 이에 세 번 치고 그친지라
> 18 Then Elisha told the king to take the other arrows and strike the ground with them. The king struck the ground three times, and then stopped.

**13:18 화살들을 집으소서...땅을 치소서.** '땅을 치는 것'이 화살로 땅을 때리는 것인지 아니면 땅을 향해 화살을 쏘는 것인지는 분명하지 않다. '땅을 치라' 하였다. 그렇다면 이 또한 아람과 관련된 것이라는 것을 충분히 추측할 수 있다. 방금 앞에서 그렇게 설명하였기 때문이다. **세 번 치고 그친지라.** 아람과 관련된 것이라면 땅을 세 번 치는 것

이 아니라 계속 치는 것이 마땅하다. 그만두라고 할 때까지 치는 것이 맞다. 그러나 요아스는 세 번 치고 멈추었다.

19 하나님의 사람이 노하여 이르되 왕이 대여섯 번을 칠 것이니이다 그리하였더면 왕이 아람을 진멸하기까지 쳤으리이다 그런즉 이제는 왕이 아람을 세 번만 치리이다 하니라
19 This made Elisha angry, and he said to the king, "You should have struck five or six times, and then you would have won complete victory over the Syrians; but now you will defeat them only three times."

**13:19 대여섯 번을 칠 것이니이다. 그리하였더면 왕이 아람을 진멸하기까지 쳤으리이다.** 이것은 요아스가 화살을 몇 번 치는 것과 관련된 것이기 보다는 그의 열심을 상징적으로 보여주는 것일 것이다. 하나님은 요아스가 요청하지도 않았는데 아람을 칠 수 있도록 준비하셨다. 하나님의 열심을 볼 수 있다. 그런데 요아스는 땅을 세 번만 침으로 그의 열정이 부족한 것을 드러냈다. 사람들은 하나님께서 자신에게 관심이 없다고 생각한다. 그러나 그렇지 않다. 하나님은 늘 사람들에게 많은 관심을 가지고 계신다. 관심이 부족한 것은 사람들이다.

20 엘리사가 죽으니 그를 장사하였고 해가 바뀌매 모압 도적 떼들이 그 땅에 온지라
21 마침 사람을 장사하는 자들이 그 도적 떼를 보고 그의 시체를 엘리사의 묘실에 들이던지매 시체가 엘리사의 뼈에 닿자 곧 회생하여 일어섰더라
20 Elisha died and was buried. Every year bands of Moabites used to invade the land of Israel.
21 Once, during a funeral, one of those bands was seen, and the people threw the corpse into Elisha's tomb and ran off. As soon as the body came into contact with Elisha's bones, the man came back to life and stood up.

**13:21 시체가 엘리사의 뼈에 닿자 곧 회생하여 일어섰더라.** 시체를 메고 가던 사람들이 도적 때의 공격으로 인하여 죽은 자의 시체를 엘리사의 시체가 매장된 굴 입구에 던졌다. 굴 안쪽 입구에는 최근에 죽은 엘리사의 시신이 돌 위에 놓여 있었을 것이다. 그렇게 놓았다가 1년이 지나면 다시 수습을 하여 안쪽 작은 굴에 넣는다. 도적 때문에 경황이 없어 가까이에 있던 엘리사의 시신이 있는 굴에 들어가 메고 가던 시신을 던지고 도망갔다. 그런데 놀라운 일이 일어났다. **시체가 엘리사의 뼈에 닿자 곧 회생하**

**여 일어섰더라.** 엘리사의 뼈는 아마 많이 부패되어 있었을 것이다. 그런데 그 뼈에 닿은 시신은 다시 회생하여 일어났다. 이것은 엘리사의 예언을 다시 상기시키는 역할을 하였을 것이다. 엘리사의 뼈가 일하는 것을 말하는 것이 아니라 엘리사가 죽었으나 그가 전한 하나님 말씀의 유효성을 말하기 위함으로 보인다.

**22** 여호아하스 왕의 시대에 아람 왕 하사엘이 항상 이스라엘을 학대하였으나
**23** 여호와께서 아브라함과 이삭과 야곱과 더불어 세우신 언약 때문에 이스라엘에게 은혜를 베풀며 그들을 불쌍히 여기시며 돌보사 멸하기를 즐겨하지 아니하시고 이 때까지 자기 앞에서 쫓아내지 아니하셨더라
**22** King Hazael of Syria oppressed the Israelites during all of Jehoahaz' reign,
**23** but the Lord was kind and merciful to them. He would not let them be destroyed, but helped them, because of his covenant with Abraham, Isaac, and Jacob. He has never forgotten his people.

**13:23 언약 때문에 이스라엘에게 은혜를 베풀며 그들을 불쌍히 여기시며.** 언약을 북이스라엘 사람들이 계속 깨트렸다. 하나님께서 그 언약을 지키지 않으셔도 북이스라엘 사람들은 아무 말도 하지 못한다. 그런데 하나님께서는 여전히 그 언약을 잡고 계셨다. 그 언약이 회복될 수 있는 기회를 기다리고 계셨다. 마치 상대방이 언약을 깨트리지 않은 것처럼 하나님은 여전히 언약을 신실하게 지키셨다. 언약의 끈을 잡고 있는 것이 참 우스울 수도 있다. 그러나 하나님은 사랑으로 그 언약의 끈을 잡고 계셨다.
오늘날 결혼 관계에서 배우자의 누군가 부정을 저지르거나 크게 잘못하면 언약이 깨진다. 그래서 이혼하고 가정이 깨진다. 그렇게 되는 것이 일반적이다. 그런데 때로 어떤 사람은 다른 한편에서 언약의 그 자리를 지킴으로 그 가정을 놀랍게 회복시키기도 한다. 언약을 붙잡고 계신 하나님의 마음을 닮은 사람이 그러하다.

**24** 아람의 왕 하사엘이 죽고 그의 아들 벤하닷이 대신하여 왕이 되매
**25** 여호아하스의 아들 요아스가 하사엘의 아들 벤하닷의 손에서 성읍을 다시 빼앗으니 이 성읍들은 자기 부친 여호아하스가 전쟁 중에 빼앗겼던 것이라 요아스가 벤하닷을 세 번 쳐서 무찌르고 이스라엘 성읍들을 회복하였더라
**24** At the death of King Hazael of Syria his son Benhadad became king.
**25** Then King Jehoash of Israel defeated Benhadad three times and recaptured the cities that had been taken by Benhadad during the reign of Jehoahaz, the father of Jehoash.

**13:25 요아스가 벤하닷을 세 번 쳐서 무찌르고 이스라엘 성읍들을 회복하였더라.** 엘리

사의 예언대로 북이스라엘은 아람과의 싸움에서 세 번 크게 이겨 아람의 압제에서 벗어나게 된다. 하나님의 사랑과 은혜와 열심의 결과다. 엘리사가 요아스에게 '땅에 화살을 쏘라' 하였을 때 그는 세 번 쏘고 말았다. 그것은 단순히 그가 화살을 세 번 쏜 것을 넘어 그의 열심의 부족을 의미한다. 요아스는 열정이 부족하였다. 엘리사는 병상에서도 화살을 쏘라 하며 북이스라엘을 생각하였다. 엘리사의 그 마음은 하나님의 마음이 분명하다. 그래서 요아스가 화살을 세 번 쏘고 말았을 때 더욱더 가슴이 아팠던 것이다. 하나님은 열심이신데 요아스는 열심이 부족하였다. 그래서 그는 승리의 주인공이 되지 못하였다.

## 14장

1 이스라엘의 왕 여호아하스의 아들 요아스 제이년에 유다의 왕 요아스의 아들 아마샤가 왕이 되니
2 그가 왕이 된 때에 나이 이십오 세라 예루살렘에서 이십구 년간 다스리니라 그의 어머니의 이름은 여호앗단이요 예루살렘 사람이더라
3 아마샤가 여호와 보시기에 정직히 행하였으나 그의 조상 다윗과는 같지 아니하였으며 그의 아버지 요아스가 행한 대로 다 행하였어도

1 In the second year of the reign of Jehoash son of Jehoahaz as king of Israel, Amaziah son of Joash became king of Judah
2 at the age of 25, and he ruled in Jerusalem for 29 years. His mother was Jehoaddin, from Jerusalem.
3 He did what was pleasing to the Lord, but he was not like his ancestor King David; instead, he did what his father Joash had done.

**14:3 아마샤가 여호와 보시기에 정직히 행하였으나 그의 조상 다윗과는 같지 아니하였으며.** 선한 것도 아니고 악한 것도 아닌 중간 정도의 평가다. 아마샤는 외적으로는 가장 나약한 왕 중 한 명이다. 아마샤는 29년간 유다를 통치하였다. 상당히 긴 세월이었지만 외적으로는 이룬 것이 거의 없고 매우 유약하였다. 그럼에도 불구하고 그는 하나님 앞에서의 삶을 산 것으로 보인다. 하나님을 의식하면서 산 것이다. 하나님께서 말씀하시는 옳은 길을 가려고 노력하였다. 그러한 자세가 그를 좋게 평가하는 이유가 되었다.

**4** 오직 산당들을 제거하지 아니하였으므로 백성이 여전히 산당에서 제사를 드리며 분향하였더라
**5** 나라가 그의 손에 굳게 서매 그의 부왕을 죽인 신복들을 죽였으나
**6** 왕을 죽인 자의 자녀들은 죽이지 아니하였으니 이는 모세의 율법책에 기록된 대로 함이라 곧 여호와께서 명령하여 이르시기를 자녀로 말미암아 아버지를 죽이지 말 것이요 아버지로 말미암아 자녀를 죽이지 말 것이라 오직 사람마다 자기의 죄로 말미암아 죽을 것이니라 하셨더라

**4** He did not tear down the pagan places of worship, and the people continued to offer sacrifices and burn incense there.
**5** As soon as Amaziah was firmly in power, he executed the officials who had killed his father, the king.
**6** However, he did not kill their children but followed what the Lord had commanded in the Law of Moses: "Parents are not to be put to death for crimes committed by their children, and children are not to be put to death for crimes committed by their parents; a person is to be put to death only for a crime he himself has committed."

**14:6 왕을 죽인 자의 자녀들을 죽이지 아니하였으니.** 자신의 아버지를 죽인 신하들을 죽이면서 그의 자녀들을 죽이지 않았다고 말한다. 마음 같아서는 죽이고 싶었을 것이다. 그것이 그의 분한 마음에 위로가 될 수 있고 후환을 없애는 것이기도 하다. 그러나 그는 그렇게 하지 않았다. **모세의 율법책에 기록된 대로 함이라 여호와께서 명령하여 이르시기를...아버지로 말미암아 자녀를 죽이지 말 것이라.** 아마샤는 부모의 죄로 자녀를 죽이지 말라는 말씀에 순종하였다. 그래서 그 자녀를 죽이지 않았다. 그것이 결코 쉽지 않은 일이었을 것이다. 그러나 말씀이 그렇게 명령하고 있다는 것을 아마샤는 알았기 때문에 말씀에 순종하였다. 자신의 아버지를 죽인 신하의 자녀들을 죽이는 것은 아마샤의 감정이 원하였을 것이다. 그렇게 죽이는 일은 매우 쉬운 일이었다. 모든 여건이 완벽하다. 그러나 단 한가지 문제가 있다. 하나님께서 금하시는 일이다. 아마샤는 오직 하나님께서 금하신 일이기 때문에 멈추었을 것이다.

하고 싶고, 할 수 있는데 멈추는 것이 쉽지 않다. 그러나 이 일은 아마샤를 좋게 평가하는 가장 중요한 이유가 되었을 것이다. 세상은 보통 할 수 없는 일을 가지고 평가한다. 그러나 하나님은 할 수 있는 일을 가지고 평가하신다.

잘 멈출 줄 아는 사람이 되어야 한다. 특히 하나님의 뜻이 확실한 일에는 두 말 없이 멈추어야 한다. 하나님의 뜻이 확실한데도 불구하고 멈추지 않으면 안 된다. 내 뜻이나 감정이 아니라 하나님의 뜻과 감정에 따라 멈출 줄 아는 사람이 되어야 한다. 더 빨리 달려나가는 것보다 훨씬 더 중요한 것이 잘 멈추는 것이다.

7 아마샤가 소금 골짜기에서 에돔 사람 만 명을 죽이고 또 전쟁을 하여 셀라를 취하고 이름을 욕드엘이라 하였더니 오늘까지 그러하니라
7 Amaziah killed 10,000 Edomite soldiers in Salt Valley; he captured the city of Sela in battle and called it Joktheel, the name it still has.

**14:7 에돔 사람 만 명을 죽이고 또 전쟁을 하여 셀라를 취하고.** 아마샤는 이전에 유다의 속국이었던 에돔을 치고자 하였다. '셀라'는 '바위'라는 뜻으로 에돔의 수도였다. 오늘날 유명한 관광지인 '페트라'는 그 이후 시대인 나바티아 왕조의 유산이지만 어쩌면 같은 지역이거나 그 근방이었을 것이다. '페트라'는 헬라어로 '바위'라는 뜻이다.

8 아마샤가 예후의 손자 여호아하스의 아들 이스라엘의 왕 요아스에게 사자를 보내 이르되 오라 우리가 서로 대면하자 한지라
8 Then Amaziah sent messengers to King Jehoash of Israel, challenging him to fight.

**14:8 요아스에게 사자를 보내 이르되 오라 우리가 서로 대면하자.** 아마샤는 북이스라엘에 한판 붙자는 도전장을 내밀었다. 아마샤가 북이스라엘과 전쟁을 하려는 이유의 배경을 알아볼 필요가 있다. 아마샤는 본래 에돔을 공격하려고 했을 때 북이스라엘에 100 달란트를 주고 10만의 병사를 꾸었었다. 그러나 하나님의 사람의 만류로 그 병사들을 돌려보냈다. 그 병사들 없이 에돔을 공격하여 이겨야 하나님의 인도하심이었음을 알기 때문이다.
에돔과의 전쟁에서 전리품을 챙겨 돌아갈 줄 알았던 북이스라엘 병사들은 전쟁도 하지 못하고 돌아가게 되자 분노하여 돌아가면서 유다를 약탈하였다. 아마샤는 그것에 대해 책임을 묻고자 한 것으로 보인다. 그러나 그것만이 아니었다. 그것은 명분일 뿐이다. 아마샤는 더 많이 생각했어야 했다.
이스라엘이 처음 나뉠 때 하나님께서 르호보암에게 '북이스라엘과 전쟁하지 말라'고 말씀하셨다. 형제 국가이기 때문이다. 그것이 아마샤 때에는 아직 말씀으로 기록되어 있지는 않았을 것이다. 그러나 르호보암의 때에 그러하였다는 것은 잘 알고 있었을 것이다. 기록되어 있지 않다 하여도 하나님의 뜻을 분별해야 한다. 하나님의 뜻을 분별하지 않고 그는 전쟁을 시작하였다. 교만한 마음을 멈추지 못하였다.

9 이스라엘의 왕 요아스가 유다의 왕 아마샤에게 사람을 보내 이르되 레바논 가시나무가 레바논 백향목에게 전갈을 보내어 이르기를 네 딸을 내 아들에게

주어 아내로 삼게 하라 하였더니 레바논 들짐승이 지나가다가 그 가시나무를 짓밟았느니라
10 네가 에돔을 쳐서 파하였으므로 마음이 교만하였으니 스스로 영광을 삼아 왕궁에나 네 집으로 돌아가라 어찌하여 화를 자취하여 너와 유다가 함께 망하고자 하느냐 하나
11 아마샤가 듣지 아니하므로 이스라엘의 왕 요아스가 올라와서 그와 유다의 왕 아마샤가 유다의 벧세메스에서 대면하였더니
12 유다가 이스라엘 앞에서 패하여 각기 장막으로 도망한지라
13 이스라엘 왕 요아스가 벧세메스에서 아하시야의 손자 요아스의 아들 유다 왕 아마샤를 사로잡고 예루살렘에 이르러 예루살렘 성벽을 에브라임 문에서부터 성 모퉁이 문까지 사백 규빗을 헐고
9 But King Jehoash sent back the following reply: "Once a thorn bush on the Lebanon Mountains sent a message to a cedar: 'Give your daughter in marriage to my son.' A wild animal passed by and trampled the bush down.
10 Now Amaziah, you have defeated the Edomites, and you are filled with pride. Be satisfied with your fame and stay at home. Why stir up trouble that will only bring disaster on you and your people?"
11 But Amaziah refused to listen, so King Jehoash marched out with his men and fought against him at Beth Shemesh in Judah.
12 Amaziah's army was defeated, and all his soldiers fled to their homes.
13 Jehoash took Amaziah prisoner, advanced on Jerusalem, and tore down the city wall from Ephraim Gate to the Corner Gate, a distance of nearly 200 metres.

**14:13 예루살렘에 이르러 예루살렘 성벽을 에브라임 문에서부터 성 모퉁이 문까지 사백 규빗을 헐고.** 예루살렘이 세워지고 처음으로 점령당하였고 무너졌다. 14절을 보면 사마리아로 끌려간 사람들도 있었다. 나라가 완전히 초토화되었다. 한 걸음을 멈추지 못하여 돌이킬 수 없는 엄청난 결과를 맞이하였다.

14 또 여호와의 성전과 왕궁 곳간에 있는 금 은과 모든 기명을 탈취하고 또 사람을 볼모로 잡고서 사마리아로 돌아갔더라
14 He took all the silver and gold he could find, all the temple equipment and all the palace treasures, and carried them back to Samaria. He also took hostages with him.

**14:14 여호와의 성전과 왕궁 곳간에 있는 금 은과 모든 기명을 탈취하고.** 요아스는 성전을 유린하였다. 마치 이방인처럼 성전을 유린하였다. 그가 하나님을 믿는 사람이라면 결코 그렇게 하지 말아야 할 일을 하였다.
하나님께서 주신 힘으로 아람과의 전쟁에서 이겼다. 그리고 사실 아마샤와의 전쟁은 하나님께서 아마샤를 심판하시는 것이다. 그런데 요아스가 감히 성전을 유린하였다.

그는 아람과의 전쟁에서 승리하고 유다와의 전쟁에서 승리하였어도 성공한 왕이 아니라 아무 일도 한 일이 없는 왕이 되고 만다. 악한 왕으로 평가를 받게 된다.
'물 들어올 때 노 저으라'는 말을 한다. 아마샤는 힘이 있을 때 북이스라엘과 전쟁해야 할 것 같았다. 요아스는 그 어려운 예루살렘을 점령하였으니 그때 성전에 있는 금은보화를 탈취하는 것이 큰 이익을 얻는 것처럼 보일 수 있다. 그러나 그들이 그곳에서 멈추지 못함으로 인하여 그들에게 엄청난 재해가 되었다. 그들이 하지 않은 것보다 그들이 멈추지 않고 한 그 행동이 그들의 인생에서 가장 큰 영향을 미쳤다.
사람들은 못하는 것 때문에 늘 신경을 쓴다. 더 잘하고 더 빨리 가고자 한다. 그러나 정작 중요한 것은 못하는 것이 아니라 잘하는 것에서 차이가 만들어지는 경우가 많다. 못하는 것으로 남에게 해를 끼치기 보다는 잘하는 것으로 남에게 해를 끼치고 결국 자기 자신에게 해가 된다. 내가 잘하는 것에서 말과 행동을 멈추어야 하는 때와 장소를 아는 것이 중요하다. 브레이크 없는 자동차는 결국 충돌하게 된다. 파국으로 치닫는다.

**15** 요아스의 남은 사적과 그의 업적과 또 유다의 왕 아마샤와 싸운 일은 이스라엘 왕 역대지략에 기록되지 아니하였느냐
**16** 요아스가 그의 조상들과 함께 자매 이스라엘 왕들과 사마리아에 함께 장사되고 그의 아들 여로보암이 대신하여 왕이 되니라
**17** 이스라엘의 왕 여호아하스의 아들 요아스가 죽은 후에도 유다의 왕 요아스의 아들 아마샤가 십오 년간을 생존하였더라
**18** 아마샤의 남은 행적은 유다 왕 역대지략에 기록되지 아니하였느냐
**19** 예루살렘에서 무리가 그를 반역한 고로 그가 라기스로 도망하였더니 반역한 무리가 사람을 라기스로 따라 보내 그를 거기서 죽이게 하고
**15** Everything else that Jehoash did, including his bravery in the war against King Amaziah of Judah, is recorded in The History of the Kings of Israel.
**16** Jehoash died and was buried in the royal tombs in Samaria, and his son Jeroboam II succeeded him as king.
**17** King Amaziah of Judah lived fifteen years after the death of King Jehoash of Israel.
**18** Everything else that Amaziah did is recorded in The History of the Kings of Judah.
**19** There was a plot in Jerusalem to assassinate Amaziah, so he fled to the city of Lachish, but his enemies followed him there and killed him.

**14:19 무리가 그를 반역한 고로...그를 거기서 죽이게 하고.** 아마샤는 신하들에 의해 죽임을 당하였다. 아마샤는 많은 실패와 아픔이 가득한 인생을 살았다. 마지막 모습마저 처절하다. 그는 그래도 '하나님 보시기에 정직히 행하였다'는 평가를 받았다. 그의

아버지 요아스는 제사장 여호야다의 도움이 컸다. 그러나 아마샤는 자신의 믿음으로 그렇게 행동하였다. 그렇다면 그의 인생이 그렇게 부정적이지는 않다고 할 수 있다. 그가 경험한 많은 실패와 슬픔은 긍정적인 역할을 한 것이 된다.

**20** 그 시체를 말에 실어다가 예루살렘에서 그의 조상들과 함께 다윗 성에 장사하니라
**21** 유다 온 백성이 아사랴를 그의 아버지 아마샤를 대신하여 왕으로 삼으니 그 때에 그의 나이가 십육 세라
**22** 아마샤가 그의 조상들과 함께 잔 후에 아사랴가 엘랏을 건축하여 유다에 복귀시켰더라
**23** 유다의 왕 요아스의 아들 아마샤 제십오년에 이스라엘의 왕 요아스의 아들 여로보암이 사마리아에서 왕이 되어 사십일 년간 다스렸으며
**20** His body was carried back to Jerusalem on a horse and was buried in the royal tombs in David's City.
**21** The people of Judah then crowned his sixteen-year-old son Uzziah as king.
**22** Uzziah reconquered and rebuilt Elath after his father's death.
**23** In the fifteenth year of the reign of Amaziah son of Joash as king of Judah, Jeroboam son of Jehoash became king of Israel, and he ruled in Samaria for 41 years.

**14:23 여로보암이 사마리아에서 왕이 되어.** 북이스라엘을 가장 번창하게 한 왕은 여로보암 2세다. 솔로몬 때의 영토를 남쪽 유다가 점령한 지역을 제외하고 북쪽으로는 대부분의 지역을 회복하였다. 그동안 북이스라엘과 유다를 괴롭혔던 아람(시리아)을 확실히 제압하여 아람의 영토를 모두 북이스라엘의 영토로 만들었다. 그러나 그가 그렇게 영토를 확장하였다 하여 그가 잘 살았다고 말할 수 있는 것은 결코 아니다.

**24** 여호와 보시기에 악을 행하여 이스라엘에게 범죄하게 한 느밧의 아들 여로보암의 모든 죄에서 떠나지 아니하였더라
**24** He sinned against the Lord, following the wicked example of his predecessor King Jeroboam son of Nebat, who led Israel into sin.

**14:24 여호와 보시기에 악을 행하여.** 여로보암은 하나님 보시기에 '악을 행하는' 사람이었다. 그는 '허무한 일'에는 힘을 다하여 살았고 많은 것을 이루었지만 정작 중요한 일에는 무관심하였다. 아무 것도 이룬 것이 없었다. 그는 악을 행하면서도 악을 몰랐다. 그렇다면 그의 삶은 어떻게 평가받아야 할까?
사람들은 그의 삶이 위대하였다고 말할 것이다. 그가 북이스라엘을 부강하게 이끌었

기 때문이다. 그러나 북이스라엘을 부강하게 만든 것은 사실 하나님이시다. 그리고 혹시 전적으로 여로보암 때문에 북이스라엘이 강하게 되었다 할지라도 그것이 하나님 앞에서 선한 삶을 사는 것보다는 훨씬 더 무가치한 삶이다.

**25** 이스라엘의 하나님 여호와께서 그의 종 가드헤벨 아밋대의 아들 선지자 요나를 통하여 하신 말씀과 같이 여로보암이 이스라엘 영토를 회복하되 하맛 어귀에서부터 아라바 바다까지 하였으니
**26** 이는 여호와께서 이스라엘의 고난이 심하여 매인 자도 없고 놓인 자도 없고 이스라엘을 도울 자도 없음을 보셨고
**27** 여호와께서 또 이스라엘의 이름을 천하에서 없이 하겠다고도 아니하셨으므로 요아스의 아들 여로보암의 손으로 구원하심이었더라
**25** He reconquered all the territory that had belonged to Israel, from Hamath Pass in the north to the Dead Sea in the south. This was what the Lord, the God of Israel, had promised through his servant the prophet Jonah son of Amittai, from Gath Hepher.
**26** The Lord saw the terrible suffering of the Israelites; there was no one at all to help them.
**27** But it was not the Lord's purpose to destroy Israel completely and for ever, so he rescued them through King Jeroboam II.

**14:27 여호와께서...여로보암의 손으로 구원하심이었더라.** 여로보암 때에 강한 군사력을 가지고 많은 나라를 점령할 수 있었던 것은 하나님의 긍휼 때문이었다. 하나님께서 이스라엘을 긍휼히 여기셨다. 그래서 여로보암이 군사적 성공을 거두게 하셨다.

**28** 여로보암의 남은 사적과 모든 행한 일과 싸운 업적과 다메섹을 회복한 일과 이전에 유다에 속하였던 하맛을 이스라엘에 돌린 일은 이스라엘 왕 역대지략에 기록되지 아니하였느냐
**29** 여로보암이 그의 조상 이스라엘 왕들과 함께 자고 그의 아들 스가랴가 대신하여 왕이 되니라
**28** Everything else that Jeroboam II did, his brave battles, and how he restored Damascus and Hamath to Israel, are all recorded in The History of the Kings of Israel.
**29** Jeroboam died and was buried in the royal tombs, and his son Zechariah succeeded him as king.

## 15장

**1** 이스라엘 왕 여로보암 제이십칠년에 유다 왕 아마샤의 아들 아사랴가 왕이 되니
**2** 그가 왕이 될 때에 나이가 십육 세라 예루살렘에서 오십이 년간 다스리니라 그의 어머니의 이름은 여골리야라 예루살렘 사람이더라
**3** 아사랴가 그의 아버지 아마샤의 모든 행위대로 여호와 보시기에 정직히 행하였으나

**1** In the 27th year of the reign of King Jeroboam II of Israel, Uzziah son of Amaziah became king of Judah
**2** at the age of sixteen, and he ruled in Jerusalem for 52 years. His mother was Jecoliah from Jerusalem.
**3** Following the example of his father, he did what was pleasing to the Lord.

**15:3 아사랴.** 아사랴(웃시야라고도 함)는 유다를 오랫동안 통치하였다. 그의 삶은 선과악이 함께 있는 중간 정도의 평가를 받았다. 역대하에 아사랴가 수많은 업적을 세우는 이야기가 나온다. 엘랏을 건설하고 영향력이 애굽에까지 미칠 정도로 상당한 힘을 가졌다. 외적으로는 유다에서 가장 업적이 많은 왕이라 할 수 있다. 그러나 그것이 중요한 것이 아니었다. 성경은 그의 업적에 대해 관심이 없다.

**4** 오직 산당은 제거하지 아니하였으므로 백성이 여전히 그 산당에서 제사를 드리며 분향하였고
**5** 여호와께서 왕을 치셨으므로 그가 죽는 날까지 나병환자가 되어 별궁에 거하고 왕자 요담이 왕궁을 다스리며 그 땅의 백성을 치리하였더라

**4** But the pagan places of worship were not destroyed, and the people continued to offer sacrifices and burn incense there.
**5** The Lord struck Uzziah with a dreaded skin disease that stayed with him the rest of his life. He lived in a house on his own, relieved of all duties, while his son Jotham governed the country.

**15:5 여호와께서 왕을 치셨으므로 그가 죽는 날까지 나병환자가 되어.** 하나님께서 치심으로 '심한 피부병'을 앓게 되어 죽을 때까지 별궁에 거하게 되었다. 10년 정도의 기간이었을 것이다.
얼핏 보기에 그의 마지막은 불행하게 보인다. 그러나 아주 잘 나가다가 교만으로 인하여 성전에서 분향을 하다 하나님께 벌을 받은 것이다. 벌로 심한 피부병에 걸렸고 죽기까지 그 병이 낫지 않았다. 그러니 불행한 것으로 볼 수 있다. 그러나 그렇지 않다.

아사랴의 인생 황금기는 언제일까? 전쟁터에서 승리하고 영토를 확장할 때일까? 그 때는 정신 없이 바빠서 하나님께 가까이 갈 시간이 많지 않았을 것이다. 그래서 인생의 황금기가 될 수 없다. 나는 그가 피부병에 걸린 이후 격리되었을 때 인생의 황금기가 되었다고 생각한다.

격리 시간을 원망만 하면서 보낼 수도 있다. 그가 만약 그렇게 원망과 불평 속에 보냈다면 그는 가장 불행한 사람이 되었을 것이다. 그러나 그가 중간 정도의 평가를 받을 수 있는 것은 아마 그 시간을 잘 보냈을 것이라고 추측해 본다.

병에 걸려 사람들 앞에 나서지 못하면 다른 사람이 보기에는 빨리 죽음을 맞이하는 것이 더 나을 것 같다고 생각할 수도 있다. 그러나 그에게 그 시간은 어느 시간보다 더 중요하고 절대적인 시간이었을 것이다. 그 시간이 길었다는 것은 그에게 그만큼의 복이었을 것이다. 이전에는 세상의 욕심 속에서 허우적거리는 삶이었다면 이제는 하나님 앞에서 한 신앙인으로 거듭나기 위한 거룩한 씨름을 하는 시간이었을 것이다.

6 아사랴의 남은 사적과 행한 모든 일은 유다 왕 역대지략에 기록되지 아니하였느냐
7 아사랴가 그의 조상들과 함께 자매 다윗 성에 그의 조상들과 함께 장사되고 그의 아들 요담이 대신하여 왕이 되니라
8 유다의 왕 아사랴의 제삼십팔년에 여로보암의 아들 스가랴가 사마리아에서 여섯 달 동안 이스라엘을 다스리며

6 Everything else that Uzziah did is recorded in The History of the Kings of Judah.
7 Uzziah died and was buried in the royal burial ground in David's City, and his son Jotham succeeded him as king.
8 In the 38th year of the reign of King Uzziah of Judah, Zechariah son of Jeroboam II became king of Israel, and he ruled in Samaria for six months.

**15:8 여로보암의 아들 스가랴가 사마리아에서 여섯 달 동안 이스라엘을 다스리며.** 북이스라엘의 여로보암 2세는 북이스라엘에서 가장 번성한 왕이었다. 그의 시대에 외적으로 이룬 것이 많았다. 스가랴는 그렇게 번성한 아버지 여로보암에 이어 왕이 되었다. 아버지의 강력한 왕권은 반작용으로 많은 적을 만들었을 것이다. 또한 부요함을 탐내는 사람들도 많았을 것이다. 아버지의 부요함이 아들 스가랴에게 결코 이롭게 작용하지 못하였다. 오히려 해롭게 작용하였다. 세상의 힘과 부요라는 것이 그러하다.

9 그의 조상들의 행위대로 여호와 보시기에 악을 행하여 이스라엘로 범죄하게

한 느밧의 아들 여로보암의 죄에서 떠나지 아니한지라

9 He, like his predecessors, sinned against the Lord. He followed the wicked example of King Jeroboam son of Nebat, who led Israel into sin.

**15:9 여호와 보시기에 악을 행하여.** 스가랴가 왕위에 짧은 기간 동안 있었어도 그는 하나님 앞에 악을 행한 왕으로 평가를 받았다. 시간의 길고 짧음이 중요한 것이 아니다. 그 기간 동안 하나님 앞에 어떤 삶으로 평가받는지가 중요하다.

10 야베스의 아들 살룸이 그를 반역하여 백성 앞에서 쳐죽이고 대신하여 왕이 되니라

11 스가랴의 남은 사적은 이스라엘 왕 역대지략에 기록되니라

12 여호와께서 예후에게 말씀하여 이르시기를 네 자손이 사 대 동안 이스라엘 왕위에 있으리라 하신 그 말씀대로 과연 그렇게 되니라

10 Shallum son of Jabesh conspired against King Zechariah, assassinated him at Ibleam, and succeeded him as king.

11 Everything else that Zechariah did is recorded in The History of the Kings of Israel.

12 So the promise was fulfilled which the Lord had made to King Jehu: "Your descendants, down to the fourth generation, will be kings of Israel."

**15:12 예후에게 말씀하여...네 자손이 사 대 동안 이스라엘 왕위에 있으리라...그렇게 되니라.** 예후 이후 그 자손에서 4명의 왕이 나왔다. 4대 동안 왕위에 있으리라는 것은 4대만 왕위에 있으리라는 말씀은 아니다. 예후에게 주시는 복으로 4대를 보장하신 것이다. 그런데 4대를 넘어 그 이상까지 왕 위를 이으면 좋았을텐데 그렇지 못하였다. 악 때문이다. 예후의 자손이 왕이 되는 것이 스가랴에서 마친 것은 기회를 놓친 것이다. 하나님께서 왕 위에 있게 하셨을 때 그 기회를 잘 살렸어야 했는데 기회를 살리지 못하였다. 기회는 늘 있는 것이 아니다.

13 유다 왕 웃시야 제삼십구년에 야베스의 아들 살룸이 사마리아에서 왕이 되어 한 달 동안 다스리니라

13 In the 39th year of the reign of King Uzziah of Judah, Shallum son of Jabesh became king of Israel, and he ruled in Samaria for one month.

**15:13 살룸이 사마리아에서 왕이 되어 한 달 동안 다스리니라.** 살룸은 혜성같이 나타났다. 그는 예후의 4대손 스가랴를 죽이고 왕이 되었다. 예후의 자손이 왕이 되는 것을 끊었다. 그런데 등장은 혜성같이 나타났지만 왕으로 한 일은 아무 일도 없었다.

살룸보다 더 짧은 7일 천하로 끝난 시므리 왕의 경우도 평가를 받았다. 그가 여로보암의 죄를 행하였고 하나님 앞에 악하였다는 평가를 받았다. 그런데 살룸은 그런 내용조차도 없다. 그에 대한 평가가 없다. 그만큼 존재감 없는 통치였다고 볼 수 있다. 그는 종교나 믿음에 대해서는 아예 관심이 없었던 것 같다.

**14** 가디의 아들 므나헴이 디르사에서부터 사마리아로 올라가서 야베스의 아들 살룸을 거기에서 쳐죽이고 대신하여 왕이 되니라
**14** Menahem son of Gadi went from Tirzah to Samaria, assassinated Shallum, and succeeded him as king.

**15:14 므나헴이...살룸을 거기에서 쳐 죽이고 대신하여 왕이 되니라.** 살룸은 왕의 자리에 앉았으나 존재감 없이 있다 그렇게 마쳤다. 그는 왕이 되는 것에는 욕심이 있었으나 왕이 되어 무엇을 하고 싶었는지에 대해서는 생각이 없었던 것으로 보인다.
오늘날 많은 사람들이 그러하다. 의사가 되고 싶고 돈을 벌고 싶다. 그러나 의사가 되고 돈을 벌어서 무엇을 하려고 하는지에 대해서는 생각이 없는 사람이 많다. 우리는 어떤 사람이 되고 싶은지에 대해 생각을 가지고 있는데 그 자리에서 무엇을 하고 싶은지에 대해서는 더 많은 생각을 가지고 있어야 한다.

**15** 살룸의 남은 사적과 그가 반역한 일은 이스라엘 왕 역대지략에 기록되니라
**16** 그 때에 므나헴이 디르사에서 와서 딥사와 그 가운데에 있는 모든 사람과 그 사방을 쳤으니 이는 그들이 성문을 열지 아니하였음이라 그러므로 그들이 그 곳을 치고 그 가운데에 아이 밴 부녀를 갈랐더라
**15** Everything else that Shallum did, including an account of his conspiracy, is recorded in The History of the Kings of Israel.
**16** As Menahem was on his way from Tirzah, he completely destroyed the city of Tappuah, its inhabitants, and the surrounding territory, because the city did not surrender to him. He even ripped open the bellies of all the pregnant women.

**15:16 그 때에 므나헴이 디르사에서 와서 딥사와 그 가운데에 있는 모든 사람과 그 사방을 쳤으니.** '딥사'가 어디인지에 대해 보통 2가지 의견이 있다. 사마리아에서 450km 떨어진 유프라테스 강 근처의 도시이거나 25km떨어진 인근의 도시일 가능성이다. 므나헴이 왕이 되려는 급박한 상황이었기 때문에 사마리아에서 25km떨어진 인근의 도시로 여기는 것이 맞을 것 같다. **그 곳을 치고 그 가운데에 아이 밴 부녀를 갈랐더라.** 므나헴은 자신을 반대하는 성을 무자비하게 공격하였다. 그리고 완악한 행동을

하였다.

17 유다 왕 아사랴 제삼십구년에 가디의 아들 므나헴이 이스라엘 왕이 되어 사마리아에서 십 년간 다스리며
18 여호와 보시기에 악을 행하여 이스라엘로 범죄하게 한 느밧의 아들 여로보암의 죄에서 평생 떠나지 아니하였더라
17 In the 39th year of the reign of King Uzziah of Judah, Menahem son of Gadi became king of Israel, and he ruled in Samaria for ten years.
18 He sinned against the Lord, for until the day of his death he followed the wicked example of King Jeroboam son of Nebat, who led Israel into sin till the day of his death.

**15:18 여호와 보시기에 악을 행하여.** 그렇게 나쁜 짓을 하면서 왕이 되었지만 그는 결국 '여호와 보시기에 악을 행한' 사람에 불과하였다. 왕이 된 것이 자신에게 복이 되지 못하였다. 북이스라엘 백성에게 복이 되지 못하였다. 모든 면에 다 복이 되지 못하고 악이 되었다. 그렇다면 대체 왕이 된 것이 무슨 유익이 있었을까? **여로보암의 죄에서 평생 떠나지 아니하였더라.** 북이스라엘의 다른 왕에 대한 평가와 비슷하다. 그런데 '평생'이라는 단어가 추가되어 있다. 이것은 그의 죄가 조금 더 강하였다는 것을 의미할 것이다. 그는 왕의 자리에 있을 때 늘 그렇게 죄의 자리에 있었다. 참으로 불쌍한 왕이다.

19 앗수르 왕 불이 와서 그 땅을 치려 하매 므나헴이 은 천 달란트를 불에게 주어서 그로 자기를 도와 주게 함으로 나라를 자기 손에 굳게 세우고자 하여
19 Tiglath Pileser, the emperor of Assyria, invaded Israel, and Menahem gave him 34,000 kilogrammes of silver to gain his support in strengthening Menahem's power over the country.

**15:19 앗수르 왕 불이 와서 그 땅을 치려 하매 므나헴이 은 천 달란트를 불에게 주어.** 앗수르가 북이스라엘을 공격하였다. 그러자 므나헴은 은으로 앗수르 왕의 마음을 누그러뜨리고자 하였다. **나라를 자기 손에 굳게 세우고자 하여.** 므나헴이 그렇게 한 것은 오직 자신의 왕권 유지를 위한 것이었다.

20 그 은을 이스라엘 모든 큰 부자에게서 강탈하여 각 사람에게 은 오십 세겔씩 내게 하여 앗수르 왕에게 주었더니 이에 앗수르 왕이 되돌아가 그 땅에 머물

지 아니하였더라

20 Menahem got the money from the rich men of Israel by forcing each one to contribute 50 pieces of silver. So Tiglath Pileser went back to his own country.

**15:20 그 은을 이스라엘 모든 큰 부자에게서 강탈하여.** 므나헴은 북이스라엘의 백성들에게서 은을 강탈하여 앗수르 왕에게 제공하여 자신의 왕권을 지켰다. 참으로 못난 왕이다.

므나헴은 이전에 왕의 자리를 차지할 때는 자신을 왕으로 받아들이지 않는다 하여 성을 무자비하게 공격하고 아기 밴 여인의 배를 갈랐었다. 참으로 난폭한 사람이다. 그런데 앗수르 왕에게는 양처럼 고분고분하였다. 자신의 백성들에게는 약자라고 함부로 대하고 앗수르 왕에게는 강자라고 굴욕적으로 행동하였다. 가장 안 좋은 왕의 모습이다. 왕이 해야 하는 일을 반대로 하고 있다. 왕이 이렇게 행동한다면 그가 왕이 된 것이 무슨 유익이 있겠는가? 그는 왕이 되어 더 많은 죄를 쌓고 있을 뿐이다.

21 므나헴의 남은 사적과 그가 행한 모든 일은 이스라엘 왕 역대지략에 기록되지 아니하였느냐
22 므나헴이 그의 조상들과 함께 자고 그의 아들 브가히야가 대신하여 왕이 되니라
23 유다의 왕 아사랴 제오십년에 므나헴의 아들 브가히야가 사마리아에서 이스라엘 왕이 되어 이 년간 다스리며
24 여호와께서 보시기에 악을 행하여 이스라엘로 범죄하게 한 느밧의 아들 여로보암의 죄에서 떠나지 아니한지라
25 그 장관 르말랴의 아들 베가가 반역하여 사마리아 왕궁 호위소에서 왕과 아르곱과 아리에를 죽이되 길르앗 사람 오십 명과 더불어 죽이고 대신하여 왕이 되었더라
26 브가히야의 남은 사적과 그가 행한 모든 일은 이스라엘 왕 역대지략에 기록되니라
27 유다의 왕 아사랴 제오십이년에 르말랴의 아들 베가가 이스라엘 왕이 되어 사마리아에서 이십 년간 다스리며

21 Everything else that Menahem did is recorded in The History of the Kings of Israel.
22 He died and was buried, and his son Pekahiah succeeded him as king.
23 In the 50th year of the reign of King Uzziah of Judah, Pekahiah son of Menahem became king of Israel, and he ruled in Samaria for two years.
24 He sinned against the Lord, following the wicked example of King Jeroboam son of Nebat, who led Israel into sin.
25 An officer of Pekahiah's forces, Pekah son of Remaliah, plotted with 50 men from Gilead, assassinated Pekahiah in the palace's inner fortress in Samaria, and succeeded him as king.

26 Everything else that Pekahiah did is recorded in The History of the Kings of Israel.
27 In the 52nd year of the reign of King Uzziah of Judah, Pekah son of Remaliah became king of Israel, and he ruled in Samaria for twenty years.

**15:27 베가가 이스라엘 왕이 되어 사마리아에서 이십 년간 다스리며.** 베가는 북이스라엘의 18대 왕으로서 마지막 왕 호세아 바로 직전의 왕이다. 그에게는 20년이라는 시간이 주어졌다. 베가가 북이스라엘을 전체 통솔한 것은 8년 정도다. 그런데 그는 그 이전에 요단강 동편에서 실제적인 통치자로 있었던 것으로 보인다. 그래서 그의 통치를 20년으로 말하고 있다.

28 여호와께서 보시기에 악을 행하여 이스라엘로 범죄하게 한 느밧의 아들 여로보암의 죄에서 떠나지 아니하였더라
28 He sinned against the Lord, following the wicked example of King Jeroboam son of Nebat, who led Israel into sin.

**15:28 여호와 보시기에 악을 행하여...여로보암의 죄에서 떠나지 아니하였더라.** 북이스라엘 모든 왕에서 반복된 구절이다. 예후만 약간의 예외가 있었을 뿐 모든 왕들에게 반복되었다. 엘리야와 엘리사 같은 특출한 선지자가 있었음에도 불구하고 북이스라엘의 왕들은 변하지 않았다.
베가는 어떤 면에서는 지난 왕들의 잘못을 바꿀 수 있는 마지막 기회였다. 그 이후에 왕이 된 호세아 때는 나라의 국운이 이미 기울어 어찌 할 수 없는 상태가 된다. 만약 베가 때에 돌이켰다면 가능성이 있을 수 있었다. 그러나 베가는 전임 북이스라엘의 왕들이 바꾸지 않았던 잘못을 자신도 바꾸지 않았다. 지금까지 이어온 대로 그대로 살았다.

29 이스라엘 왕 베가 때에 앗수르 왕 디글랏 빌레셀이 와서 이욘과 아벨벳 마아가와 야노아와 게데스와 하솔과 길르앗과 갈릴리와 납달리 온 땅을 점령하고 그 백성을 사로잡아 앗수르로 옮겼더라
29 It was while Pekah was king that Tiglath Pileser, the emperor of Assyria, captured the cities of Ijon, Abel Beth Maacah, Janoah, Kedesh, and Hazor, and the territories of Gilead, Galilee, and Naphtali, and took the people to Assyria as prisoners.

**15:29 앗수르 왕 디글랏 빌레셀이 와서...온 땅을 점령하고 그 백성을 사로잡아 앗수르로 옮겼더라.** 앗수르에 북이스라엘이 유린당하였다. 백성들이 포로로 잡혀갔다. 그런데

도 베가는 바꾸지 않았다. 하나님을 찾지 않았다. 그는 앗수르에 나라가 유린당하기 전 기회를 놓쳤다. 유린을 당한 이후에라도 바뀌어야 했다. 그러나 그 기회마저 놓쳤다.

베가는 북이스라엘의 18번째 왕으로 북이스라엘의 죄를 끊고 나라가 다시 일어날 수 있는 실제적인 마지막 기회였다. 그러나 그 기회를 놓침으로 인해 북이스라엘은 완전히 멸망하게 된다. 백성들은 엄청난 환난을 당하게 된다.

지금 평범한 하루인 것 같이 보여도 어쩌면 마지막 기회일 수 있다. 오늘 큰 환난을 당하였으면 더욱더 빨리 돌이켜야 한다. 진짜 마지막 기회다. 하나님께로부터 벗어난 우리의 삶을 돌이켜야 한다. 돌이키지 않으면 상상도 할 수 없었던 멸망이 임할 수 있다. 지금 빨리 진리로 돌이켜야 한다.

**30** 웃시야의 아들 요담 제이십년에 엘라의 아들 호세아가 반역하여 르말랴의 아들 베가를 쳐서 죽이고 대신하여 왕이 되니라
**31** 베가의 남은 사적과 그가 행한 모든 일은 이스라엘 왕 역대지략에 기록되니라
**32** 이스라엘의 왕 르말랴의 아들 베가 제이년에 유다 왕 웃시야의 아들 요담이 왕이 되니
**30** In the twentieth year of the reign of Jotham son of Uzziah as king of Judah, Hoshea son of Elah plotted against King Pekah, assassinated him, and succeeded him as king.
**31** Everything else that Pekah did is recorded in The History of the Kings of Israel.
**32** In the second year of the reign of Pekah son of Remaliah as king of Israel, Jotham son of Uzziah became king of Judah

**15:32 베가 제이년에 유다 왕 웃시야의 아들 요담이 왕이 되니.** 북이스라엘이 베가 왕 때 격동의 시기를 보내고 마지막 기회를 놓친 것처럼 유다의 요담 왕도 그러했다.

**33** 나이가 이십오 세라 예루살렘에서 십육 년간 다스리니라 그의 어머니의 이름은 여루사라 사독의 딸이더라
**34** 요담이 그의 아버지 웃시야의 모든 행위대로 여호와께서 보시기에 정직히 행하였으나
**33** at the age of 25, and he ruled in Jerusalem for sixteen years. His mother was Jerusha, the daughter of Zadok.
**34** Following the example of his father Uzziah, Jotham did what was pleasing to the Lord.

**15:34 요담이...여호와께서 보시기에 정직히 행하였으나.** 요담은 유다의 중간급 평가를

받는 왕 4명 중의 한명이다. 그의 증조할아버지 요아스 때부터 할아버지 아마샤와 아버지 아사랴(웃시야)에 이어 그까지 4명이 선과 악이 함께 있는 중간급의 평가를 받았다. 이 정도는 아주 좋은 환경이다.

**35** 오직 산당을 제거하지 아니하였으므로 백성이 여전히 그 산당에서 제사를 드리며 분향하였더라 요담이 여호와의 성전의 윗문을 건축하니라
**35** But the pagan places of worship were not destroyed, and the people continued to offer sacrifices and burn incense there. It was Jotham who built the North Gate of the Temple.

**15:35 산당을 제거하지 아니하였으므로.** '산당'은 예루살렘에 성전이 건축되기 전에 이스라엘 백성이 예배하던 장소다. 이스라엘 전역의 유명한 산과 마을에 세워져 있었다. 예루살렘에 성전이 세워진 이후에는 산당을 제거하도록 명령되었다. 그러나 이전의 습관 때문에 미신적으로 산당에서 계속 예배와 제사가 진행되었다. 4대에 걸쳐 형성된 믿음의 분위기에서 요담은 산당을 제거하는 용기를 냈어야 했다. 그러나 그는 그렇게 하지 않았다. 지금까지 그랬던 것처럼 산당을 제거하지 않아도 아무 문제가 없었을 것 같았다. 산당을 제거할 특별한 이유를 찾지 못하였다. 그러나 그것은 착각이었다. 어쩌면 요담 왕 때는 산당을 제거할 수 있는 가장 중요한 기회였을 것이다. 그랬다면 나라의 방향이 바뀌었을 것이다. 그런데 그렇게 하지 않음으로 인하여 유다는 내리막길을 걷기 시작한다. 아버지 아사랴 때의 강력한 힘은 온데간데 없어지고 앗수르에 의해 흔들거리고 바벨론에 의해 멸망하게 된다. 믿음으로 세워지지 않았기 때문이다. **여호와의 성전의 윗문을 건축하니라.** 요담은 성벽을 건축하고 요새를 세우는 등 외적인 일에 방비를 단단히 한 왕이었다. 그러나 그것이 효과는 없었다. 그에게 가장 중요한 것은 신앙을 정비하는 것이었다.

**36** 요담의 남은 사적과 그가 행한 모든 일은 유다 왕 역대지략에 기록되지 아니하였느냐
**37** 그 때에 여호와께서 비로소 아람 왕 르신과 르말랴의 아들 베가를 보내어 유다를 치게 하셨더라
**38** 요담이 그의 조상들과 함께 자매 그의 조상 다윗 성에 조상들과 함께 장사되고 그 아들 아하스가 대신하여 왕이 되니라
**36** Everything else that Jotham did is recorded in The History of the Kings of Judah.
**37** It was while he was king that the Lord first sent King Rezin of Syria and King Pekah of Israel to attack Judah.

**38** Jotham died and was buried in the royal tombs in David's City, and his son Ahaz succeeded him as king.

## 16장

**1** 르말랴의 아들 베가 제십칠년에 유다의 왕 요담의 아들 아하스가 왕이 되니
**2** 아하스가 왕이 될 때에 나이가 이십 세라 예루살렘에서 십육 년간 다스렸으나 그의 조상 다윗과 같지 아니하여 그의 하나님 여호와께서 보시기에 정직히 행하지 아니하고

**1** In the seventeenth year of the reign of Pekah son of Remaliah as king of Israel, Ahaz son of Jotham became king of Judah
**2** at the age of twenty, and he ruled in Jerusalem for sixteen years. He did not follow the good example of his ancestor King David; instead, he did what was not pleasing to the Lord his God

**16:2 아하스...여호와께서 보시기에 정직히 행하지 아니하고.** 아하스는 하나님 앞에서 악한 왕이었다. 가장 최악의 왕이다. 이후에 그의 손자 므낫세가 최악의 왕 신기록을 깨기는 하지만 이때까지는 아하스가 최악의 왕 신기록의 주인공이다.

**3** 이스라엘의 여러 왕의 길로 행하며 또 여호와께서 이스라엘 자손 앞에서 쫓아내신 이방 사람의 가증한 일을 따라 자기 아들을 불 가운데로 지나가게 하며

**3** and followed the example of the kings of Israel. He even sacrificed his own son as a burnt offering to idols, imitating the disgusting practice of the people whom the Lord had driven out of the land as the Israelites advanced.

**16:3 이스라엘의 여러 왕의 길로 행하며.** 지금까지 유다는 믿음에 있어 북이스라엘보다 우위에 있었다. 그런데 아하스는 믿음에 있어 북이스라엘 왕을 따라갔다. 우상숭배의 길을 갔다. **자기 아들을 불 가운데로 지나가게 하며.** 아마 가나안의 몰록 신을 숭배하는 모습으로 보인다. 아니면 하나님을 믿는 믿음을 드러내기 위해 이렇게 한 것일 수도 있다. 나라가 어려워지자 신 앞에서 해결책을 찾기 위해 아들을 바치는 극단적인 행동을 한 것이다. 그러나 혹 이것이 하나님께 한 것이라 하여도 지극히 악한 것이다. 성경은 결코 그렇게 하라고 말하지 않기 때문이다.

4 또 산당들과 작은 산 위와 모든 푸른 나무 아래에서 제사를 드리며 분향하였더라

4 At the pagan places of worship, on the hills, and under every shady tree, Ahaz offered sacrifices and burnt incense.

**16:4 산당...분향하였더라.** 지금까지 유다에 있던 산당들은 하나님을 제사하는 곳으로 사용되었다. 그렇게 사용되어도 책망의 대상이었다. 그런데 아하스의 경우는 산당에서 아세라 신을 비롯한 이방신을 섬긴 것으로 보인다. 나라가 부강해지고 백성이 더 많은 복을 얻기 위한 몸부림으로 볼 수 있다. 어떤 신의 도움이든 도움을 받아 나라가 강해지기를 원하는 마음이었을 것이다.

아하스는 종교심은 많았으나 여호와 하나님을 향한 믿음이 아니었다. 유다가 믿음 위에 세워진 나라인데 믿음을 깨트림으로 인해 유다는 근본부터 무너지게 된다. 그것이 잘 살기 위한 몸부림일 수는 있으나 진리를 위한 몸부림이 아니다. 결코 정당화될 수 없다.

5 이 때에 아람의 왕 르신과 이스라엘의 왕 르말랴의 아들 베가가 예루살렘에 올라와서 싸우려 하여 아하스를 에워쌌으나 능히 이기지 못하니라

5 King Rezin of Syria and King Pekah of Israel attacked Jerusalem and besieged it, but could not defeat Ahaz.

**16:5 아하스를 에워쌌으나 능히 이기지 못하니라.** 북이스라엘 연합군이 유다를 완전히 점령하지는 못하였지만 유다는 엄청난 피해를 당하였다. 수십만의 백성이 사마리아에 포로로 잡혀갔다. 아하스는 이일로 인하여 동네북이 되었다. 에돔과 블레셋까지 일어나 유다 지역을 침략하고 노략질하였다. 나라가 강하기 원하였던 그의 노력은 헛고생이었다.

6 당시에 아람의 왕 르신이 엘랏을 회복하여 아람에 돌리고 유다 사람을 엘랏에서 쫓아내었고 아람 사람이 엘랏에 이르러 거기에 거주하여 오늘까지 이르렀더라

7 아하스가 앗수르 왕 디글랏 빌레셀에게 사자를 보내 이르되 나는 왕의 신복이요 왕의 아들이라 이제 아람 왕과 이스라엘 왕이 나를 치니 청하건대 올라와 그 손에서 나를 구원하소서 하고

6 (At the same time, the king of Edom regained control of the city of Elath, and drove out the Judeans who lived there. The Edomites settled in Elath, and still live there.)

7 Ahaz sent men to Tiglath Pileser, the emperor of Assyria, with this message: "I am your devoted servant. Come and rescue me from the kings of Syria and of Israel, who are attacking me."

**16:7 나는 왕의 신복이요 왕의 아들이라.** 이것은 유다가 앗수르에 종속된 국가가 된다는 서약과도 같다. 아하스는 살아남기 위해 앗수르에 고개를 숙이고 종속 국가가 되었다.

아하스가 앗수르에 서신을 보내는 배경은 이사야 7:14절의 '처녀가 잉태하여 아기를 낳을 것이요'의 배경이 된다. 하나님께서 그렇게 약속하셨지만 아하스는 끝내 자신의 구원자로 하나님이 아니라 앗수르를 선택한다. 이사야가 그에게 하나님의 뜻을 전하였지만 아하스는 끝내 불신앙을 선택한다. 그에게는 믿음이 아니라 당장의 구원이 더 급하였기 때문이다.

8 아하스가 여호와의 성전과 왕궁 곳간에 있는 은금을 내어다가 앗수르 왕에게 예물로 보냈더니
9 앗수르 왕이 그 청을 듣고 곧 올라와서 다메섹을 쳐서 점령하여 그 백성을 사로잡아 기르로 옮기고 또 르신을 죽였더라

8 Ahaz took the silver and gold from the Temple and the palace treasury and sent it as a present to the emperor.
9 Tiglath Pileser, in answer to Ahaz' plea, marched out with his army against Damascus, captured it, killed King Rezin, and took the people to Kir as prisoners.

**16:9 앗수르 왕이 그 청을 듣고 곧 올라와서 다메섹을 쳐서 점령하여.** 앗수르는 아람을 쳐서 멸망시켰다. 당장은 유다가 구원을 받은 것처럼 보인다. 그러나 유다는 이로 인해 더욱더 약해진다. 국가를 위기에서 구하기 위해 앗수르에 무릎을 꿇었지만 그것은 오히려 유다를 더 어렵게 하는 늪이 된다.

사람들은 세상의 문제를 해결하기 위해 이것저것 아무거나 끌어들인다. 거짓과 불신앙도 불사한다. 그렇게 하여 무엇인가 조금 해결되는 것 같다. 그러나 사실은 더욱더 세상의 늪에 빠져들게 된다.

10 아하스 왕이 앗수르의 왕 디글랏 빌레셀을 만나러 다메섹에 갔다가 거기 있는 제단을 보고 아하스 왕이 그 제단의 모든 구조와 제도의 양식을 그려 제사장 우리야에게 보냈더니

10 When King Ahaz went to Damascus to meet Emperor Tiglath Pileser, he saw the altar

there and sent back to Uriah the priest an exact model of it, down to the smallest details.

**16:10 앗수르의 왕 디글랏 빌레셀을 만나러 다메섹에 갔다가.** 유다 아하스 왕은 자신이 주군으로 섬기는 앗수르 왕이 자신을 괴롭힌 아람을 점령한 것을 기뻐하며 인사하러 아람의 수도 다메섹에 갔다. **거기 있는 제단을 보고 아하스 왕이 그 제단의 모든 구조와 제도의 양식을 그려 제사장 우리야에게 보냈더니.** 그곳에서 그는 멋있는 제단을 보았다. 유다에 이 제단을 도입하는 것이 앗수르에서 강압한 것으로 생각할 수도 있지만 기록된 내용이나 그가 먼저 제사장에게 서신을 보낸 것 등 정황상 아하스의 자발적인 움직임으로 보인다. 이 제단은 앗수르의 제단이기 보다는 아람의 제단인 것으로 보인다. 앗수르가 아람을 점령하자마자 멋있는 자신들의 제단을 가져와 제사를 드리지는 않았을 것이다. 그러기에 순전히 보기에 좋아서 제단을 베끼는 것이다. 그것도 아주 빠르게 하였다. 열심이 대단하다.

**11** 아하스 왕이 다메섹에서 돌아오기 전에 제사장 우리야가 아하스 왕이 다메섹에서 보낸 대로 모두 행하여 제사장 우리야가 제단을 만든지라
**11** So Uriah built an altar just like it, and finished it before Ahaz returned.

**16:11 왕이 다메섹에서 보낸 대로 모두 행하여 제사장 우리야가 제단을 만든지라.** 유다의 대제사장은 왕이 지시한대로 제단을 만들었다. 목숨을 걸고라도 반대하는 것이 맞을 텐데 그는 왕의 지시를 충실히 따랐다.
유다에 성전이 지어진 이후 처음으로 새로운 제단이 만들어졌다. 새로운 제단은 더 크고 웅장할 수 있다. 멋있을 수도 있다. 그러나 하나님께서 말씀하신 것이 아니었다. 말씀에서 철저히 벗어나 있었다.

**12** 왕이 다메섹에서 돌아와 제단을 보고 제단 앞에 나아가 그 위에 제사를 드리되
**12** On his return from Damascus, Ahaz saw that the altar was finished,

**16:12 제단 앞에 나아가 그 위에 제사를 드리되.** 아하스 왕이 제단에서 제사를 드릴 때 어떤 신에게 제사를 드렸을까? 하나님께 제사를 드렸을 것이다.

13 자기의 번제물과 소제물을 불사르고 또 전제물을 붓고 수은제 짐승의 피를 제단에 뿌리고
13 so he burnt animal sacrifices and grain offerings on it, and poured a wine offering and the blood of a fellowship offering on it.

**16:13 수은제.** 화목제를 말한다. 아하스 왕이 드리는 번제와 소제와 전제와 화목제는 그동안 하나님께 늘 드리던 제사다. 그런데 이번에는 새로 만든 제단에서 드렸다. 그는 감격하였을 것이다. 아주 멋있는 좋은 제단에서 드린다고 좋아하였을 것이다. 그러나 하나님께서 그의 제사를 받아주셨을까? 하나님은 분노하셨다.

14 또 여호와의 앞 곧 성전 앞에 있던 놋 제단을 새 제단과 여호와의 성전 사이에서 옮겨다가 그 제단 북쪽에 그것을 두니라
15 아하스 왕이 제사장 우리야에게 명령하여 이르되 아침 번제물과 저녁 소제물과 왕의 번제물과 그 소제물과 모든 국민의 번제물과 그 소제물과 전제물을 다 이 큰 제단 위에 불사르고 또 번제물의 피와 다른 제물의 피를 다 그 위에 뿌리라 오직 놋 제단은 내가 주께 여쭐 일에만 쓰게 하라 하매
14 The bronze altar dedicated to the Lord was between the new altar and the Temple, so Ahaz moved it to the north side of his new altar.
15 Then he ordered Uriah: "Use this large altar of mine for the morning burnt offerings and the evening grain offerings, for the burnt offerings and grain offerings of the king and the people, and for the people's wine offerings. Pour on it the blood of all the animals that are sacrificed. But keep the bronze altar for me to use for divination."

**16:15 아침 번제물과 저녁 소제물...이 큰 제단 위에 불사르고.** 상번제로 드리는 것과 특별한 날에 왕의 제사와 백성들이 다양하게 드리는 모든 제사를 새로운 제단에서 드리라고 명령하였다. 아하스가 생각하기에는 새로운 제단이 크고 좋기 때문에 그곳에서 드리라고 하는 것 같다. 그러나 그것은 말씀을 벗어난 것으로 그곳에서 드리는 다른 사람들까지 거짓되게 만드는 행위다. 아주 잘못된 길을 가고 있다. **놋 제단은 내가 주께 여쭐 일에만 쓰게 하라.** '놋 제단'은 기존의 제단을 의미한다. '주께 여쭌다'는 것은 그 제단에서 '내장'이나 '간'으로 점을 치겠다는 의미다. 유다는 우림과 둠밈으로 하나님의 뜻을 물었다. 그런데 그것을 뒤로 하고 간으로 점을 치겠다는 것은 유다에서는 상상도 할 수 없는 일이다. 그러나 가나안에서는 많이 유행하던 일이다. 아하스는 선진 문물이라 생각하여 그렇게 내장으로 점을 치는 것을 도입하였다. 아하스는 그렇게 하여 하나님의 뜻을 물을 수 있다고 생각하였던 것 같다. 너무 진지하게 진행하고 있어 소름이 돋을 정도다. 그는 자신이 얼마나 잘못하고 있는지를 모르는 것 같

다. 말씀을 모르고 말씀에 어긋난 행동을 하는 사람들을 보면 그것을 느낄 때가 있다. 그들은 마치 믿음의 일을 하는 것처럼 생각한다. 성경에 철저히 어긋난 행동인데 말이다.

16 제사장 우리야가 아하스 왕의 모든 명령대로 행하였더라
16 Uriah did as the king commanded.

**16:16 제사장…명령대로 행하였더라.** 제사장은 아하스 왕이 시키는 대로 하였다. 제사장이 브레이크 역할을 하여야 했는데 그렇게 하지 않음으로 인해 유다는 불신앙의 늪으로 더 빠져들어갔다.

17 아하스 왕이 물두멍 받침의 옆판을 떼내고 물두멍을 그 자리에서 옮기고 또 놋바다를 놋소 위에서 내려다가 돌판 위에 그것을 두며
17 King Ahaz took apart the bronze carts used in the Temple and removed the basins that were on them; he also took the bronze tank from the backs of the twelve bronze bulls, and placed it on a stone foundation.

**16:17 물두멍 받침의 옆판을 떼내고...놋소 위에서 내려다가 돌판 위에 그것을 두며.** 성전에 있는 '바다'를 수정한 것에 대한 이야기다. 놋을 떼서 앗수르에 바치려고 하였기보다는 디자인적인 요소를 생각하여 수정한 것으로 보인다. 아하스는 성전의 기구도 자기 멋대로 수정하였다.

18 또 안식일에 쓰기 위하여 성전에 건축한 낭실과 왕이 밖에서 들어가는 낭실을 앗수르 왕을 두려워하여 여호와의 성전에 옮겨 세웠더라
18 And in order to please the Assyrian emperor, Ahaz also removed from the Temple the platform for the royal throne and closed up the king's private entrance to the Temple.

**16:18 성전에 건축한 낭실과 왕이 밖에서 들어가는 낭실을 앗수르 왕을 두려워하여...옮겨 세웠더라.** 정확하지는 않지만 아마 성전을 향하는 왕을 위한 특별한 길과 문을 없앤 것을 말하는 것으로 보인다. 이것은 앗수르 왕을 무서워하여 그렇게 하였다고 말한다. 앗수르 앞에서 자신을 낮추는 행동으로 보인다. 아하스 왕은 하나님을 무서워하는 것을 몰랐다. 그러나 결국 사람을 무서워하며 살았다. 하나님을 무서워하면 경외하며 자유스러운 삶이 되지만 사람을 무서워하면 두려워하며 종처럼 매

인자가 된다.

**19** 아하스가 행한 그 남은 사적은 유다 왕 역대지략에 기록되지 아니하였느냐
**20** 아하스가 그의 조상들과 함께 자매 다윗 성에 그 열조와 함께 장사되고 그의 아들 히스기야가 대신하여 왕이 되니라

**19** Everything else that King Ahaz did is recorded in The History of the Kings of Judah.
**20** Ahaz died and was buried in the royal tombs in David's City, and his son Hezekiah succeeded him as king.

**1** 유다의 왕 아하스 제십이년에 엘라의 아들 호세아가 사마리아에서 이스라엘 왕이 되어 구 년간 다스리며
**2** 여호와께서 보시기에 악을 행하였으나 다만 그 전 이스라엘 여러 왕들과 같이 하지는 아니하였더라

**1** In the twelfth year of the reign of King Ahaz of Judah, Hoshea son of Elah became king of Israel, and he ruled in Samaria for nine years.
**2** He sinned against the Lord, but not as much as the kings who had ruled Israel before him.

**17:2 악을 행하였으나 다만 그 전 이스라엘 여러 왕들과 같이 하지는 아니하였더라.** 북이스라엘의 마지막 왕 호세아에 대한 평가다. 이 정도 평가라면 북이스라엘의 19왕 중에 2등 정도 되는 것 같다. 그러나 중요한 것은 호세아는 북이스라엘의 멸망을 막지는 못하였다는 사실이다. 그가 진정 여호와 보시기에 선한 왕으로 반전을 이루었다면 막을 수 있었을 수도 있다. 그러나 그가 이전의 왕보다는 나았지만 그도 여전히 악한 왕이었다. 그래서 북이스라엘의 멸망을 막지 못하였다.

**3** 앗수르의 왕 살만에셀이 올라오니 호세아가 그에게 종이 되어 조공을 드리더니
**4** 그가 애굽의 왕 소에게 사자들을 보내고 해마다 하던 대로 앗수르 왕에게 조공을 드리지 아니하매 앗수르 왕이 호세아가 배반함을 보고 그를 옥에 감금하여 두고

**3** Emperor Shalmaneser of Assyria made war against him; Hoshea surrendered to Shalmaneser and paid him tribute every year.
**4** But one year Hoshea sent messengers to So, king of Egypt, asking for his help, and stopped paying the annual tribute to Assyria. When Shalmaneser learnt of this, he had

Hoshea arrested and put in prison.

**17:4 해마다 하던 대로 앗수르 왕에게 조공을 드리지 아니하매 앗수르 왕이 호세아가 배반함을 보고 그를 옥에 감금하여.** 호세아는 본래 앗수르에 조공을 바쳤는데 그것을 멈추고 애굽을 의지하였다. 그러자 앗수르 왕이 북이스라엘을 공격하여 망하게 되었다. 북이스라엘이 앗수르의 공격에 의해 망한 것은 외적인 이유다. 내면적인 진짜 이유는 다른 것에 있었다. 그래서 17장 7절-41절은 북이스라엘이 멸망한 실제적인 이유를 말한다. 그들의 죄악에 대한 이야기다.

**5** 앗수르 왕이 올라와 그 온 땅에 두루다니고 사마리아로 올라와 그 곳을 삼 년간 에워쌌더라
**6** 호세아 제구년에 앗수르 왕이 사마리아를 점령하고 이스라엘 사람을 사로잡아 앗수르로 끌어다가 고산 강 가에 있는 할라와 하볼과 메대 사람의 여러 고을에 두었더라
**5** Then Shalmaneser invaded Israel and besieged Samaria. In the third year of the siege,
**6** which was the ninth year of the reign of Hoshea, the Assyrian emperor captured Samaria, took the Israelites to Assyria as prisoners, and settled some of them in the city of Halah, some near the River Habor in the district of Gozan, and some in the cities of Media.

**17:6 호세아 제구년에 앗수르 왕이 사마리아를 점령하고.** 주전 722년이다. 북이스라엘이 멸망한 때다. 북이스라엘이라는 나라는 이때부터 지도와 역사에서 완전히 지워진다. 두 번 다시 일어나지 못한다. **이스라엘 사람을 사로잡아 앗수르로 끌어다가 고산 강 가에 있는 할라와 하볼과 메데 사람의 여러 고을에 두었더라.** 앗수르의 고대 문서를 보면 이때 잡혀간 사람이 27,290명이다. 상세히 기록한 것으로 보아 신빙성이 있어 보인다. 당시 북이스라엘 인구의 1/20 수준이다. 주로 상류층 사람들이 대상이 되었을 것이다. 앗수르는 그들이 점령한 지역이 다시는 반란을 꾀하지 못하도록 그 지역의 영향력 있는 사람을 먼 지역으로 이주시켰다. 그리고 사마리아 지역에는 다른 나라의 사람들을 이주시켰다. 그들이 이주한 지역은 가나안에서 아주 먼 지역이었다. 앗수르와 바벨론 지역으로 이주되어 다시는 돌아오지 못하였다. 184년 후 유다의 백성들이 바벨론에 포로로 잡혀갔다 돌아올 때 북이스라엘 사람들도 일부 포함되었다. 그러나 그때는 유다 사람들이 중심이었고 북이스라엘 사람들은 지극히 소수였다. 이때 잡혀간 사람들은 대부분은 정체성까지 잃어버린다. 북이스라엘은 사마리아가 무너짐과 함께 나라 전체가 완전히 무너졌다.

북이스라엘이 멸망하기 전에는 그들이 그렇게 나라가 완전히 풍비박산이 날 것이라고는 생각도 못했을 것이다. 그들은 잘 살고 있었다. 호세아 왕 때 그것을 목도하고 있던 한 명의 선지자가 있었는데 호세아 선지자다. 특이하게 왕과 같은 이름이다. 성경 호세아의 저자인 호세아 선지자는 북이스라엘이 가장 번창하던 여로보암 2세 때 경고하던 선지자다. 그리고 호세아 왕의 마지막 시기에 호세아 선지서를 기록하였을 것이다.
북이스라엘은 여로보암 2세 때 가장 번창하였다. 그들이 멸망하리라고는 상상도 못하였다. 그러나 그때 이미 영적으로는 패배하고 있었다. 그래서 호세아 선지자가 심각하게 경고하였다. 그러나 백성들은 자신들이 잘 살고 있었기 때문에 호세아 선지자의 경고를 무시하였다. 여로보암 2세 이후 6번째 왕이 호세아 왕이다. 그 이후 왕들의 통치 기간이 매우 짧아서 그렇게 많은 왕이 바뀌었다. 호세아 선지자는 그렇게 7명의 왕들을 보면서 말씀을 전하였다. 그런데 북이스라엘은 변하지 않았다. 지금 당장은 잘 살고 있었기 때문이다.
둑이 무너지기 전에는 사람들이 그것을 잘 인식하지 못한다. 둑이 무너질 때는 더 이상 어찌할 수 없다. 무너지기 전에 잘해야 한다. 북이스라엘은 그때 세월을 허비하였다.

> 7 이 일은 이스라엘 자손이 자기를 애굽 땅에서 인도하여 내사 애굽의 왕 바로의 손에서 벗어나게 하신 그 하나님 여호와께 죄를 범하고 또 다른 신들을 경외하며
> 7 Samaria fell because the Israelites sinned against the Lord their God, who had rescued them from the king of Egypt and had led them out of Egypt. They worshipped other gods,

**17:7 이 일은...하나님 여호와께 죄를 범하고.** 북이스라엘이 멸망한 이유는 하나님께 죄를 행한 것 때문이라고 분명하게 말하고 있다. 그런데 왜 하필이면 호세아 왕 때 멸망하였을까? 호세아 왕은 그래도 다른 왕보다는 조금 덜 악하였는데 말이다. 그러나 분명한 것은 그가 덜 악하였어도 여전히 악하였다는 사실이다.
'임계점'이라는 것이 있다. 사전적 의미는 "물질의 구조와 성질이 다른 상태로 바뀔 때의 온도와 압력"이라는 뜻이다. 탑을 쌓을 때 무너지기 전까지는 임계점에 이르지 않았는데 마지막 하나가 무너지게 하였다면 그것이 임계점이다. 둑이 무너질 때 첫 무너짐의 시작을 만든 그것이 임계점이 된다. 임계점이 되기 전까지는 전혀 문제가 없다. 그러나 임계점이 되면 무너진다.
호세아 왕은 죄악이 쌓이는 둑에서 둑의 한계치를 넘어서는 임계점에 이르는 마지막

죄를 쌓았던 것이다. 북이스라엘은 여로보암이 주전 930년 첫 왕으로 시작되었다. 그리고 주전 722년 호세아 왕 때 무너졌다. 지난 208년 동안 죄악을 쌓았다. 여로보암부터 마지막 왕 호세아까지 19명의 왕은 모두 죄악을 쌓았다. 예후만 아합 집안을 심판하시는 하나님의 도구가 된 것 때문에 중간 정도의 평가를 받았지만 여전히 그도 악을 쌓았다.

그들이 악을 쌓고 있을 때 그것이 북이스라엘을 무너지게 하는 것이라는 것을 생각하지 못하였다. 그들은 계속 악을 채우기만 하였다. 악을 쌓는 사람만 있을 뿐 그것을 정화시킨 사람은 한 명도 없었다. 그렇게 채워진 악이 호세아 때 임계점에 도달하여 터진 것이다. 결국 북이스라엘은 돌이킬 수 없는 지점에 이르러 나라가 멸망하고 백성들은 모든 환난을 당하게 된 것이다.

북이스라엘이 멸망할 때 그들은 처절하고 비참하였을 것이다. 사람들의 눈과 마음은 멸망할 때에 있다. 그러나 사실 북이스라엘의 처절함은 그들이 죄악을 쌓고 있을 때이다.

**8** 여호와께서 이스라엘 자손 앞에서 쫓아내신 이방 사람의 규례와 이스라엘 여러 왕이 세운 율례를 행하였음이라
**9** 이스라엘의 자손이 점차로 불의를 행하여 그 하나님 여호와를 배역하여 모든 성읍에 망대로부터 견고한 성에 이르도록 산당을 세우고
**10** 모든 산 위에와 모든 푸른 나무 아래에 목상과 아세라 상을 세우고
**11** 또 여호와께서 그들 앞에서 물리치신 이방 사람 같이 그 곳 모든 산당에서 분향하며 또 악을 행하여 여호와를 격노하게 하였으며

**8** followed the customs of the people whom the Lord had driven out as his people advanced, and adopted customs introduced by the kings of Israel.
**9** The Israelites did things that the Lord their God disapproved of. They built pagan places of worship in all their towns, from the smallest village to the largest city.
**10** On all the hills and under every shady tree they put up stone pillars and images of the goddess Asherah,
**11** and they burnt incense on all the pagan altars, following the practice of the people whom the Lord had driven out of the land. They aroused the Lord's anger with all their wicked deeds

**17:11 악을 행하여 여호와를 격노하게 하였으며.** 그들에게 가장 불행한 것은 멸망하는 순간의 아픔이 아니라 하나님을 격노하게 하는 순간이다.

북이스라엘이 멸망하는 순간 당하는 처절함은 사실 하나님을 격노하게 한 것에 대한 모든 대가가 아니다. 훨씬 더 비참한 것이 남아 있다. 하나님을 격노하게 한 순간 그

모든 것이 예약되었다. 그때 상상도 할 수 없는 모든 불행이 시작되었다. 멸망은 빙산의 일각이요 죄의 대가는 훨씬 더 처절하다. 영원하다.

북이스라엘은 하나님의 은혜를 잊고 하나님을 버렸다. 말씀을 버리고 아집을 키웠다. 그들이 자신의 일에 바쁘고 웃고 떠들던 순간들은 실제로는 죄악을 쌓는 순간들이었다.

오늘날에도 사람들은 여전히 죄악을 쌓는 경우가 많다. 지금 당장은 괜찮을 수 있다. 그러나 죄악으로 채워진 둑이 언제 무너질지 모른다. 그 둑이 무너지기 전에 빨리 돌이켜야 한다.

**12** 또 우상을 섬겼으니 이는 여호와께서 그들에게 행하지 말라고 말씀하신 일이라
**13** 여호와께서 각 선지자와 각 선견자를 통하여 이스라엘과 유다에게 지정하여 이르시기를 너희는 돌이켜 너희 악한 길에서 떠나 나의 명령과 율례를 지키되 내가 너희 조상들에게 명령하고 또 내 종 선지자들을 통하여 너희에게 전한 모든 율법대로 행하라 하셨으나
**12** and disobeyed the Lord's command not to worship idols.
**13** The Lord had sent his messengers and prophets to warn Israel and Judah: "Abandon your evil ways and obey my commands, which are contained in the Law I gave to your ancestors and which I handed on to you through my servants the prophets."

**17:13 너희는 돌이켜 너희 악한 길에서 떠나 나의 명령과 율례를 지키되 내가 너희 조상들에게 명령하고 또 내 종 선지자들을 통하여 너희에게 전한 모든 율법대로 행하라.** 북이스라엘이 잘못된 길을 가고 있었다. 그래서 하나님께서 선지자들을 보내 그들의 잘못된 길에서 떠나 바른 길로 가라고 말씀하셨다.

바른 길이 어떤 길인지를 말씀하셨다. 말씀을 따라 걷는 길이다. 그들이 율법을 벗어나면 그때마다 선지자를 보내셔서 그들이 말씀을 어떻게 어기고 있는지를 알려주셨다.

오늘날도 하나님께서 목회자를 통해 말씀을 알려주신다. 많은 책도 있어 말씀을 잘 알수 있다. 그러나 사람들이 그것을 듣지 않고 잘못된 길을 가는 경우가 많다. 오늘날 그렇게 많은 책과 설교가 있어도 오히려 사람들은 옛날보다 성경을 더 모르는 것 같다. 그 길을 가지 않고 있다.

**14** 그들이 듣지 아니하고 그들의 목을 곧게 하기를 그들의 하나님 여호와를 믿지 아니하던 그들 조상들의 목 같이 하여
**15** 여호와의 율례와 여호와께서 그들의 조상들과 더불어 세우신 언약과 경계

하신 말씀을 버리고 허무한 것을 뒤따라 허망하며 또 여호와께서 명령하사 따르지 말라 하신 사방 이방 사람을 따라

**14** But they would not obey; they were stubborn like their ancestors, who had not trusted in the Lord their God.
**15** They refused to obey his instructions, they did not keep the covenant he had made with their ancestors, and they disregarded his warnings. They worshipped worthless idols and became worthless themselves, and they followed the customs of the surrounding nations, disobeying the Lord's command not to imitate them.

**17:15 언약과 경계하신 말씀을 버리고.** 북이스라엘 사람들이 말씀을 중요하게 생각하지 않았다. 말씀을 품지 않고 버렸다. **허무한 것을 뒤따라 허망하며.** 북이스라엘 사람들은 허무한 것을 좇아가는 삶을 살았다. 실체 없는 것이다. 가치 없는 것이다. 그들이 허무한 것을 따라갈 때 그들의 존재와 삶이 그것을 닮아갔다. 그래서 존재와 삶도 허무하게 되었다. 가치가 없는 것을 넘어 파괴되어야만 하는 존재와 삶이 되었다. 말씀을 버린 모든 것이 그러하다. '허무(히. 헤벨)'라는 단어는 전도서에서 주제처럼 나오는 단어다. 창조주 하나님을 모르고 살면 모든 것이 가치 없는 인생이 된다. 창조주 하나님을 아는 인생의 목적이 바로 세워지지 않은 채 사는 모든 것은 허무하다. 세상에서의 다양한 목적과 삶이 저마다의 가치를 가지는 것 같다. 그러나 실상은 무가치하다.

**16** 그들의 하나님 여호와의 모든 명령을 버리고 자기들을 위하여 두 송아지 형상을 부어 만들고 또 아세라 목상을 만들고 하늘의 일월 성신을 경배하며 또 바알을 섬기고

**16** They broke all the laws of the Lord their God and made two metal bull calves to worship; they also made an image of the goddess Asherah, worshipped the stars, and served the god Baal.

**17:16 모든 명령을 버리고 자기들을 위하여 두 송아지 형상을 부어 만들고.** 송아지 형상을 만들고 그것이 하나님의 발등상이라 주장하였다. 그러나 그것이 성경을 따라 만든 것이 아님은 분명하다. 아무리 옳은 것이라 주장하여도 그것이 말씀에서 벗어나면 거짓된 것이다. **아세라 목상을 만들고 하늘의 일월 성신을 경배하며.** 말씀을 어기기 시작하니 다른 우상을 섬기는 것까지 쉬워진다. 그래서 더욱더 거짓된 길을 가게 되었다.

17 또 자기 자녀를 불 가운데로 지나가게 하며 복술과 사술을 행하고 스스로 팔려 여호와 보시기에 악을 행하여 그를 격노하게 하였으므로
18 여호와께서 이스라엘에게 심히 노하사 그들을 그의 앞에서 제거하시니 오직 유다 지파 외에는 남은 자가 없으니라
19 유다도 그들의 하나님 여호와의 명령을 지키지 아니하고 이스라엘 사람들이 만든 관습을 행하였으므로

17 They sacrificed their sons and daughters as burnt offerings to pagan gods; they consulted mediums and fortune tellers, and they devoted themselves completely to doing what is wrong in the Lord's sight, and so aroused his anger.
18 The Lord was angry with the Israelites and banished them from his sight, leaving only the kingdom of Judah.
19 But even the people of Judah did not obey the laws of the Lord their God; they imitated the customs adopted by the people of Israel.

**17:19 유다도 그들의 하나님 여호와의 명령을 지키지 아니하고.** 유다는 지금 멸망하지 않았다. 그러나 그들도 말씀을 어기고 있었다. 그들은 아직 임계점에 이르지 않았지만 그렇게 계속 죄를 행하면 그들도 멸망하게 될 것이다. 중요한 것은 그들이 북이스라엘인지 유다인지가 아니다. 말씀을 지키는지 지키지 않는지가 기준이다.

20 여호와께서 이스라엘의 온 족속을 버리사 괴롭게 하시며 노략꾼의 손에 넘기시고 마침내 그의 앞에서 쫓아내시니라
21 이스라엘을 다윗의 집에서 찢어 나누시매 그들이 느밧의 아들 여로보암을 왕으로 삼았더니 여로보암이 이스라엘을 몰아 여호와를 떠나고 큰 죄를 범하게 하매

20 The Lord rejected all the Israelites, punishing them and handing them over to cruel enemies until at last he had banished them from his sight.
21 After the Lord had separated Israel from Judah, the Israelites made Jeroboam son of Nebat their king. Jeroboam made them abandon the Lord and led them into terrible sins.

**17:21 여로보암이 이스라엘을 몰아 여호와를 떠나고 큰 죄를 범하게 하매.** 북이스라엘이 나뉜 이후 첫 왕인 여로보암이 정치적인 이유로 금송아지를 만들었다. 그것이 하나님의 발등상이라 하였지만 그것은 말씀을 어긴 죄다. 그 죄가 북이스라엘에 계속 이어졌다. 그것이 큰 죄로 쌓였다.

22 이스라엘 자손이 여로보암이 행한 모든 죄를 따라 행하여 거기서 떠나지 아니하므로

**23** 여호와께서 그의 종 모든 선지자를 통하여 하신 말씀대로 드디어 이스라엘을 그 앞에서 내쫓으신지라 이스라엘이 고향에서 앗수르에 사로잡혀 가서 오늘까지 이르렀더라

**22** They followed Jeroboam and continued to practice all the sins he had committed,
**23** until at last the Lord banished them from his sight, as he had warned through his servants the prophets that he would do. So the people of Israel were taken into exile to Assyria, where they still live.

**17:23 선지자를 통하여 하신 말씀대로 드디어 이스라엘을 그 앞에서 내쫓으신지라.** 북이스라엘은 결국 선지자들이 경고한대로 멸망하였다.
말씀은 반드시 이루어진다. 하나님께서 말씀하신 것은 아직 그때가 이르지 않았어도 이미 이루어진 것처럼 여겨야 한다. 하나님께서 말씀하신 것은 반드시 이루어지기 때문이다. 그러기에 우리는 말씀을 따라가야 한다. 그러면 말씀이 약속하고 있는 복이 우리에게 이루어질 것이다. 말씀을 따라가지 않으면 말씀이 말하는 재앙이 임할 것이다.

**24** 앗수르 왕이 바벨론과 구다와 아와와 하맛과 스발와임에서 사람을 옮겨다가 이스라엘 자손을 대신하여 사마리아 여러 성읍에 두매 그들이 사마리아를 차지하고 그 여러 성읍에 거주하니라

**24** The emperor of Assyria took people from the cities of Babylon, Cuth, Ivvah, Hamath, and Sepharvaim, and settled them in the cities of Samaria, in place of the exiled Israelites. They took possession of these cities and lived there.

**17:24 사람을 옮겨다가 이스라엘 자손을 대신하여 사마리아 여러 성읍에 두매.** 앗수르는 여러 차례에 걸쳐 여러 지역의 사람들을 사마리아 지역으로 이주시켰다. 많은 이방인이 북이스라엘의 수도였던 사마리아를 중심으로 이주하여 살게 된 것이다.

**25** 그들이 처음으로 거기 거주할 때에 여호와를 경외하지 아니하므로 여호와께서 사자들을 그들 가운데에 보내시매 몇 사람을 죽인지라

**25** When they first settled there, they did not worship the Lord, and so he sent lions, which killed some of them.

**17:25 여호와를 경외하지 아니하므로 여호와께서 사자들을 그들 가운데에 보내시매 몇 사람을 죽인지라.** 사자로 인하여 어려움을 겪었다. 그들은 그것에 대해 나름대로 해석하였다.

26 그러므로 어떤 사람이 앗수르 왕에게 말하여 이르되 왕께서 사마리아 여러 성읍에 옮겨 거주하게 하신 민족들이 그 땅 신의 법을 알지 못하므로 그들의 신이 사자들을 그들 가운데에 보내매 그들을 죽였사오니 이는 그들이 그 땅 신의 법을 알지 못함이니이다 하니라

26 The emperor of Assyria was told that the people he had settled in the cities of Samaria did not know the law of the god of that land, and so the god had sent lions, which were killing them.

**17:26 그들이 그 땅 신의 법을 알지 못함이니이다.** 그들은 가나안 지역의 신인 여호와 하나님을 섬기지 아니함으로 사자에게 잡혀 죽는 일이 일어났다고 생각하였다.

27 앗수르 왕이 명령하여 이르되 너희는 그 곳에서 사로잡아 온 제사장 한 사람을 그 곳으로 데려가되 그가 그 곳에 가서 거주하며 그 땅 신의 법을 무리에게 가르치게 하라 하니

28 이에 사마리아에서 사로잡혀 간 제사장 중 한 사람이 와서 벧엘에 살며 백성에게 어떻게 여호와 경외할지를 가르쳤더라

27 So the emperor commanded: "Send back one of the priests we brought as prisoners; make him go back and live there, in order to teach the people the law of the god of that land."

28 So an Israelite priest who had been deported from Samaria went and lived in Bethel, where he taught the people how to worship the Lord.

**17:28 사마리아에서 사로잡혀 간 제사장 한 사람이 와서...어떻게 여호와 경외할지를 가르쳤더라.** 앗수르 왕은 사로잡아 갔던 제사장 한 명을 돌려보내 사마리아 지역에서 하나님을 섬기는 법을 가르치게 하였다. 그러나 그것이 믿음을 의미하지는 않는다. 그것이 그곳에 이주한 이방인들과 앗수르 왕이 할 수 있는 최선의 일이었다. 그 이상은 할 수 없었다. 모르기 때문이다.

여기에서 안타까운 것은 사마리아 지역에 여전히 남은 북이스라엘 사람들이 많이 있었는데 그들이 주도권을 잃어버리고 있다는 사실이다. 사자 사건이 일어났을 때라도 정신을 차리고 다시 일어나야 했다. 북이스라엘의 사람들은 새로 이주한 사람들에게 믿음을 가르칠 수 있어야 하는데 오히려 그들에게 동화된 것 같다. 그들의 존재감이 없어 보인다.

29 그러나 각 민족이 각기 자기의 신상들을 만들어 사마리아 사람이 지은 여러 산당들에 두되 각 민족이 자기들이 거주한 성읍에서 그렇게 하여

29 But the people who settled in Samaria continued to make their own idols, and they placed them in the shrines that the Israelites had built. Each different group made idols in the cities they were living in:

**17:29 각 민족이 각기 자기의 신상들을 만들어 사마리아 사람이 지은 여러 산당들에 두되.** 외국인들은 자신들이 섬기던 신상을 가져와 북이스라엘의 산당에 두었다. 그 산당에서 그 신을 섬겼다.

30 바벨론 사람들은 숙곳브놋을 만들었고 굿 사람들은 네르갈을 만들었고 하맛 사람들은 아시마를 만들었고
31 아와 사람들은 닙하스와 다르닥을 만들었고 스발와임 사람들은 그 자녀를 불살라 그들의 신 아드람멜렉과 아남멜렉에게 드렸으며
30 The people of Babylon made idols of the god Succoth Benoth; the people of Cuth, idols of Nergal; the people of Hamath, idols of Ashima;
31 the people of Ivvah, idols of Nibhaz and Tartak; and the people of Sepharvaim sacrificed their children as burnt offerings to their gods Adrammelech and Anammelech.

**17:31** 사마리아 지역으로 이주한 사람들이 다양한 민족들이었기 때문에 그들이 믿는 신도 다양하였다. 북이스라엘 지역은 다양한 신들을 믿게 되었다.

32 그들이 또 여호와를 경외하여 자기 중에서 사람을 산당의 제사장으로 택하여 그 산당들에서 자기를 위하여 제사를 드리게 하니라
33 이와 같이 그들이 여호와도 경외하고 또한 어디서부터 옮겨왔든지 그 민족의 풍속대로 자기의 신들도 섬겼더라
32 These people also worshipped the Lord and chose from among their own number all sorts of people to serve as priests at the pagan places of worship and to offer sacrifices for them there.
33 So they worshipped the Lord, but they also worshipped their own gods according to the customs of the countries from which they had come.

**17:33 여호와도 경외하고...자기의 신들도 섬겼더라.** 그들은 다신교였다. 그래서 자기들의 신도 섬기고 여호와도 섬겼다. 자신의 신도 섬기고 여호와도 섬기는 것은 결코 여호와를 온전히 섬기는 것이 될 수 없다. 다른 신들은 또 하나의 신을 더하는 것이 전혀 문제가 되지 않았지만 여호와 하나님을 믿는 것은 그렇지 않았다. 여호와 하나님은 결코 또 하나의 신이 될 수 없다. 그래서 그것은 결코 여호와 하나님을 믿는 것이 아니다.

34 그들이 오늘까지 이전 풍속대로 행하여 여호와를 경외하지 아니하며 또 여호와께서 이스라엘이라 이름을 주신 야곱의 자손에게 명령하신 율례와 법도와 율법과 계명을 준행하지 아니하는도다
34 They still carry on their old customs to this day. They do not worship the Lord nor do they obey the laws and commands which he gave to the descendants of Jacob, whom he named Israel.

**17:34 그들이 오늘까지 이전 풍속대로 행하여 여호와를 경외하지 아니하며.** '오늘까지'는 열왕기상하가 기록된 때를 말한다. 유다가 멸망하기 직전의 어느 시점을 의미하는 것으로 보인다. 북이스라엘은 진정한 믿음을 잃은 모습으로 있었다. 여호와를 경외하는 것을 잃은 모습이다. **여호와께서 이스라엘이라 이름을 주신 야곱의 자손에게 명령하신 율례와 법도와 율법과 계명을 준행하지 아니하는도다.** 하나님을 경외하는 것의 표준은 '율법 준수'다. 하나님을 경외하면 말씀에 주의를 기울이고 준수할 것이다. 말씀에 주의를 기울이지 않고 준수하지 않는다면 하나님을 경외하지 않는 것이다.

35 옛적에 여호와께서 야곱의 자손에게 언약을 세우시고 그들에게 명령하여 이르시되 너희는 다른 신을 경외하지 말며 그를 경배하지 말며 그를 섬기지 말며 그에게 제사하지 말고
35 The Lord had made a covenant with them and had ordered them: "Do not worship other gods; do not bow down to them or serve them or offer sacrifices to them.

**17:35 옛적에 여호와께서 야곱의 자손에게 언약을 세우시고.** 하나님께서 이스라엘 백성과 언약을 세우셨다. 그 언약에 따라 하나님과 그 백성이 되었다. 결혼 언약이 깨지면 더 이상 부부가 아니듯이 하나님과 그 백성의 언약이 깨지면 더 이상 관계가 지속되지 못한다. 그러기에 하나님의 백성이 되고 싶으면 언약을 지켜야 한다.

36 오직 큰 능력과 편 팔로 너희를 애굽에서 인도하여 내신 여호와만 경외하여 그를 예배하며 그에게 제사를 드릴 것이며
37 또 여호와가 너희를 위하여 기록한 율례와 법도와 율법과 계명을 지켜 영원히 행하고 다른 신들을 경외하지 말며
36 You shall obey me, the Lord, who brought you out of Egypt with great power and strength; you are to bow down to me and offer sacrifices to me.
37 You shall always obey the laws and commands that I wrote for you. You shall not obey other gods,

**17:37 계명을 지켜 영원히 행하고.** 언약인 말씀을 계속 지켜야 한다. 말씀을 지키는 것은 늘 영원한 현재이어야 한다.

말씀을 지키는 것을 옛날 이야기처럼 여기기 쉽다. 말씀의 내용이 너무 옛날 이야기이기 때문이다. 열왕기하가 기록될 때 출애굽 이야기는 너무 옛날 이야기다. 그런 옛날 이야기를 따라 말씀을 지킨다는 것이 시대 착오적인 것처럼 들릴 수 있다. 그러나 출애굽한 이야기는 출애굽할 때나 열왕기하가 기록되던 때나 오늘 우주선을 만드는 때나 모두 동일한 현재의 이야기다. 그때나 오늘날이나 모든 시대에 하나님은 늘 동일하시기 때문이다. 하나님께서 그 백성과 언약을 맺으시고 언약을 맺은 백성을 구원하신다는 사실은 늘 변함없는 사실이다.

38 또 내가 너희와 세운 언약을 잊지 말며 다른 신들을 경외하지 말고
38 and you shall not forget the covenant I made with you.

**17:38 다른 신들을 경외하지 말고.** 하나님을 경외하는 사람은 결코 다른 신을 경외하지 말아야 한다. 북이스라엘에 이주한 사람들이 가져온 신들은 여러 신을 섬겨도 된다. 그러나 여호와 하나님을 믿는 사람들은 결코 다른 신을 섬기면 안 된다. 여호와 하나님을 믿는 것은 절대적 배타성을 가지기 때문이다.

'다른 신을 섬기는 것'은 하나님보다 더 사랑하는 모든 것을 포함한다. 오늘날 하나님을 제대로 섬기지 않지만 다른 신도 섬기지 않기 때문에 사람들이 문제의식을 느끼지 못하는 경우도 있다. 그러나 창조주 하나님을 절대적으로 섬기지 않는 것은 하나님을 섬기지 않는 것이다.

다른 것들은 어느 것도 우리를 창조하지 않았다. 자신이 사랑하고 좋아하는 것이 있으면 생각해 보라. 그것이 나를 창조하였는가? 그렇지 않다면 결코 그것을 나를 창조하신 하나님보다 더 사랑하거나 경외하지 말아야 한다.

39 오직 너희 하나님 여호와만을 경외하라 그가 너희를 모든 원수의 손에서 건져내리라 하셨으나
39 You shall obey me, the Lord your God, and I will rescue you from your enemies."

**17:39 그가 너희를 모든 원수의 손에서 건져내리라 하셨으나.** 하나님께서 그 백성을 애굽에서 건져 내셨다. 창조주 하나님께서 구원주가 되신다. 오늘날 사람들이 겪는 모

든 아픔 또한 그러하다.
사람들은 아픔이 없을 때는 하나님을 생각하지 않고 자기 멋대로 행동한다. 그러나 주변 사람들에게 있는 아픔을 경시하지 말아야 한다. 그 아픔은 모든 사람의 아픔이다. 사람을 보라. 아픔이 있다. 죽음이 온다. 그것은 결코 피할 수 없다. 그때 진정 나를 구원할 이가 누구인지를 생각해 보아야 한다. 나를 죽음이라는 원수에게서 구원할 이가 누구인지를 생각해 보아야 한다.

**40** 그러나 그들이 듣지 아니하고 오히려 이전 풍속대로 행하였느니라
**40** But those people would not listen, and they continued to follow their old customs.

**17:40 그러나 그들이 듣지 아니하고.** 북이스라엘에 살고 있는 사람들에 대한 이야기다. 그들이 여전히 하나님을 경외하지 않아 말씀을 따르지 않고 하나님을 섬기지 않았다.
오늘날에도 그렇다. 사람들은 하나님을 경외하는 것을 잊었다. 말씀을 따르지 않고 하나님을 섬기지 않는다. 그들은 말씀에 무지하다. 말씀을 좋아하지 않는다. 순종하지 않는다. 하나님만을 섬기는 것에 관심을 기울이지 않는다. 쉽게 무시한다.

**41** 이 여러 민족이 여호와를 경외하고 또 그 아로새긴 우상을 섬기니 그들의 자자 손손이 그들의 조상들이 행하던 대로 그들도 오늘까지 행하니라
**41** So those people worshipped the Lord, but they also worshipped their idols; and to this day their descendants continue to do the same.

**17:41 이 여러 민족이 여호와를 경외하고 또 그 아로새긴 우상을 섬기니.** 그들이 하나님을 경외하고 우상도 섬겼다. 그렇다면 그것은 하나님을 경외한 것이 아니다.
오늘날 교회를 다니는 사람이 교회도 다니고 세상도 섬긴다. 그렇다면 그것은 하나님을 경외하는 것이 아니다. 하나님을 경외한다면 오직 하나님만을 섬겨야 한다. 하나님을 절대적으로 사랑해야 한다. 순종해야 한다. 세상 이야기가 앞으로 나오면 안 된다. 세상 이야기는 늘 뒤에 서야 한다. 절대성이 없는 하나님 경외는 진정한 하나님 경외가 아니다.

2부

# 유다 왕국

히스기야 왕부터 멸망까지

(18:1-25:30)

## 18장

1 이스라엘의 왕 엘라의 아들 호세아 제삼년에 유다 왕 아하스의 아들 히스기야가 왕이 되니
1 In the third year of the reign of Hoshea son of Elah as king of Israel, Hezekiah son of Ahaz became king of Judah

**18:1 호세아 제삼년.** 주전 729년. 히스기야가 왕이 되니. 히스기야의 통치는 주전 715-687년인데 이때 히스기야가 왕이 되었다고 말하는 것은 히스기야가 아버지 아하스와 공동 통치를 시작했다는 것을 말하는 것이다. **히스기야가 왕이 되니.** 격변의 시대에 북이스라엘은 호세아가 왕으로 있었고 유다에는 히스기야가 왕이 되었다. 이것이 두 나라의 운명을 나뉘는 결정적 이유가 된다.

2 그가 왕이 될 때에 나이가 이십오 세라 예루살렘에서 이십구 년간 다스리니라 그의 어머니의 이름은 아비요 스가리야의 딸이더라
3 히스기야가 그의 조상 다윗의 모든 행위와 같이 여호와께서 보시기에 정직하게 행하여
2 at the age of 25, and he ruled in Jerusalem for 29 years. His mother was Abijah, the daughter of Zechariah.
3 Following the example of his ancestor King David, he did what was pleasing to the Lord.

**18:3 여호와께서 보시기에 정직하게 행하여.** 히스기야는 유다의 왕 19명 중에 선한 왕으로 불리는 4명 중의 한 명이다. 이것이 북이스라엘과 결정적 차이다. 북이스라엘의 호세아는 조금 덜 악할 뿐이지 여전히 악한 왕이었다.

4 그가 여러 산당들을 제거하며 주상을 깨뜨리며 아세라 목상을 찍으며 모세가 만들었던 놋뱀을 이스라엘 자손이 이때까지 향하여 분향하므로 그것을 부수고 느후스단이라 일컬었더라
4 He destroyed the pagan places of worship, broke the stone pillars, and cut down the images of the goddess Asherah. He also broke in pieces the bronze snake that Moses had made, which was called Nehushtan. Up to that time the people of Israel had burnt incense in its honour.

**18:4 여러 산당들을 제거하며.** 유다에서 다른 왕들이 산당을 남겼었다. 그것이 유다 왕들의 문제였다. 그런데 히스기야는 산당을 제거하였다. 대단한 결단이다. **모세가 만**

**들었던 놋뱀을 이스라엘 자손이 이때까지 향하여 분향하므로 그것을 부수고.** 모세가 만든 놋뱀은 대단한 신앙의 경험이다. 그런데 그것을 분향하는 것은 우상숭배다. 그러나 보통의 사람들은 여전히 그것을 대단하게 여길 것이다. 그런데 히스기야는 그것을 없앴다. 대중의 비난을 받아도 잘못된 것에 대해 대범하게 행동하였다.

> **5** 히스기야가 이스라엘 하나님 여호와를 의지하였는데 그의 전후 유다 여러 왕 중에 그러한 자가 없었으니
> **5** Hezekiah trusted in the Lord, the God of Israel; Judah never had another king like him, either before or after his time.

**18:5 그의 전후 유다 여러 왕 중에 그러한 자가 없었으니.** 히스기야는 유다의 선한 왕 4명 중에서도 단연 최고의 사람이었다. 그는 다윗 왕에 버금갈 정도로 칭찬을 받았다.

> **6** 곧 그가 여호와께 연합하여 그에게서 떠나지 아니하고 여호와께서 모세에게 명령하신 계명을 지켰더라
> **6** He was faithful to the Lord and never disobeyed him, but carefully kept all the commands that the Lord had given Moses.

**18:6 여호와께 연합하여...계명을 지켰더라.** 히스기야는 우상 숭배하는 것을 부순 것과 더불어 그는 하나님과 함께 하였다. 말씀을 굳게 잡고 말씀의 길을 걸어감으로 하나님과 함께 하였다.

히스기야의 이야기는 열왕기하와 역대하 그리고 이사야에서 길게 말하고 있다. 그의 업적이 대단한 것은 아니었지만 그의 믿음이 대단하였기 때문이다. 사람들은 세상의 업적을 보고 대단하다고 말한다. 그러나 성경은 믿음을 보고 대단하다고 말한다. 교회를 다녀도 보통 히스기야를 잘 알지 못하고 솔로몬을 훨씬 더 많이 알고 있을 것이다. 그러나 히스기야는 분명 솔로몬보다 더 칭찬을 받은 왕이었다. 그의 믿음이 대단하였기 때문이다.

> **7** 여호와께서 그와 함께 하시매 그가 어디로 가든지 형통하였더라 저가 앗수르 왕을 배반하고 섬기지 아니하였고
> **7** So the Lord was with him, and he was successful in everything he did. He rebelled against the emperor of Assyria and refused to submit to him.

**18:7 여호와께서 그와 함께 하시매 그가 어디로 가든지 형통하였더라.** 유다가 거대 제국 앗수르에 멸망하지 않을 수 있었던 것은 하나님께서 히스기야와 함께 하였기 때문이다. 하나님께서 히스기야의 믿음을 보시고 그와 함께 하셨고 그래서 형통하였다. **저가 앗수르 왕을 배반하고 섬기지 아니하였고.** 히스기야는 앗수르에 굴종하지 않았다. 북이스라엘의 호세아가 앗수르를 배반하였듯이 히스기야도 앗수르를 배반하였다. 아마 그의 아버지 아하스 왕이 바치던 조공을 거부하였다는 의미일 것이다. 둘 다 앗수르를 배반하였으나 결과는 완전히 달랐다.

> 8 그가 블레셋 사람들을 쳐서 가사와 그 사방에 이르고 망대에서부터 견고한 성까지 이르렀더라
> 9 히스기야 왕 제사년 곧 이스라엘의 왕 엘라의 아들 호세아 제칠년에 앗수르의 왕 살만에셀이 사마리아로 올라와서 에워쌌더라
> 10 삼 년 후에 그 성읍이 함락되니 곧 히스기야 왕의 제육년이요 이스라엘 왕 호세아의 제구년에 사마리아가 함락되매
> 8 He defeated the Philistines, and raided their settlements, from the smallest village to the largest city, including Gaza and its surrounding territory.
> 9 In the fourth year of Hezekiah's reign—which was the seventh year of King Hoshea's reign over Israel—Emperor Shalmaneser of Assyria invaded Israel and besieged Samaria.
> 10 In the third year of the siege, Samaria fell; this was the sixth year of Hezekiah's reign, and the ninth year of Hoshea's reign.

**18:10 히스기야 왕의 제육년이요 이스라엘 왕 호세아의 제구년에 사마리아가 함락되매.** 북이스라엘에 대한 이야기는 앞에서 끝났다. 그런데 북이스라엘의 멸망에 대해 또 다시 언급하는 것은 북이스라엘에 대한 이야기가 아니라 히스기야에 대한 이야기를 하기 위한 것으로 보인다. 왜 북이스라엘은 무너졌을까? 그것은 왜 유다는 무너지지 않았는지에 대한 이야기이기도 하다.

> 11 앗수르 왕이 이스라엘을 사로잡아 앗수르에 이르러 고산 강 가에 있는 할라와 하볼과 메대 사람의 여러 성읍에 두었으니
> 12 이는 그들이 하나님 여호와의 말씀을 듣지 아니하고 그의 언약과 여호와의 종 모세가 명령한 모든 것을 따르지 아니하였음이더라
> 11 The Assyrian emperor took the Israelites to Assyria as prisoners and settled some of them in the city of Halah, some near the River Habor in the district of Gozan, and some in the cities of Media.
> 12 Samaria fell because the Israelites did not obey the Lord their God, but broke the covenant he had made with them and disobeyed all the laws given by Moses, the servant of

the Lord. They would not listen and they would not obey.

**18:12 이는 그들이 하나님 여호와의 말씀을 듣지 아니하고.** 북이스라엘이 무너진 이유다. 그들이 말씀을 따르지 않음으로 하나님의 백성의 자리를 스스로 무너뜨렸다. 그래서 하나님께서 그들을 지키실 이유가 없었다.

히스기야 때에 유다는 무너지지 않았다. 물론 히스기야는 앗수르의 침략에 대비하여 오늘날 유명한 히스기야 터널(수로)을 파면서 단단히 준비하였다. 그러나 북이스라엘은 무너졌으나 유다가 무너지지 않은 가장 큰 이유는 히스기야의 믿음 때문이다. 히스기야는 말씀을 따랐기 때문에 하나님께서 보호하셨다. 언약에 따라 보호하셨다.

북이스라엘의 멸망은 결국 그동안 쌓은 죄와 마지막 왕인 호세아의 죄가 쌓여 무너졌다. 북이스라엘의 호세아는 비록 이전 왕들보다는 죄를 덜 범했지만 그는 무너지지 않을만큼 차이를 만들지는 못하였다.

**13** 히스기야 왕 제십사년에 앗수르의 왕 산헤립이 올라와서 유다 모든 견고한 성읍들을 쳐서 점령하매

**13** In the fourteenth year of the reign of King Hezekiah, Sennacherib, the emperor of Assyria, attacked the fortified cities of Judah and conquered them.

**18:13 히스기야 왕 제십사년.** 주전 701년을 의미한다. 1절에서 '왕이 될 때'는 주전 729년이다. 그리고 9절에서 '히스기야 왕 제사년'은 주전 722년이다. 이것은 아버지 아하스와 공동 통치를 기준으로 말한 것이다. 그리고 이곳에서는 단독 통치 후를 말하는 것이다. 여러 가능성이 있지만 히스기야는 단독 통치 이후 앗수르와 결별을 한 것으로 보인다. 그래서 8절에서 앗수르의 종속 국가였던 블레셋을 공격한 것으로 보인다. **앗수르의 왕 산헤립이 올라와서.** 앗수르 왕은 왕위에 오르고 반란을 일으킨 바벨론을 제압한 이후 가나안 지역을 제압하기 위해 내려왔다. 앗수르는 제국이라는 이름을 가지고 있는 강한 나라였다. 순식간에 원정 온 애굽을 제압하고, 가나안 지역을 제압하였으며 마지막으로 유다를 공격하였다. 유다의 수많은 성이 무너졌다. 히스기야가 아주 공을 들여 준비한 철옹성 라기스조차도 무너졌다.

**14** 유다의 왕 히스기야가 라기스로 사람을 보내어 앗수르 왕에게 이르되 내가 범죄하였나이다 나를 떠나 돌아가소서 왕이 내게 지우시는 것을 내가 당하리이다 하였더니 앗수르 왕이 곧 은 삼백 달란트와 금 삼십 달란트를 정하여 유다

왕 히스기야에게 내게 한지라

14 Hezekiah sent a message to Sennacherib, who was in Lachish: "I have done wrong; please stop your attack, and I will pay whatever you demand." The emperor's answer was that Hezekiah should send him 10,000 kilogrammes of silver and a thousand kilogrammes of gold.

**18:14 라기스로 사람을 보내어 앗수르 왕에게 내가 범죄하였나이다.** 라기스가 무너지고 예루살렘으로 좁혀오는 앗수르 군대에 히스기야는 급히 화친을 청하였다. **은 삼백 달란트와 금 삼십 달란트를 정하여 유다 왕 히스기야에게 내게 한지라.** 앗수르 왕이 이것을 철수 조건으로 제안하였다.

15 히스기야가 이에 여호와의 성전과 왕궁 곳간에 있는 은을 다 주었고
16 또 그 때에 유다 왕 히스기야가 여호와의 성전 문의 금과 자기가 모든 기둥에 입힌 금을 벗겨 모두 앗수르 왕에게 주었더라

15 Hezekiah sent him all the silver in the Temple and in the palace treasury;
16 he also stripped the gold from the temple doors and the gold with which he himself had covered the doorposts, and he sent it all to Sennacherib.

**18:16 성전 문의 금과 자기가 모든 기둥에 입힌 금을 벗겨 모두 앗수르 왕에게 주었더라.** 히스기야는 앗수르의 압도적인 군사를 이길 수 없음을 보고 모든 방법을 다 동원하여 많은 양의 은과 금을. 맞추어 제공하였다.

17 앗수르 왕이 다르단과 랍사리스와 랍사게로 하여금 대군을 거느리고 라기스에서부터 예루살렘으로 가서 히스기야 왕을 치게 하매 그들이 예루살렘으로 올라가니라 그들이 올라가서 윗못 수도 곁 곧 세탁자의 밭에 있는 큰 길에 이르러 서니라

17 The Assyrian emperor sent a large army from Lachish to attack Hezekiah at Jerusalem; it was commanded by his three highest officials. When they arrived at Jerusalem, they occupied the road where the clothmakers work, by the ditch that brings water from the upper pond.

**18:17 대군을 거느리고 라기스에서부터 예루살렘으로 가서 히스기야 왕을 치게 하매.** 앗수르 왕은 자신의 약속을 어겼다. 은과 금을 받고도 철수하지 않고 예루살렘을 공격하였다. 이제 유다는 더 이상 물러설 곳이 없었다. 제 2의 다윗이라 하는 히스기야가 왕으로 있는데 유다가 큰 위기에 처했다. 히스기야가 어떤 죄가 있어 그렇게 된 것은 아니다. 단지 앗수르가 탐욕으로 유다를 침략하였다. 북이스라엘도 그의 나라가 되었

으니 유다를 앗수르의 나라로 삼는 것도 그리 어려운 일이 아니었다. 마침 히스기야가 앗수르에 반기를 들었으니 이번에 유다를 없애고자 하였다. 힘의 논리에서 유다는 결코 앗수르를 이길 수 없었다. 앗수르의 군대가 예루살렘 인근의 도시들을 점령하고 예루살렘을 점령하기 위해 모였다. **윗못 수도 곁 곧 세탁자의 밭에 있는 큰 길에 이르러.** 아마 아도니야가 반란을 꾀하던 에느로겔 샘 근처에 진을 친 것 같다.

**18** 그들이 왕을 부르매 힐기야의 아들로서 왕궁의 책임자인 엘리야김과 서기관 셉나와 아삽의 아들 사관 요아가 그에게 나가니
**19** 랍사게가 그들에게 이르되 너희는 히스기야에게 말하라 대왕 앗수르 왕의 말씀이 네가 의뢰하는 이 의뢰가 무엇이냐

**18** Then they sent for King Hezekiah, and three of his officials went out to meet them: Eliakim son of Hilkiah, who was in charge of the palace; Shebna, the court secretary; and Joah son of Asaph, who was in charge of the records.
**19** One of the Assyrian officials told them that the emperor wanted to know what made King Hezekiah so confident.

**18:19 랍사게가 그들에게 이르되...네가 의뢰하는 이 의뢰가 무엇이냐.** 앗수르의 장군 랍사게는 항복을 받아 내기 위한 심리전으로 예루살렘이 처한 심각한 상황에 대해 말하였다. 유다가 대체 무엇을 믿고 항복하지 않고 버티는지 물었다.

**20** 네가 싸울 만한 계교와 용력이 있다고 한다마는 이는 입에 붙은 말 뿐이라 네가 이제 누구를 의뢰하고 나를 반역하였느냐
**21** 이제 네가 너를 위하여 저 상한 갈대 지팡이 애굽을 의뢰하도다 사람이 그것을 의지하면 그의 손에 찔려 들어갈지라 애굽의 왕 바로는 그에게 의뢰하는 모든 자에게 이와 같으니라

**20** He demanded, "Do you think that words can take the place of military skill and might? Who do you think will help you rebel against Assyria?
**21** You are expecting Egypt to help you, but that would be like using a reed as a walking stick—it would break and jab your hand. That is what the king of Egypt is like when anyone relies on him."

**18:21 상한 갈대 지팡이 애굽을 의뢰하도다.** 애굽은 쪼개진 갈대 지팡이와 같아서 그것을 의지하면 화를 입을 것이라 주장하였다. 그의 말은 맞다. 애굽은 이미 앗수르 군대에 패하였다.

**22** 너희가 내게 이르기를 우리는 우리 하나님 여호와를 의뢰하노라 하리라마는 히스기야가 그들의 산당들과 제단을 제거하고 유다와 예루살렘 사람에게 명령하기를 예루살렘 이 제단 앞에서만 예배하라 하지 아니하였느냐 하셨나니
**22** The Assyrian official went on, "Or will you tell me that you are relying on the Lord your God? It was the Lord's shrines and altars that Hezekiah destroyed, when he told the people of Judah and Jerusalem to worship only at the altar in Jerusalem.

**18:22 우리 하나님 여호와를 의뢰하노라 하리라마는.** 앗수르는 유다가 하나님을 의지한다는 것을 잘 알고 있었다. 그러나 그가 모르는 것이 있었다. **히스기야가 그들의 산당들과 제단을 제거하고.** 랍사게는 율법을 몰랐다. 그래서 히스기야가 산당을 제거한 것은 오히려 하나님의 법을 어긴 것으로 생각하였다. 하나님을 예배하는 산당을 제거하였으니 하나님도 유다를 돕지 않을 것이라 주장하였다. 몰라도 한참 모르는 말이다. 산당을 제거한 것은 믿음이 없는 증거가 아니라 믿음이 좋은 증거다.

**23** 청하건대 이제 너는 내 주 앗수르 왕과 내기하라 네가 만일 말을 탈 사람을 낼 수 있다면 나는 네게 말 이천 마리를 주리라
**24** 네가 어찌 내 주의 신하 중 지극히 작은 지휘관 한 사람인들 물리치며 애굽을 의뢰하고 그 병거와 기병을 얻을 듯하냐
**25** 내가 어찌 여호와의 뜻이 아니고야 이제 이 곳을 멸하러 올라왔겠느냐 여호와께서 전에 내게 이르시기를 이 땅으로 올라와서 쳐서 멸하라 하셨느니라 하는지라
**23** I will make a bargain with you in the name of the emperor. I will give you two thousand horses if you can find that many men to ride them!
**24** You are no match for even the lowest ranking Assyrian official, and yet you expect the Egyptians to send you chariots and horsemen!
**25** Do you think I have attacked your country and destroyed it without the Lord's help? The Lord himself told me to attack it and destroy it."

**18:25 여호와께서 전에 내게 이르시기를 이 땅으로 올라와서 쳐서 멸하라 하셨느니라.** 거짓 주장이다. 이것은 유다를 조롱하고 하나님을 조롱하는 것이다.

**26** 힐기야의 아들 엘리야김과 셉나와 요아가 랍사게에게 이르되 우리가 알아듣겠사오니 청하건대 아람 말로 당신의 종들에게 말씀하시고 성 위에 있는 백성이 듣는 데서 유다 말로 우리에게 말씀하지 마옵소서
**26** Then Eliakim, Shebna, and Joah told the official, "Speak Aramaic to us, sir. We understand it. Don't speak Hebrew; all the people on the wall are listening."

**18:26 우리가 알아듣겠사오니 청하건데 아람 말로 당신의 종들에게 말씀하시고.** 유다의 관리들은 앗수르의 언어인 아람어를 잘 알아들을 수 있었기 때문에 아람어로 말하라고 요청하였다. 협상하고자 한다면 조용히 그 조건이 무엇인지를 말하라는 것이다.

> **27** 랍사게가 그에게 이르되 내 주께서 네 주와 네게만 이 말을 하라고 나를 보내신 것이냐 성 위에 앉은 사람들도 너희와 함께 자기의 대변을 먹게 하고 자기의 소변을 마시게 하신 것이 아니냐 하고
> **27** He replied, "Do you think you and the king are the only ones the emperor sent me to say all these things to? No, I am also talking to the people who are sitting on the wall, who will have to eat their excrement and drink their urine, just as you will."

**18:27 내 주께서 네 주와 네게만 이 말을 하라고 나를 보내신 것이냐.** 유다의 백성들이 직접 들을 수 있도록 유다 말로 하겠다는 것이다. 앗수르는 유다의 왕이나 신하들과 협상하고자 온 것이 아니었다. 그들은 이미 결론을 가지고 왔다. 협상하기 원한다면 왕과 이야기하겠으나 그들은 협상하고자 온 것이 아니기 때문에 백성들에게 직접 말하고자 하였다. 그들은 예루살렘의 멸망은 정해진 것이고 '그것을 따르라'고 회유하고자 하였다. 세상은 때로는 믿음의 사람들과 협상하는 것이 아니라 겁박하고 회유하고자 하는 자세를 가지고 있다.

> **28** 랍사게가 드디어 일어서서 유다 말로 크게 소리 질러 불러 이르되 너희는 대왕 앗수르 왕의 말씀을 들으라
> **29** 왕의 말씀이 너희는 히스기야에게 속지 말라 그가 너희를 내 손에서 건져내지 못하리라
> **30** 또한 히스기야가 너희에게 여호와를 의뢰하라 함을 듣지 말라 그가 이르기를 여호와께서 반드시 우리를 건지실지라 이 성읍이 앗수르 왕의 손에 함락되지 아니하게 하시리라 할지라도
> **28** Then the official stood up and shouted in Hebrew, "Listen to what the emperor of Assyria is telling you!
> **29** He warns you not to let Hezekiah deceive you. Hezekiah can't save you.
> **30** And don't let him persuade you to rely on the Lord. Don't think that the Lord will save you, and that he will stop our Assyrian army from capturing your city.

**18:30 히스기야가 너희에게 여호와를 의뢰하라 함을 듣지 말라.** 그들은 첩보를 통해 예루살렘의 상황을 잘 알고 있었던 것 같다. 믿음의 사람 히스기야는 하나님께서 그들

을 구원하실 것이라고 말하고 있었던 것 같다. 앗수르 장군은 여호와가 결코 예루살렘을 구원하지 못한다고 주장하였다. 세상은 믿음의 사람에게 하나님께서 대체 무엇을 해 주시느냐고 말한다. 그들에게 하나님은 아무 의미가 없기 때문이다.

31 너희는 히스기야의 말을 듣지 말라 앗수르 왕의 말씀이 너희는 내게 항복하고 내게로 나아오라 그리하고 너희는 각각 그의 포도와 무화과를 먹고 또한 각각 자기의 우물의 물을 마시라
31 Don't listen to Hezekiah. The emperor of Assyria commands you to come out of the city and surrender. You will all be allowed to eat grapes from your own vines, and figs from your own trees, and to drink water from your own wells–

**18:31 너희는 내게 항복하고 내게로 나아오라.** '항복하고(히. 아사 브라카)'는 '평화 협정을 맺다' '복을 만들다'이다. 히스기야나 여호와가 아니라 앗수르 왕이 유다 백성에게 복을 줄 수 있다고 말하고 있다. 세상은 세상의 복을 약속한다. **너희는 각각 그의 포도와 무화과를 먹고 또한 각각 자기의 우물의 물을 마시라.** 지금 예루살렘은 포위되어 먹을 것이 없고 물이 없는데 항복하기만 하면 그러한 것을 앗수르 왕이 준다고 말한다. 세상은 믿음의 사람들에게 거짓만 행한다면 세상의 좋은 것을 준다고 말한다.

32 내가 장차 와서 너희를 한 지방으로 옮기리니 그 곳은 너희 본토와 같은 지방 곧 곡식과 포도주가 있는 지방이요 떡과 포도원이 있는 지방이요 기름 나는 감람과 꿀이 있는 지방이라 너희가 살고 죽지 아니하리라 히스기야가 너희를 설득하여 이르기를 여호와께서 우리를 건지시리라 하여도 히스기야에게 듣지 말라
32 until the emperor resettles you in a country much like your own, where there are vineyards to give wine and there is corn for making bread; it is a land of olives, olive oil, and honey. If you do what he commands, you will not die, but live. Don't let Hezekiah fool you into thinking that the Lord will rescue you.

**18:32 내가 장차 와서 너희를 한 지방으로 옮기리니 그 곳은 너희 본토와 같은 지방 곧 곡식과 포도주가 있는 지방이요.** 북이스라엘의 백성이 앗수르 지역으로 강제 이주한 것처럼 예루살렘도 강제 이주를 하겠지만 그곳은 좋은 곳이라고 회유하였다. 지금 예루살렘에서 먹지 못하고 굶어 죽는 것보다는 다른 지역으로 이주하더라도 살아남는 것이 더 좋을 것처럼 들린다. 우리를 믿음에서 떨어지게 하는 세상의 소리가 그러하다. 교회를 떠나면 새로운 세상이기에 두려움이 있을 수 있지만 교회를 떠나도 더 좋은 세상이 있다고 회유한다.

33 민족의 신들 중에 어느 한 신이 그의 땅을 앗수르 왕의 손에서 건진 자가 있느냐
34 하맛과 아르밧의 신들이 어디 있으며 스발와임과 헤나와 아와의 신들이 어디 있느냐 그들이 사마리아를 내 손에서 건졌느냐
35 민족의 모든 신들 중에 누가 그의 땅을 내 손에서 건졌기에 여호와가 예루살렘을 내 손에서 건지겠느냐 하셨느니라
33 Did the gods of any other nations save their countries from the emperor of Assyria?
34 Where are they now, the gods of Hamath and Arpad? Where are the gods of Sepharvaim, Hena, and Ivvah? Did anyone save Samaria?
35 When did any of the gods of all these countries ever save their country from our emperor? Then what makes you think the Lord can save Jerusalem?"

**18:35 민족의 모든 신들 중에 누가 그의 땅을 내 손에서 건졌기에.** 앗수르는 다른 땅을 점령할 때 그곳의 신이 그들을 막지 못하였다고 말한다. 그러기에 그들이 어떤 신보다 더 강하다고 말한다. 여호와보다 더 강하다고 말한다. 세상의 소리는 결국 창조주를 부정한다. 세상의 소리는 자신들이 제일 잘났다. 그들은 교만하다. 그러한 교만은 아주 작은 바람에도 꺾인다. 무너진다. 그런데 잘 나갈 때는 세상에서 제일 잘난 것처럼 생각한다.

36 그러나 백성이 잠잠하고 한 마디도 그에게 대답하지 아니하니 이는 왕이 명령하여 대답하지 말라 하였음이라
36 The people kept quiet, just as King Hezekiah had told them to; they did not say a word.

**18:36 그러나 백성이 잠잠하고 한 마디도 그에게 대답하지 아니하니.** 유다 백성들은 그들의 회유에 넘어가지 않았다. 그들은 창조주 하나님을 믿지 않기 때문에 하는 말이다. 어리석은 말이다. 신앙인은 세상의 어리석은 말에 귀를 기울일 필요가 없다. 대꾸할 필요가 없다. **왕이 명령하여 대답하지 말라 하였음이라.** 히스기야 왕은 앗수르의 장군이 무엇을 말할지를 알았다. 그들은 여호와를 믿지 않았고 교만하였다. 예루살렘을 무너뜨리고 강제 이주시킬 결론을 가지고 왔다. 그러니 그들과 이야기한다는 것은 무의미하다. 세상의 소리에 때로는 귀를 기울일 필요가 있다. 그러나 전제가 다르기 때문에 나오는 세상의 소리에 대해서는 침묵이 답일 때가 있다. 서로 전제가 다르기 때문에 대화가 무의미하다.

37 이에 힐기야의 아들로서 왕궁 내의 책임자인 엘리야김과 서기관 셉나와 아

삽의 아들 사관 요아가 옷을 찢고 히스기야에게 나아가서 랍사게의 말을 전하니라
**37** Then Eliakim, Shebna, and Joah tore their clothes in grief, and went and reported to the king what the Assyrian official had said.

## 19장

1 히스기야 왕이 듣고 그 옷을 찢고 굵은 베를 두르고 여호와의 전에 들어가서
**1** As soon as King Hezekiah heard their report, he tore his clothes in grief, put on sackcloth, and went to the Temple of the Lord.

**19:1 여호와의 전에 들어가서.** 예루살렘 성 밖에 앗수르의 대군이 있었다. 그들은 회유와 겁박으로 예루살렘 주민들에게 항복을 권하였다. 히스기야는 앗수르 장군의 말에 대해 대응하지 말고 침묵할 것을 명령하였다. 세상의 소리에는 침묵하고 대신 그는 하나님의 성전에 들어갔다.
엄청난 압박 속에서 히스기야는 하나님 앞에 나갔다. 사람들은 문제를 만나면 문제 속으로 들어가는 경향이 있다. 그러나 히스기야는 하나님의 성전에 들어갔다. 문제를 떠나 하나님께 갔다. 문제의 답은 문제에 있는 것이 아니라 하나님께 있음을 확신하였기 때문일 것이다. 문제는 분명히 세상의 일이다. 그러나 여전히 답은 하나님 안에 있다. 믿음의 사람 히스기야는 그것을 믿었고 믿음대로 하나님께 나갔다. 하나님께 나가도 아무 답이 없는 것처럼 보일 수 있다. 그러나 그럼에도 불구하고 하나님께 나가야 한다. 하나님께 나가 해답을 듣든 듣지 못하든 하나님께 나가는 것 자체가 복되다.

2 왕궁의 책임자인 엘리야김과 서기관 셉나와 제사장 중 장로들에게 굵은 베를 둘려서 아모스의 아들 선지자 이사야에게로 보내매
**2** He sent Eliakim, the official in charge of the palace, Shebna, the court secretary, and the senior priests to the prophet Isaiah son of Amoz. They also were wearing sackcloth.

**19:2 선지자 이사야에게로 보내매.** 히스기야는 또한 선지자 이사야에게 사람을 보냈다. 선지자가 왕을 찾아온 것이 아니라 왕이 선지자에게 사람을 보냈다. 왜 보냈을까? 하나님의 뜻을 찾기 위함이다. 히스기야는 하나님께서 앗수르의 군대를 무너지게 하실 힘이 있는지 없는지를 의심하지 않았다. 중요한 것은 하나님의 뜻이었다. 하나님의

뜻이 지금 앗수르 군대의 멸망인지 유다의 멸망인지 그것이 궁금하였다. 그것을 찾고자 하였다.

**3** 그들이 이사야에게 이르되 히스기야의 말씀이 오늘은 환난과 징벌과 모욕의 날이라 아이를 낳을 때가 되었으나 해산할 힘이 없도다
**4** 랍사게가 그의 주 앗수르 왕의 보냄을 받고 와서 살아 계신 하나님을 비방하였으니 당신의 하나님 여호와께서 혹시 그의 말을 들으셨을지라 당신의 하나님 여호와께서 그 들으신 말 때문에 꾸짖으실 듯하니 당신은 이 남아 있는 자들을 위하여 기도하소서 하더이다 하니라

**3** This is the message which he told them to give Isaiah: "Today is a day of suffering; we are being punished and are in disgrace. We are like a woman who is ready to give birth, but is too weak to do it.
**4** The Assyrian emperor has sent his chief official to insult the living God. May the Lord your God hear these insults and punish those who spoke them. So pray to God for those of our people who survive."

**19:4 당신은 이 남아 있는 자들을 위하여 기도하소서.** 히스기야는 앗수르의 군대가 아니라 하나님께 힘이 있음을 믿었다. 그래서 하나님의 기뻐하시는 뜻이 앗수르의 멸망이기를 소원하면서 그것을 물었다. 히스기야가 엄청난 문제를 만나 하나님께 나가고 선지자에게 사람을 보내 하나님의 뜻을 구하는 것을 보았다. 우리도 살다 보면 엄청난 문제를 만날 때가 있다. 그때 하나님께 나가야 한다. 하나님의 뜻을 구해야 한다.

**5** 이와 같이 히스기야 왕의 신복이 이사야에게 나아가니
**6** 이사야가 그들에게 이르되 너희는 너희 주에게 이렇게 말하라 여호와의 말씀이 너는 앗수르 왕의 신복에게 들은 바 나를 모욕하는 말 때문에 두려워하지 말라
**7** 내가 한 영을 그의 속에 두어 그로 소문을 듣고 그의 본국으로 돌아가게 하고 또 그의 본국에서 그에게 칼에 죽게 하리라 하셨느니라 하더라

**5** When Isaiah received King Hezekiah's message,
**6** he sent back this answer: "The Lord tells you not to let the Assyrians frighten you with their claims that he cannot save you.
**7** The Lord will cause the emperor to hear a rumour that will make him go back to his own country, and the Lord will have him killed there."

**19:7 그로 소문을 듣고 그의 본국으로 돌아가게 하고 또 그의 본국에서 그에게 칼에 죽게 하리라.** 앗수르 왕은 결국 유다를 무너뜨리지 못하고 철군하게 될 것이며, 돌아가서 죽임을 당하게 될 것이라고 말씀하여 주셨다. 앗수르가 유다를 공격하고 있는 상황에

서 모든 것이 앗수르 왕에게 달려 있는 것 같았다. 그러나 세상의 주관자는 하나님이시다. 하나님께서 역사하시면 앗수르는 결국 철군하게 될 것이고 앗수르 왕은 죽임을 당하게 될 것이다. 대단하게 보이는 사람이나 문제가 있다. 그러나 결국은 아무것도 아니다. 순식간에 바뀐다.

8 랍사게가 돌아가다가 앗수르 왕이 이미 라기스에서 떠났다 함을 듣고 립나로 가서 앗수르 왕을 만났으니 왕이 거기서 립나와 싸우는 중이더라
8 The Assyrian official learnt that the emperor had left Lachish and was fighting against the nearby city of Libnah; so he went there to consult him.

**19:8 왕이 거기서 립나와 싸우는 중이더라.** 앗수르 왕은 립나를 점령하기 위해 싸우고 있었다. 히스기야가 성전에 있는 것은 한가롭게 보이는 그런 형국인 것 같다. 그러나 진정 우리의 싸움터는 성전이다.

9 앗수르 왕은 구스 왕 디르하가가 당신과 싸우고자 나왔다 함을 듣고 다시 히스기야에게 사자를 보내며 이르되
9 Word reached the Assyrians that the Egyptian army, led by King Tirhakah of Ethiopia, was coming to attack them. When the emperor heard this, he sent letter to King Hezekiah of Judah

**19:9 구스 왕 디르하가가 당신과 싸우고자 나왔다 함을 듣고.** 애굽의 남부 지역인 구스 출신의 애굽 장군이 앗수르 왕과 싸우기 위해 원정을 왔다는 소식이다. 애굽이 가나안 지역을 돕기 위해 군대를 보낸 것으로 보인다. **다시 히스기야에게 사자를 보내며.** 애굽에서 군대가 왔다는 소식은 히스기야에게 매우 큰 힘이 되었을 것이다. 이것이 하나님께서 말씀하신 '소식'인가 생각했을 수 있다. 그런데 앗수르 왕은 이 소식에도 불구하고 히스기야에게 다시 사자를 보냈다. 앗수르 고문에는 앗수르 왕이 디르하가와의 싸움에서 이겼다고 말한다. 히스기야에게 사자를 보낸 것이 디르하가와 싸워 이긴 후 보낸 것인지 아니면 전에 보낸 것인지는 모른다. 그러나 앗수르 왕이 애굽의 개입에 전혀 놀라거나 기가 죽지 않았다는 것은 분명해 보인다.

10 너희는 유다의 왕 히스기야에게 이같이 말하여 이르기를 네가 믿는 네 하나님이 예루살렘을 앗수르 왕의 손에 넘기지 아니하겠다 하는 말에 속지 말라

10 to say to him, "The god you are trusting in has told you that you will not fall into my hands, but don't let that deceive you.

**19:10 네 하나님이 예루살렘을 앗수르 왕의 손에 넘기지 아니하겠다 하는 말에 속지 말라.** 앗수르 왕은 매우 현실적이었다. 보이지 않는 하나님이 아니라 보이는 칼을 가지고 있었다. 군대의 힘으로 유다를 위협하였다. 세상의 위협이 그러하다.
하나님께서 앗수르 왕의 철군과 자신의 나라에 돌아가서 죽임을 당하게 될 것까지 말씀하여 주셨다. 그러나 현실은 그것과 완전히 동떨어져 진행되었다. 오히려 앗수르 왕은 더욱더 기세등등하여 유다를 겁박하고 회유하였다. 이제는 항복하는 것밖에 없어 보인다.

11 앗수르의 여러 왕이 여러 나라에 행한 바 진멸한 일을 네가 들었나니 네가 어찌 구원을 얻겠느냐
12 내 조상들이 멸하신 여러 민족 곧 고산과 하란과 레셉과 들라살에 있는 에덴 족속을 그 나라들의 신들이 건졌느냐
13 하맛 왕과 아르밧 왕과 스발와임 성의 왕과 헤나와 아와의 왕들이 다 어디 있느냐 하라 하니라
14 히스기야가 사자의 손에서 편지를 받아보고 여호와의 성전에 올라가서 히스기야가 그 편지를 여호와 앞에 펴 놓고
11 You have heard what an Assyrian emperor does to any country he decides to destroy. Do you think that you can escape?
12 My ancestors destroyed the cities of Gozan, Haran, and Rezeph, and killed the people of Betheden who lived in Telassar, and none of their gods could save them.
13 Where are the kings of the cities of Hamath, Arpad, Sepharvaim, Hena, and Ivvah?"
14 King Hezekiah took the letter from the messengers and read it. Then he went to the Temple, placed the letter there in the presence of the Lord,

**19:14 여호와의 성전에 올라가서.** 히스기야는 다시 성전에 들어갔다. 이번에는 앗수르 왕의 서신을 가지고 들어갔다. 상황은 이전보다 더 심각했다. 이전에 성전에 들어갔었으나 오히려 상황은 더 악화되었다. 그러나 그럼에도 불구하고 또 성전에 들어갔다.

15 그 앞에서 히스기야가 기도하여 이르되 그룹들 위에 계신 이스라엘의 하나님 여호와여 주는 천하 만국에 홀로 하나님이시라 주께서 천지를 만드셨나이다
15 and prayed, "O Lord, the God of Israel, enthroned above the winged creatures, you alone are God, ruling all the kingdoms of the world. You created the earth and the sky.

**19:15 그룹들 위에 계신 이스라엘의 하나님 여호와여.** '그룹'은 성전 언약궤의 임재의 덮개 위에 좌우에 세워진 천사 형상을 의미한다. 그것은 또한 하늘의 천사들 사이에 계신 하나님을 의미하기도 한다. 히스기야는 자신이 믿는 하나님을 막연히 믿는 것이 아니라 구체적이고 분명하게 알고 있었다. **이스라엘의 하나님 여호와여 주는 천하 만국에 홀로 하나님이시라 주께서 천지를 만드셨나이다.** 그는 유다가 지금 힘이 없고 어려움에 처해있지만 하나님은 창조주요 만물의 주인이라는 것을 알고 있었다. 사실 앗수르 군대의 힘이 강한 들 창조주 앞에서 무슨 의미가 있겠는가? 히스기야는 창조주 앞에서 있는 것을 분명히 알았다.

16 여호와여 귀를 기울여 들으소서 여호와여 눈을 떠서 보시옵소서 산헤립이 살아 계신 하나님을 비방하러 보낸 말을 들으시옵소서
16 Now, Lord, look at what is happening to us. Listen to all the things that Sennacherib is saying to insult you, the living God.

**19:16 살아 계신 하나님을 비방하러 보낸 말을 들으시옵소서.** 히스기야가 하나님 앞에 나갈 때마다 반복하여 하는 가장 중요한 말이다. '하나님은 살아 계시다'는 사실을 고백한다. 그리고 '앗수르 왕이 하나님을 비방하였다'고 말한다. 하나님 앞에서는 힘이 아니라 진리가 중요하다. 앗수르 왕이 하나님을 비방함으로 거짓 가운데 있는 것을 고발하고 있는 것이다. 히스기야는 하나님 앞에서는 힘이 약한 것이 문제가 되지 않는다는 것을 알았다.

17 여호와여 앗수르 여러 왕이 과연 여러 민족과 그들의 땅을 황폐하게 하고
18 또 그들의 신들을 불에 던졌사오니 이는 그들이 신이 아니요 사람의 손으로 만든 것 곧 나무와 돌 뿐이므로 멸하였나이다
17 We all know, Lord, that the emperors of Assyria have destroyed many nations, made their lands desolate,
18 and burnt up their gods—which were no gods at all, only images of wood and stone made by human hands.

**19:18 그들의 신들을 불에 던졌사오니 이는 그들이 신이 아니요.** 히스기야는 앗수르 왕이 주변의 무수한 나라와 신들을 무너뜨렸음을 알고 있었다. 그것은 앗수르 왕의 자랑이다. 그러나 히스기야는 그 신들은 사람의 손으로 만들어진 신이라는 것을 말한다. 그는 자신이 믿는 여호와는 만들어진 신이 아니라 창조주 신인 것을 확신하며 말

한다.

19 우리 하나님 여호와여 원하건대 이제 우리를 그의 손에서 구원하옵소서 그리하시면 천하 만국이 주 여호와가 홀로 하나님이신 줄 알리이다 하니라
19 Now, Lord our God, rescue us from the Assyrians, so that all the nations of the world will know that only you, O Lord, are God."

**19:19 우리를 그의 손에서 구원하옵소서 그리하시면 천하 만국이 주 여호와가 홀로 하나님이신 줄 알리이다.** 히스기야는 계속 하나님의 영광에 관심을 가졌다. 자신과 유다가 구원을 받는 것이 하나님께 영광이 된다고 생각하였다. 그래서 그것을 근거로 구원을 요청하였다.

20 아모스의 아들 이사야가 히스기야에게 보내 이르되 이스라엘 하나님 여호와의 말씀이 네가 앗수르 왕 산헤립 때문에 내게 기도하는 것을 내가 들었노라 하셨나이다
20 Then Isaiah sent a message telling King Hezekiah that in answer to the king's prayer

**19:20 이사야가 히스기야에게 보내 이르되.** 히스기야가 성전에서 기도하였는데 하나님께서 이사야를 통해 하나님의 뜻을 전하셨다. 하나님은 다양한 방식(계시)을 통해 하나님의 뜻을 전하신다.
하나님은 기도를 들으시고 응답하셨다. 모든 일에 하나님의 응답이 있다. 하나님의 응답은 사람이 원하는 것을 들어 주시는 것이 아니라 하나님의 뜻이 무엇인지를 알려 주시는 것이다. 사람의 소원이 진리가 아니라 하나님의 뜻이 진리이기 때문이다. 하나님은 진리를 행하시는 분이기 때문이다.

21 여호와께서 앗수르 왕에게 대하여 이같이 말씀하시기를 처녀 딸 시온이 너를 멸시하며 너를 비웃었으며 딸 예루살렘이 너를 향하여 머리를 흔들었느니라
21 the Lord had said, "The city of Jerusalem laughs at you, Sennacherib, and despises you.

**19:21 처녀 딸 시온이 너를 멸시하며.** 앗수르 왕이 예루살렘(시온)을 멸시하고 있다. 그러나 이제 예루살렘이 앗수르를 멸시하게 될 것이다. 예루살렘은 하나님께 '순전한 딸'이기 때문이다. 앗수르는 예루살렘을 쉽게 생각하고 있지만 그것은 창조주를 모르

기 때문이다.

**22** 네가 누구를 꾸짖었으며 비방하였느냐 누구를 향하여 소리를 높였으며 눈을 높이 떴느냐 이스라엘의 거룩한 자에게 그리하였도다
**22** Whom do you think you have been insulting and ridiculing? You have been disrespectful to me, the holy God of Israel.

**19:22 네가 누구를 꾸짖었으며 비방하였느냐...이스라엘의 거룩한 자에게 그리하였도다.** 앗수르 왕은 하나님을 비방하였다. 그것이 얼마나 큰 죄인지를 모르고 너무 쉽게 비방하였다.

**23** 네가 사자들을 통하여 주를 비방하여 이르기를 내가 많은 병거를 거느리고 여러 산 꼭대기에 올라가며 레바논 깊은 곳에 이르러 높은 백향목과 아름다운 잣나무를 베고 내가 그 가장 먼 곳에 들어가며 그의 동산의 무성한 수풀에 이르리라
**24** 내가 땅을 파서 이방의 물을 마셨고 나의 발바닥으로 애굽의 모든 강들을 말렸노라 하였도다
**25** 네가 듣지 못하였느냐 이 일은 내가 태초부터 행하였고 옛날부터 정한 바라 이제 내가 이루어 너로 견고한 성들을 멸하여 무너진 돌무더기가 되게 함이니라
**23** You sent your messengers to boast to me that with all your chariots you had conquered the highest mountains of Lebanon. You boasted that there you cut down the tallest cedars and the finest cypress trees and that you reached the deepest parts of the forests.
**24** You boasted that you dug wells and drank water in foreign lands and that the feet of your soldiers tramped the River Nile dry.
**25** "Have you never heard that I planned all this long ago? And now I have carried it out. I gave you the power to turn fortified cities into piles of rubble.

**19:25 이 일은 내가 태초부터 행하였고 옛날부터 정한 바라.** '이 일은'은 23-24절의 내용으로 앗수르가 주변 나라들을 점령한 것에 대한 말씀이다. 그러한 일은 앗수르가 강한 것 때문이 아니라 창조주 하나님의 통치 속에서 미리 계획되었고 주관 가운데 일어나는 것임을 말씀한다. 창조주 앞에서 앗수르의 힘은 참으로 무의미하다.

**26** 그러므로 거기에 거주하는 백성의 힘이 약하여 두려워하며 놀랐나니 그들은 들의 채소와 푸른 풀과 지붕의 잡초와 자라기 전에 시든 곡초 같이 되었느니라
**27** 네 거처와 네 출입과 네가 내게 향한 분노를 내가 다 아노니

28 네가 내게 향한 분노와 네 교만한 말이 내 귀에 들렸도다 그러므로 내가 갈고리를 네 코에 꿰고 재갈을 네 입에 물려 너를 오던 길로 끌어 돌이키리라 하셨나이다

**26** The people who lived there were powerless; they were frightened and stunned. They were like grass in a field or weeds growing on a roof when the hot east wind blasts them.
**27** "But I know everything about you, what you do and where you go. I know how you rage against me.
**28** I have received the report of that rage and that pride of yours, and now I will put a hook through your nose and a bit in your mouth, and take you back by the same road you came."

**19:28 내가 갈고리를 네 코에 꿰고 재갈을 네 입에 물려 너를 오던 길로 끌어 돌이키리라.** 이것은 본래 앗수르가 예루살렘 주민들에게 하려고 했던 강제 이주의 모습이다. 그러나 앗수르 군대가 어떤 이유인지는 모르겠으나 강제로 본국으로 돌아가야 하는 상황이 올 것임을 말하는 것이다. 앗수르의 힘이라는 것이 창조주 하나님 앞에서는 참으로 무의미하다.

29 또 네게 보일 징조가 이러하니 너희가 금년에는 스스로 자라난 것을 먹고 내년에는 그것에서 난 것을 먹되 제삼년에는 심고 거두며 포도원을 심고 그 열매를 먹으리라

**29** Then Isaiah said to King Hezekiah, "This is a sign of what will happen. This year and next you will have only wild grain to eat, but the following year you will be able to sow your corn and harvest it, and plant vines and eat grapes.

**19:29 금년에는 스스로 자라난 것을 먹고 내년에는 그것에서 난 것을 먹되.** 아주 구체적으로 말씀한다. 유다는 앗수르의 포위 공격에 의해 오랫동안 예루살렘에 갇혀 있었다. 극심한 기근을 겪었다. 전생이 끝나고 그들은 들에 나가 야생으로 자란 것들을 찾아 먹을 것이다. 먹을 것이 없었으니 하나도 남기지 않고 다 먹을 것이다. 그 다음해에 그들은 뿌릴 씨앗이 없었을 것이다. 그래서 그 다음해도 먹을 것이 없어 야생에서 자란 것을 먹게 될 것이다. 그러나 씨를 준비할 것이다. 그래서 삼 년째에는 완전히 다를 것이다. **심고...거두며...심고...먹으리라.** 히브리어는 4개의 명령형 동사로 되어 있다. 그냥 회복하는 것이 아니다. 그렇게 심고 수고해야 먹는 것이다. 회복에 과정이 있는 것을 볼 수 있다.

30 유다 족속 중에서 피하고 남은 자는 다시 아래로 뿌리를 내리고 위로 열매를 맺을지라

31 남은 자는 예루살렘에서부터 나올 것이요 피하는 자는 시온 산에서부터 나오리니 여호와의 열심이 이 일을 이루리라 하셨나이다 하니라

30 Those in Judah who survive will flourish like plants that send roots deep into the ground and produce fruit.
31 There will be people in Jerusalem and on Mount Zion who will survive, because the Lord is determined to make this happen.

**19:31 남은 자는 예루살렘에서부터 나올 것이요.** 그동안 유다 백성들은 예루살렘으로 들어가 피신하였다. 그러나 이제 전쟁이 마치고 예루살렘에 모여 있던 사람들이 나와 자신들의 고향으로 돌아갈 것이다. 다시 지역 마을들을 회복시킬 것이다. 이러한 이야기를 들었을 때 유다 사람들은 그것이 꿈만 같았을 것이다. 불가능한 꿈 같았을 것이다. 그러나 그들에게 하나님께서 말씀하신다. **여호와의 열심이 이 일을 이루리라.** 사람으로는 불가능하지만 하나님이시면 할 수 있다. 그래서 하나님께서 약속하여 주셨다. '열심(히. 킨아)'은 한글의 의미가 '의지'적인 것을 의미하는 것 같지만 실상은 '감정'적인 측면이다. '격렬한 감정'을 의미한다. 기본 의미로는 '시기, 질투' 등의 의미다. 긍정적인 의미로 사용할 때는 '열정'이 된다. 이 본문에서는 '열정'이다. 하나님께서 유다를 격렬히 사랑하신다. 그 사랑의 열정으로 유다가 회복되게 하실 것이다. 그렇다면 어찌 그것이 불가능하겠는가? 하나님의 열심이 있다면 그것은 불가능한 것이 아니라 '당연한 것'으로 바뀐다.

32 그러므로 여호와께서 앗수르 왕을 가리켜 이르시기를 그가 이 성에 이르지 못하며 이리로 화살을 쏘지 못하며 방패를 성을 향하여 세우지 못하며 치려고 토성을 쌓지도 못하고

32 "This is what the Lord has said about the Assyrian emperor: 'He will not enter this city or shoot a single arrow against it. No soldiers with shields will come near the city, and no siege mounds will be built round it.

**19:32 그가 이 성에 이르지 못하며 이리로 화살을 쏘지 못하며.** 앗수르 왕은 가나안 지역을 초토화시켰다. 그의 궁정에는 그가 라기스를 침략하여 얻은 성과를 자랑스럽게 기록한 기록물과 그림이 있다. 그런데 그렇게 자랑하면서도 예루살렘을 점령했다는 말은 한 마디도 없다. 앗수르의 기록물이 라기스 점령만 부조로 만들어 놓은 것은 예루살렘을 공략하지 못했다는 것을 방증한다. 앗수르는 예루살렘 인근 성만 공격하다가 결국 예루살렘은 포위만 한 채 한 번 싸워보지도 못하고 철수한 것으로 보인다.

33 오던 길로 돌아가고 이 성에 이르지 못하리라 하셨으니 이는 여호와의 말씀이시라
34 내가 나와 나의 종 다윗을 위하여 이 성을 보호하여 구원하리라 하셨나이다 하였더라
33 He will go back by the same road he came, without entering this city. I, the Lord, have spoken.
34 I will defend this city and protect it, for the sake of my own honour and because of the promise I made to my servant David.' "

**19:34 내가 나와 나의 종 다윗을 위하여 이 성을 보호하여.** 앗수르는 유다에 대해 몰랐다. 예루살렘을 향한 하나님의 은혜가 크다. 또한 다윗의 믿음이 귀하였다. 그렇게 은혜와 믿음이 예루살렘을 보호하였다. 은혜와 믿음이 있으면 세상에서 일어나지 못할 일이 없다.

35 이 밤에 여호와의 사자가 나와서 앗수르 진영에서 군사 십팔만 오천 명을 친지라 아침에 일찍이 일어나 보니 다 송장이 되었더라
35 That night an angel of the Lord went to the Assyrian camp and killed 185,000 soldiers. At dawn the next day, there they lay, all dead!

**19:35 이 밤에 여호와의 사자가...군사 십팔만 오천 명을 친지라.** 어떻게 이런 일이 일어났을까? 역병일 가능성이 제일 커 보인다. 전쟁이라면 185,000명이 죽었다고 철군하지는 않았을 것이다. 그러나 더 커다란 희생이 있을 것 같아 어쩔 수 없이 철군한 것으로 보인다. 하나님께서 특별히 개입하신 것이 아니면 결코 불가능하였다. 하나님께서 이사야를 통해 말씀하신 대로 되었다.

36 앗수르 왕 산헤립이 떠나 돌아가서 니느웨에 거주하더니
37 그가 그의 신 니스록의 신전에서 경배할 때에 아드람멜렉과 사레셀이 그를 칼로 쳐죽이고 아라랏 땅으로 그들이 도망하매 그 아들 에살핫돈이 대신하여 왕이 되니라
36 Then the Assyrian emperor Sennacherib withdrew and returned to Nineveh.
37 One day, when he was worshipping in the temple of his god Nisroch, two of his sons, Adrammelech and Sharezer, killed him with their swords, and then escaped to the land of Ararat. Another of his sons, Esarhaddon, succeeded him as emperor.

**19:37 그를 칼로 쳐죽이고...그 아들 에살핫돈이 대신하여 왕이 되니라.** 이 사건은 주전 681년에 일어난 일이다. 거의 20년 후의 일이다. 앗수르 왕의 아들 중 한 명이 쿠데타

를 일으켜 앗수르 왕을 죽였다. 결국 실패하고 다른 아들 에살핫돈이 왕이 되었다. 그러나 이것도 이사야를 통해 말씀하신 그대로 일어난 일이다. 역사가 하루 아침에 모든 것이 이루어지지는 않지만 대단한 반전이 차근차근 일어나는 것을 볼 수 있다.

## 20장

1 그 때에 히스기야가 병들어 죽게 되매 아모스의 아들 선지자 이사야가 그에게 나아와서 그에게 이르되 여호와의 말씀이 너는 집을 정리하라 네가 죽고 살지 못하리라 하셨나이다

1 About this time King Hezekiah fell ill and almost died. The prophet Isaiah son of Amoz went to see him and said to him, "The Lord tells you that you are to put everything in order, because you will not recover. Get ready to die."

**20:1 그 때에.** 구체적으로 언제 인지가 명시되지 않았다. 일단 그가 이후로 15년간의 생명을 연장 받았기 때문에 주전 687년(그의 죽음)에서 15년을 빼면 나온다. 주전 702년이다. 당시와 오늘날 달력의 상이점 때문에 주전 701년도 가능하다. 그렇다면 이 이야기는 앞에서 이야기한 앗수르의 침입과 거의 같은 연도임을 추측할 수 있다.

히스기야의 질병과 치료 이야기는 앗수르 왕의 침입과 거의 같은 시기인데 그렇다면 이 이야기가 앗수르가 침입하기 전의 이야기인지 철군하고 나서의 이야기인지가 정해져 있지 않다. 성경에 기록된 이야기의 순서는 앗수르의 철수 이후의 이야기 같은데 성경은 연대기적 순서로 기록하기만 하는 것은 아니다. 바벨론이 주전 702년에 앗수르에 의해 제압당하는 역사적 사건을 고려할 때 오히려 앗수르의 침입 전으로 보는 것이 자연스러울 것 같다. 그러나 그것 또한 다른 가능성도 있기 때문에 여하튼 순서가 명확하지는 않다.

침입 전에 일어난 일이라면 이 사건을 통해 히스기야가 준비되는 이야기일 것이다. 앗수르의 침입에 히스기야는 기도로 맞섰다. 앗수르의 침입을 기도로 승리한 히스기야의 이야기를 말한 이후, 이 승리가 이후에 이어진 이 이야기를 통해 개인적인 일로 기도하는 것이 준비된 모습이 먼저 있었기 때문에 가능하였음을 추가적으로 말하는 것일 수 있다.

만약 철군 이후의 일이라면 히스기야가 국가의 위기를 기도로 극복한 것처럼 개인의 위기에서도 기도로 승리하는 모습에 대한 이야기일 것이다. 결국 기도 이야기다.

**너는 집을 정리하라 네가 죽고 살지 못하리라.** 어느 날 갑자기 죽음을 맞이하게 되었다. 히스기야는 어떻게 해야 할까? 순응하고 죽음을 맞이할 준비를 할 수 있고, 아니면 치료받고 싶을 수도 있다. 어떤 선택도 잘못은 아니다. 인생은 운명론이 아니다. 모든 것을 창세 전에 계획하셨을 뿐만 아니라 모든 것을 관계 속에서 섭리하시는 하나님의 통치다. 그래서 모든 것이 가능하다. 그러기에 우리는 어떤 것이든 모든 것을 기도할 수 있다.

2 히스기야가 낯을 벽으로 향하고 여호와께 기도하여 이르되
3 여호와여 구하오니 내가 진실과 전심으로 주 앞에 행하며 주께서 보시기에 선하게 행한 것을 기억하옵소서 하고 히스기야가 심히 통곡하더라
2 Hezekiah turned his face to the wall and prayed:
3 “Remember, Lord, that I have served you faithfully and loyally, and that I have always tried to do what you wanted me to.” And he began to cry bitterly.

**20:3 내가 진실과 전심으로 주 앞에 행하며 주께서 보시기에 선하게 행한 것을 기억하옵소서.** 교만한 기도처럼 보일 수 있다. 그러나 이러한 기도가, 히스기야가 자신의 죄인됨을 모르기 때문에 하는 것이 아니라 자신이 가진 사탕 하나를 내놓고 긍휼을 구하는 기도일 수 있다. 히스기야가 기도하였을 때 놀라운 일이 일어났다.

4 이사야가 성읍 가운데까지도 이르기 전에 여호와의 말씀이 그에게 임하여 이르시되
4 Isaiah left the king, but before he had passed through the central courtyard of the palace the Lord told him

**20:4 이사야가 성읍 가운데까지도 이르기 전에.** 많은 학자들은 ‘궁전의 뜰’로 해석하기도 한다. 히스기야에게 이사야가 하나님의 말씀을 전하고 돌아가는 중간에 이 모든 일이 이루어졌다. 히스기야가 기도하는 시간 그리고 하나님께서 응답하신 시간이 아주 빠르게 이루어진 것을 볼 수 있다. 왜 이렇게 빠르게 이루어졌을까? 왜 이렇게 빠르게 이루어질 일인데 이전에 죽음을 말씀하셨을까? 명확하지는 않지만 이 모든 것이 기도로 변한 것은 분명하다. 어쩌면 하나님께서 히스기야의 이 기도를 기다리신 것일 수도 있다.

5 너는 돌아가서 내 백성의 주권자 히스기야에게 이르기를 왕의 조상 다윗의 하나님 여호와의 말씀이 내가 네 기도를 들었고 네 눈물을 보았노라 내가 너를 낫게 하리니 네가 삼 일 만에 여호와의 성전에 올라가겠고
6 내가 네 날에 십오 년을 더할 것이며 내가 너와 이 성을 앗수르 왕의 손에서 구원하고 내가 나를 위하고 또 내 종 다윗을 위하므로 이 성을 보호하리라 하셨다 하라 하셨더라
5 to go back to Hezekiah, ruler of the Lord's people, and say to him, "I, the Lord, the God of your ancestor David, have heard your prayer and seen your tears. I will heal you, and in three days you will go to the Temple.
6 I will let you live fifteen years longer. I will rescue you and this city of Jerusalem from the emperor of Assyria. I will defend this city, for the sake of my own honour and because of the promise I made to my servant David."

**20:6 내가 네 날에 십오 년을 더할 것이며.** 히스기야는 개인적으로 15년의 삶을 더 살게 될 것이다. 아주 구체적이고 실제적인 말씀이다. **내가 너와 이 성을 앗수르 왕의 손에서 구원하고.** 하나님께서 히스기야에게 약속하여 주셨다. 히스기야의 생명만이 아니라 예루살렘 성까지 지켜주시겠다고 말씀하여 주셨다. 이것이 히스기야의 병과 치료와 관련하여 하나님께서 히스기야를 훈련시키시는 핵심일 수 있다. 하나님께서 그의 기도와 믿음을 사용하셔서 앗수르 왕의 침입에서 예루살렘을 지키신다는 사실이다. 이 사건이 있었기에 그는 앗수르의 침입이라는 엄청난 사건에서 흔들리지 않고 잘 이겨낼 수 있었을 것이다.

7 이사야가 이르되 무화과 반죽을 가져오라 하매 무리가 가져다가 그 상처에 놓으니 나으니라
7 Then Isaiah told the king's attendants to put on his boil a paste made of figs, and he would get well.

**20:7 무화과 반죽...상처에 놓으니 나으니라.** 무화과 반죽이 효과가 있기보다는 하나님의 은혜로 기적적인 방식으로 병이 나은 것이 분명해 보인다. 이사야는 의사가 아니라 선지자로 활동을 하고 있기 때문이다.

8 히스기야가 이사야에게 이르되 여호와께서 나를 낫게 하시고 삼 일 만에 여호와의 성전에 올라가게 하실 무슨 징표가 있나이까 하니
8 King Hezekiah asked, "What is the sign to prove that the Lord will heal me and that three days later I will be able to go to the Temple?"

**20:8** 8절-11절은 7절에 대한 자세한 설명으로 생각할 수 있다. NIV는 8절의 시제를 대과거로 번역한다. 7절의 '나으니라'를 '나을 것이다'라고 번역하기도 한다. 아니면 히스기야가 병이 나았지만 그것이 진정 다 나은 것인지 아니면 일시적 완화인지에 대한 의구심을 품은 것일 수도 있다. 후자가 더 자연스러운 해석인 것 같다. **무슨 징표가 있나이까.** 이 당시 징표는 확신을 위해 필요했던 것 같다. 확신은 앞으로 나가는 추진력을 위해 매우 필요할 때가 있다.

9 이사야가 이르되 여호와께서 하신 말씀을 응하게 하실 일에 대하여 여호와께로부터 왕에게 한 징표가 임하리이다 해 그림자가 십도를 나아갈 것이니이까 혹 십도를 물러갈 것이니이까 하니
9 Isaiah replied, "The Lord will give you a sign to prove that he will keep his promise. Now, would you prefer the shadow on the stairway to go forward ten steps or go back ten steps?"

**20:9 여호와께로부터 왕에게 한 징표가 임하리이다.** 해시계의 그림자가 움직이는 것은 아주 놀라운 일이다. 이것이 실제로 해가 움직여야만 하는 것은 아니다. 그럴 가능성도 포함하고 있지만 여기에서는 궁에서 사용하는 해시계의 그림자를 의미하는 것 같다.

10 히스기야가 대답하되 그림자가 십도를 나아가기는 쉬우니 그리할 것이 아니라 십도가 뒤로 물러갈 것이니이다 하니라
11 선지자 이사야가 여호와께 간구하매 아하스의 해시계 위에 나아갔던 해 그림자를 십도 뒤로 물러가게 하셨더라
10 Hezekiah answered, "It's easy to make the shadow go forward ten steps! Make it go back ten steps."
11 Isaiah prayed to the Lord, and the Lord made the shadow go back ten steps on the stairway set up by King Ahaz.

**20:11 해 그림자를 십도 뒤로 물러가게 하셨더라.** 마치 히스기야의 생명의 시간이 앞으로 가다 뒤로 조금 움직여서 조금 더 남은 것을 상징적으로 잘 말하는 것과 같다. 히스기야에게 확신이 필요하였다. 하나님께서 히스기야에게 확신을 주셨다. 불확실한 시대다. 모든 것이 모호하다. 해시계의 그림자가 뒤로 물러서는 일은 히스기야가 요구한 것이 아니라 하나님께서 제시한 방법이다. 오늘날 우리에게는 무엇을 제시하실까? 우리도 여전히 확신이 필요하다. 그리고 하나님께서 다양한 방식으로 확신을 주신다.

중요한 것은 우리가 하나님 앞에서 확신을 갖는 것이다. 믿음의 확신을 갖고 앞으로 나가는 것이 중요하다.

12 그 때에 발라단의 아들 바벨론의 왕 브로닥발라단이 히스기야가 병 들었다 함을 듣고 편지와 예물을 그에게 보낸지라
12 About that same time the king of Babylonia, Merodach Baladan, the son of Baladan, heard that King Hezekiah had been ill, so he sent him a letter and a present.

**20:12 바벨론의 왕 브로닥발라단이 히스기야가 병 들었다 함을 듣고.** 바벨론은 앗수르에 대항하기 위해 주변의 다른 나라와 연합하기 원하였다. 유다는 바벨론에게 당시 앗수르에 맞설 수 있는 중요한 나라였다. 그런데 유다의 왕 히스기야가 병들었으니 얼마나 좋은 기회이겠는가?

13 히스기야가 사자들의 말을 듣고 자기 보물고의 금은과 향품과 보배로운 기름과 그의 군기고와 창고의 모든 것을 다 사자들에게 보였는데 왕궁과 그의 나라 안에 있는 모든 것 중에서 히스기야가 그에게 보이지 아니한 것이 없더라
13 Hezekiah welcomed the messengers and showed them his wealth—his silver and gold, his spices and perfumes, and all his military equipment. There was nothing in his storerooms or anywhere in his kingdom that he did not show them.

**20:13 히스기야가 사자들의 말을 듣고 자기 보물고의 금은과...보이지 아니한 것이 없더라.** 히스기야는 바벨론 왕의 서신과 선물을 받고 매우 기뻤다. 그런데 어느 정도 그의 마음을 교만하게 하기도 하였을 것이다. 큰 나라의 위문과 선물을 받았으니 뿌듯할 수 있다. 그리고 자신 또한 앗수르와 맞서기 위해 바벨론의 힘이 필요하였다. 그래서 자신의 힘을 과시하기 위해 바벨론에 자신의 힘으로 보일 수 있는 것을 다 보여주었다. 보여줄 것이 조금 많이 있었다.
히스기야의 행동은 외교적으로 문제가 없어 보였다. 당연한 일이다. 그러나 그는 자신의 마음을 모르고 있었던 것으로 보인다. 역대하에서는 같은 본문을 전하며 그의 '교만'에 대해 집중적으로 말한다. 그는 죽을 병에서 건짐을 받아 믿음이 단단해졌지만 또한 승리와 함께 동반하는 교만의 마음이 스며들었던 것 같다.
히스기야는 제 2의 다윗이라 말할 정도로 믿음이 좋았으나 역대하는 계속 그의 교만에 대해 말한다. 그가 만약 이곳에서 교만을 깨달았으면 더욱더 조심하여 그의 후반부의 형통에서 교만하지 않을 수 있었을 것이다. 히스기야에게 가장 중요한 것은 앗

수르와의 싸움에서 이기는 것을 넘어 자기 자신의 교만과의 싸움에서 이기는 것이었다. 그런데 그 부분에서 일정 부분 실패한 것으로 보인다. 그래서 그것을 히스기야에 대한 마지막 이야기로 전하고 있다.

14 선지자 이사야가 히스기야 왕에게 나아와 그에게 이르되 이 사람들이 무슨 말을 하였으며 어디서부터 왕에게 왔나이까 히스기야가 이르되 먼 지방 바벨론에서 왔나이다 하니
15 이사야가 이르되 그들이 왕궁에서 무엇을 보았나이까 하니 히스기야가 대답하되 내 궁에 있는 것을 그들이 다 보았나니 나의 창고에서 하나도 보이지 아니한 것이 없나이다 하더라
16 이사야가 히스기야에게 이르되 여호와의 말씀을 들으소서
17 여호와의 말씀이 날이 이르리니 왕궁의 모든 것과 왕의 조상들이 오늘까지 쌓아 두었던 것이 바벨론으로 옮긴 바 되고 하나도 남지 아니할 것이요
14 Then the prophet Isaiah went to King Hezekiah and asked, "Where did these men come from and what did they say to you?" Hezekiah answered, "They came from a very distant country, from Babylonia."
15 "What did they see in the palace?" "They saw everything. There is nothing in the storerooms that I didn't show them."
16 Isaiah then said to the king, "The Lord Almighty says that
17 a time is coming when everything in your palace, everything that your ancestors have stored up to this day, will be carried off to Babylonia. Nothing will be left.

**20:17 여호와의 말씀이 날이 이르리니...바벨론으로 옮긴 바 되고 하나도 남지 아니할 것이요.** 히스기야가 바벨론 사신에게 나라의 힘을 보여준 사건을 미래의 바벨론 포로로 연결하여 예언적으로 말씀하고 있다. 그렇다면 히스기야가 그렇게까지 죄를 지었다는 것일까? 아니면 단순히 이러한 사긴과 연결되어 미래의 일까지 말하는 것일까? 히스기야의 죄가 유다가 무너질 정도의 큰 죄는 아닌 것 같다. 그렇다고 단순히 연결하고 있는 것 같지는 않다. 히스기야의 교만이라는 작은 죄에 대한 경고다. 그러나 실제로 히스기야는 앗수르가 물러난 이후에도 교만이라는 죄의 굴레에 갇히는 모습이 나온다. 늘 큰 승리 이후에는 교만이라는 문제에 걸리곤 한다.

18 또 왕의 몸에서 날 아들 중에서 사로잡혀 바벨론 왕궁의 환관이 되리라 하셨나이다 하니
19 히스기야가 이사야에게 이르되 당신이 전한 바 여호와의 말씀이 선하니이다 하고 또 이르되 만일 내가 사는 날에 태평과 진실이 있을진대 어찌 선하지 아니

하리요 하니라

**18** Some of your own direct descendants will be taken away and made eunuchs to serve in the palace of the king of Babylonia."
**19** King Hezekiah understood this to mean that there would be peace and security during his lifetime, so he replied, "The message you have given me from the Lord is good."

**20:19 만일 내가 사는 날에 태평과 진실이 있을진대 어찌 선하지 아니하리요.** 이것에 대해 부정적인 해석을 하는 경우도 있지만 나는 긍정적으로 보는 것이 맞다고 본다. 이것은 자신이 사는 동안은 문제가 되지 않기 때문에 '선하다' 말하는 것이 아니다. 자신의 죄에 대한 인식 및 인정과 하나님의 긍휼에 대한 감사의 고백이다.
히스기야는 그렇게 자신의 숨은 죄와 하나님의 긍휼에 대한 깊은 생각을 가지고 있었다. 그러나 그럼에도 불구하고 이후에 앗수르를 무찌른 후에 다시 교만이 문제가 되는 것을 볼 수 있다. 성공하였을 때 교만을 이기는 것이 참으로 어려운 문제다.

**20** 히스기야의 남은 사적과 그의 모든 업적과 저수지와 수도를 만들어 물을 성 안으로 끌어들인 일은 유다 왕 역대지략에 기록되지 아니하였느냐
**21** 히스기야가 그의 조상들과 함께 자고 그의 아들 므낫세가 대신하여 왕이 되니라

**20** Everything else that King Hezekiah did, his brave deeds, and an account of how he built a reservoir and dug a tunnel to bring water into the city, are all recorded in The History of the Kings of Judah.
**21** Hezekiah died, and his son Manasseh succeeded him as king.

## 21장

**1** 므낫세가 왕이 될 때에 나이가 십이 세라 예루살렘에서 오십오 년간 다스리니라 그의 어머니의 이름은 헵시바더라

**1** Manasseh was twelve years old when he became king of Judah, and he ruled in Jerusalem for 55 years. His mother was Hephzibah.

**21:1 므낫세가 왕이 될 때에 나이가 십이 세.** 주전 697년으로 히스기야가 왕으로 있을 때 그와 공동 통치를 시작한 것에 대한 이야기다. 그는 히스기야와 10년간 공동통치를 하였다. 그의 악행에 대한 이야기는 그의 단독 통치인 주전 687년-643년에 일어났다.

2 므낫세가 여호와 보시기에 악을 행하여 여호와께서 이스라엘 자손 앞에서 쫓아내신 이방 사람의 가증한 일을 따라서

2 Following the disgusting practices of the nations whom the Lord had driven out of the land as his people advanced, Manasseh sinned against the Lord.

**21:2 므낫세가 여호와 보시기에 악을 행하여.** 므낫세는 유다의 역사에서 전무후무한 악한 왕이다. 그의 무엇이 그를 그렇게 악한 왕으로 보게 만들었을까? '여호와 보시기에'다. 여호와 보시기에 악하면 악한 왕이며 선하면 선한 왕이다.

오늘날에도 여전히 그렇다. 사람들은 자신들이 '선한 것'으로 생각하기도 한다. 그러나 하나님께서 보시기에 진정 '선한 지'를 생각해야 한다. 다른 사람들이 보기에 선하여도 하나님께서 보시기에 악하면 악한 것이다.

3 그의 아버지 히스기야가 헐어 버린 산당들을 다시 세우며 이스라엘의 왕 아합의 행위를 따라 바알을 위하여 제단을 쌓으며 아세라 목상을 만들며 하늘의 일월 성신을 경배하여 섬기며

3 He rebuilt the pagan places of worship that his father Hezekiah had destroyed; he built altars for the worship of Baal and made an image of the goddess Asherah, as King Ahab of Israel had done. Manasseh also worshipped the stars.

**21:3 산당들을 다시 세우며...바알을 위하여 제단을 쌓으며...일월 성신을 경배하여.** 므낫세는 어떤 면에서는 가장 종교심이 많은 왕이었다. 수많은 종교를 가지고 수많은 신을 섬겼다. 그가 신을 섬기는 모습은 하나님을 믿는 신앙이 아니라 다른 종교적인 시각이나 외적인 시각으로는 좋은 것일 수도 있다. 그가 그러한 신들을 섬기면서 원한 것은 나라의 부강함과 자신의 행복이었을 것이다. 나라의 부강과 자신의 행복을 위해 다양한 신을 섬기는 것이 어찌 죄가 될 수 있을까? 그러나 그것은 창조주 하나님을 부정하는 것이다. 진리를 부정하는 것이다. 하나님 형상 따라 창조된 사람이 창조주를 부정하고 진리를 부정하는 것은 죄다. 하나님을 믿지 않고 예배하지 않으면서 죄를 짓지 않는 것처럼 착각하지 말아야 한다.

여호와 하나님을 믿는 신앙은 절대성을 가지고 있다. 오늘날 다원적 사회에서는 절대성을 말하는 것이 금기어다. 그러나 믿음에 있어 배타성은 존중되어야 할 매우 중요한 사항이다. 사실 어떤 면에 있어서는 믿음에서 배타성은 본질적으로 가장 중요하다. 진리가 여러가지 일 수는 없기 때문이다. 특히 창조에 있어 그렇다. 절대적인 분에 대한 것이 그렇다. 그러나 믿음에 있어 배타성이 사회에 대한 배타성으로 이어지면 안

된다. 타 종교에 대한 배타성으로 이어지면 안 된다. '타 종교에 구원이 없다'고 믿는 것이 타 종교에 대해 배타성을 가져야 하는 것은 아니다.

4 여호와께서 전에 이르시기를 내가 내 이름을 예루살렘에 두리라 하신 여호와의 성전에 제단들을 쌓고
5 또 여호와의 성전 두 마당에 하늘의 일월 성신을 위하여 제단들을 쌓고
6 또 자기의 아들을 불 가운데로 지나게 하며 점치며 사술을 행하며 신접한 자와 박수를 신임하여 여호와께서 보시기에 악을 많이 행하여 그 진노를 일으켰으며
4 He built pagan altars in the Temple, the place that the Lord had said was where he should be worshipped.
5 In the two courtyards of the Temple he built altars for the worship of the stars.
6 He sacrificed his son as a burnt offering. He practiced divination and magic and consulted fortune tellers and mediums. He sinned greatly against the Lord and stirred up his anger.

**21:6 자기의 아들을 불 가운데로 지나게 하며 점치며 사술을 행하며.** 므낫세는 아들을 바칠 정도로 매우 열정적이었다. 점과 사술을 행할 정도로 나라를 부강하게 하는 것과 미래에 무엇을 해야 하는 것에 관심이 많았다. 그는 종교의 종합 세트라 할 정도로 다양한 것에 관심이 많았다. 모두 종교성이 있었기 때문에 가능하였을 것이다. 그러나 그러한 그의 모습은 죄일 뿐이다. 하나님의 뜻에 어긋난 것이기 때문이다. 진리에 어긋난 것이기 때문이다.

7 또 자기가 만든 아로새긴 아세라 목상을 성전에 세웠더라 옛적에 여호와께서 이 성전에 대하여 다윗과 그의 아들 솔로몬에게 이르시기를 내가 이스라엘의 모든 지파 중에서 택한 이 성전과 예루살렘에 내 이름을 영원히 둘지라
7 He placed the symbol of the goddess Asherah in the Temple, the place about which the Lord had said to David and his son Solomon: "Here in Jerusalem, in this Temple, is the place that I have chosen out of all the territory of the twelve tribes of Israel as the place where I am to be worshipped.

**21:7 아세라 목상을 성전에 세웠더라.** 아세라를 여호와 하나님의 배우자 신으로 여기며 세웠을 수도 있다. 그랬어도 그것은 성경에 무지한 것이다.

8 만일 이스라엘이 나의 모든 명령과 나의 종 모세가 명령한 모든 율법을 지켜

행하면 내가 그들의 발로 다시는 그의 조상들에게 준 땅에서 떠나 유리하지 아니하게 하리라 하셨으나
8 And if the people of Israel will obey all my commands and keep the whole Law that my servant Moses gave them, then I will not allow them to be driven out of the land that I gave to their ancestors."

**21:8 모세가 명령한 모든 율법을 지켜 행하면 내가 그들의 발로 다시는 그의 조상들에게 준 땅에서 떠나 유리하지 아니하게 하리라.** 이스라엘 백성을 출애굽시킨 여호와 하나님은 막연한 하나님이 아니다. 그들을 구체적으로 출애굽시킨 여호와 하나님이다. 어떤 하나님인지 아주 길게 설명하고 그것을 기록하여 말씀으로 주셨다. 그들을 출애굽시키신 하나님의 율법을 잘 지키면 방황하지 아니하고, 지키지 않으면 다시 애굽에 들어가는 것과 같은 방황과 고생이 있을 것이다. 출애굽시키신 것은 하나님의 백성으로 살도록 하기 위한 것이다. 하나님의 백성으로 산다는 것은 율법을 지키는 것을 의미한다.

9 이 백성이 듣지 아니하였고 므낫세의 꾐을 받고 악을 행한 것이 여호와께서 이스라엘 자손 앞에서 멸하신 여러 민족보다 더 심하였더라
9 But the people of Judah did not obey the Lord, and Manasseh led them to commit even greater sins than those committed by the nations whom the Lord had driven out of the land as his people advanced.

**21:9 이 백성이 듣지 아니하였고 므낫세의 꾐을 받고 악을 행한 것.** 결국 유다는 바벨론에 포로로 잡혀갈 것이다. 그것은 우상숭배의 귀결이다. 우상숭배는 단지 종교적인 것 같다. 자신의 복을 바라는 지극히 종교적인 시도 같다. 반면 '율법'은 지극히 고리타분한 것 같다. 아주 오래 전 받은 율법이다. 그러나 유다가 바벨론에 포로로 잡혀간 가장 실제적이고 현실적인 이유는 율법을 버리고 우상숭배를 한 것 때문이다.

10 여호와께서 그의 종 모든 선지자들을 통하여 말씀하여 이르시되
10 Through his servants the prophets the Lord said,

**21:10 선지자들을 통하여 말씀하여.** 하나님이 여러 선지자를 보내셔서 그의 죄를 책망하셨다. 그러나 그는 오히려 선지자들을 죽였다.

11 유다 왕 므낫세가 이 가증한 일과 악을 행함이 그 전에 있던 아모리 사람들의 행위보다 더욱 심하였고 또 그들의 우상으로 유다를 범죄하게 하였도다
11 "King Manasseh has done these disgusting things, things far worse than what the Canaanites did; and with his idols he has led the people of Judah into sin.

**21:11 악을 행함이 그 전에 있던 아모리 사람들의 행위보다 더욱 심하였고.** 아모리 사람은 이스라엘이 출애굽하여 가나안에 들어오기 전 가나안의 대표적인 민족이었다. 이스라엘 백성의 가나안 입성은 다른 한편으로는 아모리 사람을 비롯한 가나안 민족들의 죄에 대한 심판이었다. 그런데 므낫세의 죄악으로 인하여 유다에 아모리 사람들의 행위와 같은 죄악이 가득하였다. 그렇다면 아모리 사람들이 심판을 받은 것처럼 유다도 심판을 받게 될 것이다.

12 그러므로 이스라엘의 하나님 여호와가 말하노니 내가 이제 예루살렘과 유다에 재앙을 내리리니 듣는 자마다 두 귀가 울리리라
12 So I, the Lord God of Israel, will bring such a disaster on Jerusalem and Judah that everyone who hears about it will be stunned.

**21:12 내가 이제 예루살렘과 유다에 재앙을 내리리니.** 하나님께서 친히 재앙을 내리신다. 유다가 하나님의 백성이라는 이름을 가지고 있지만 그들의 죄에 대해 묵과하지 않으시고 아모리 족속에게 재앙을 내리신 것처럼 유다에도 재앙을 내리실 것이다. 하나님은 재앙을 내리실 때 편파적이지 않다. 백성이라는 이름을 가지고 있고 예배하고 있어도 재앙을 내리실 것이다. 이름이 아니라 행위를 보고 재앙을 내리신다. **듣는 자마다 두 귀가 울리리라.** 재앙의 소식이 너무 놀랍고 엄하여 듣는 귀가 두려움으로 떨린다는 표현이다. 기절초풍한다는 의미다. 어떻게 하나님께서 그 백성에게 그런 끔찍한 재앙을 내리신다는 것인지 그 내용에 참으로 크게 놀란다는 의미다.

13 내가 사마리아를 잰 줄과 아합의 집을 다림 보던 추를 예루살렘에 베풀고 또 사람이 그릇을 씻어 엎음 같이 예루살렘을 씻어 버릴지라
13 I will punish Jerusalem as I did Samaria, as I did King Ahab of Israel and his descendants. I will wipe Jerusalem clean of its people, as clean as a plate that has been wiped and turned upside down.

**21:13 사마리아를 잰 줄과 아합의 집을 다림 보던 추를 예루살렘에 베풀고.** 이미 한 예가 있다. 사마리아의 멸망이다. 아합 집안의 멸망이다. 그들이 재앙을 받던 바로 그 기

준으로 유다와 예루살렘과 다윗의 집안에도 재앙이 임할 것이다.

14 내가 나의 기업에서 남은 자들을 버려 그들의 원수의 손에 넘긴즉 그들이 모든 원수에게 노략거리와 겁탈거리가 되리니
15 이는 애굽에서 나온 그의 조상 때부터 오늘까지 내가 보기에 악을 행하여 나의 진노를 일으켰음이니라 하셨더라
14 I will abandon the people who survive, and will hand them over to their enemies, who will conquer them and plunder their land.
15 I will do this to my people because they have sinned against me and have stirred up my anger from the time their ancestors came out of Egypt to this day."

**21:15 애굽에서 나온 그의 조상 때부터 오늘까지 내가 보기에 악을 행하여.** 하나님께서 유다의 죄를 보고 계셨다. 기억하셨다. 그리고 심판하실 것이다. 유다의 죄가 쌓여 임계점에 이르면 심판이 있을 것이다. 사람들은 오늘 당장 심판이 없으면 마치 죄가 없는 것처럼 생각한다. 그러나 그렇지 않다. 죄는 심판이 있든 없든 죄다. 그 죄에 대해 마땅히 치러야 할 값이 있다. 죄는 그냥 사라지는 것이 아니다.
오늘날 은혜의 시대를 사는 우리들에게도 마찬가지다. '죄를 기억하지 않으신다'는 것은 죄를 사하시는 그리스도의 대속의 은혜에 대한 이야기다. 오늘날 우리가 은혜의 시대를 살기 때문에 어떤 죄를 행해도 죄가 기억되지 않는 것이 아니다. 대속의 은혜는 구약 시대의 사람들에게도 여전히 적용된다. 그들은 은혜의 시대가 아니기 때문에 심판이 있는 것이 아니다. 유다의 멸망이라는 심판은 그들이 구원받지 못한 백성이 되었다는 것을 의미하는 것도 아니다. 구원은 오직 그리스도의 대속의 피로 되는 것이다. 그런데 그들에게 멸망이 있을 것이다. 곧 모든 죄는 그리스도의 대속 외에도 치러야 하는 대가가 있다는 것을 볼 수 있다.

16 므낫세가 유다에게 범죄하게 하여 여호와께서 보시기에 악을 행한 것 외에도 또 무죄한 자의 피를 심히 많이 흘려 예루살렘 이 끝에서 저 끝까지 가득하게 하였더라
17 므낫세의 남은 사적과 그가 행한 모든 일과 범한 죄는 유다 왕 역대지략에 기록되지 아니하였느냐
18 므낫세가 그의 조상들과 함께 자매 그의 궁궐 동산 곧 웃사의 동산에 장사되고 그의 아들 아몬이 대신하여 왕이 되니라
19 아몬이 왕이 될 때에 나이가 이십이 세라 예루살렘에서 이 년간 다스리니라

그의 어머니의 이름은 므술레멧이요 욧바 하루스의 딸이더라
16 Manasseh killed so many innocent people that the streets of Jerusalem were flowing with blood; he did this in addition to leading the people of Judah into idolatry, causing them to sin against the Lord.
17 Everything else that Manasseh did, including the sins he committed, is recorded in The History of the Kings of Judah.
18 Manasseh died and was buried in the palace garden, the garden of Uzza, and his son Amon succeeded him as king.
19 Amon was 22 years old when he became king of Judah, and he ruled in Jerusalem for two years. His mother was Meshullemeth, the daughter of Haruz, from the town of Jotbah.

**21:19 아몬이 왕이 될 때에 나이가 이십이 세.** 므낫세의 후반 이야기가 열왕기하에는 기록되지 않았지만 역대기하에서 말하고 있다. 아몬의 아버지 므낫세는 통치 후반기는 회개하고 선한 길을 갔다. 그의 전반기가 워낙 악하여 후반의 모습이 많이 기억되지 않지만 바벨론에 포로로 잡혀 갔다 온 후로는 선한 왕으로 바뀌었다. 그의 후반 10년 정도로 추정할 수 있다. 아몬이 왕위에 오를 때가 22세이기에 최소한 그가 무엇인가를 아는 시기에는 이미 므낫세가 회개한 이후의 모습이었을 것이다. 그가 아주 어렸을 때 므낫세가 악한 왕이었고 최소 후반기의 10년 정도는 므낫세가 회개한 이후의 모습이었을 것으로 추정된다. 그렇다면 아몬이 기억하는 아버지의 모습은 주로 회개한 이후의 모습일 것이다.

20 아몬이 그의 아버지 므낫세의 행함 같이 여호와 보시기에 악을 행하되
20 Like his father Manasseh, he sinned against the Lord;

**21:20 므낫세의 행함 같이 여호와 보시기에 악을 행하되.** 아몬은 그가 본 므낫세의 회개 후의 모습이 아니라 보지 않은 회개 전의 모습을 따라갔다. 그의 아버지 므낫세가 그렇게 아파하였던 과거의 죄의 역사를 따라갔다. 사람은 선을 따라가기 보다는 악을 따라가기가 쉽다. 이것을 명심해야 한다. 악을 따라가고자 한다면 평범해도 된다. 그러나 선을 따라가고자 한다면 비범해야 한다. 힘을 다해야 선을 따라갈 수 있다.

21 그의 아버지가 행한 모든 길로 행하여 그의 아버지가 섬기던 우상을 섬겨 그것들에게 경배하고
22 그의 조상들의 하나님 여호와를 버리고 그 길로 행하지 아니하더니
23 그의 신복들이 그에게 반역하여 왕을 궁중에서 죽이매
21 he imitated his father's actions, and he worshipped the idols that his father had

worshipped.
**22** He rejected the Lord, the God of his ancestors, and disobeyed the Lord's commands.
**23** Amon's officials plotted against him and assassinated him in the palace.

**21:23 신복들이 그에게 반역하여.** 아몬은 2년이라는 짧은 통치를 뒤로 하고 암살당하였다. 유다에서 가장 유명한 악한 왕은 므낫세였다. 그러나 가장 불쌍한 왕은 아몬이다. 므낫세는 회개하였지만 아몬은 회개하지 못하고 죽임을 당하였기 때문이다. 아몬은 므낫세의 죄를 그대로 따라갔으나 회개는 따라가지 않았다. 그래서 가장 불쌍하고 실제적으로는 가장 악한 왕으로 끝난다.

**24** 그 국민이 아몬 왕을 반역한 사람들을 다 죽이고 그의 아들 요시야를 대신하게 하여 왕을 삼았더라
**24** The people of Judah killed Amon's assassins and made his son Josiah king.

**21:24 그 국민이 아몬 왕을 반역한 사람들을 다 죽이고.** 아몬을 죽이고 반역한 사람들은 어쩌면 다윗의 자손 시대를 마칠 수도 있었다. 이전에 쿠데타 세력이 아버지를 죽이고 그 아들을 왕으로 세웠을 때 아마샤 왕이 나중에 원수를 갚았다. 그 역사를 알기 때문에 이번에는 다른 사람을 왕으로 세울 가능성이 높았다. 그러나 쿠데타 세력이 아니라 특정되지 않은 '국민'이 쿠데타 세력을 제압하였다. **그의 아들 요시야를 대신하게 하여 왕을 삼았더라.** '국민'은 자신들이 쿠데타를 일으킨 것이 아니기 때문에 아몬의 아들 요시야를 왕으로 세울 수 있었다. 그래서 유다는 끝까지 다윗의 아들이 왕이 되는 전통이 이어졌다. 이것은 이후에 '다윗의 자손'을 기다리는 신학과 실제성에 많은 영향을 미쳤을 것이다.

**25** 아몬이 행한 바 남은 사적은 유다 왕 역대지략에 기록되지 아니하였느냐
**26** 아몬이 웃사의 동산 자기 묘실에 장사되고 그의 아들 요시야가 대신하여 왕이 되니라
**25** Everything else that Amon did is recorded in The History of the Kings of Judah.
**26** Amon was buried in the tomb in the garden of Uzza, and his son Josiah succeeded him as king.

1 요시야가 왕위에 오를 때에 나이가 팔 세라 예루살렘에서 삼십일 년간 다스리니라 그의 어머니의 이름은 여디다요 보스갓 아다야의 딸이더라
1 Josiah was eight years old when he became king of Judah, and he ruled in Jerusalem for 31 years. His mother was Jedidah, the daughter of Adaiah, from the town of Bozkath.

**22:1 요시야가 왕위에 오를 때에 나이가 팔 세라.** 요시야는 아버지 아몬이 암살을 당하였기 때문에 아주 어린 나이에 왕이 되었다. 그의 시작은 그렇게 매우 어렵고 불운하였다. 그의 시작은 실패할 가능성이 높아 보였다. 그러나 그는 매우 성공한 왕이 된다.

2 요시야가 여호와 보시기에 정직히 행하여 그의 조상 다윗의 모든 길로 행하고 좌우로 치우치지 아니하였더라
2 Josiah did what was pleasing to the Lord; he followed the example of his ancestor King David, strictly obeying all the laws of God.

**22:2 다윗의 모든 길로 행하고 좌우로 치우치지 아니하였더라.** 요시야는 선한 왕이 되었다. 특히 '좌우로 치우치지 아니하였더라'는 구절을 추가하여 그를 평가하고 있다. 이것은 그가 말씀을 따라 바르게 갔다는 것을 의미한다. 매우 큰 찬사다. 히스기야를 제 2의 다윗이라고 말한다면 요시야는 어떤 면에 있어서는 다윗을 뛰어넘은 모습까지 있다. 말씀을 지키는 면에 있어서는 다윗을 넘어 매우 탁월하여 모세와 연결된다.

3 요시야 왕 열여덟째 해에 왕이 므술람의 손자 아살리야의 아들 서기관 사반을 여호와의 성전에 보내며 이르되
3 In the eighteenth year of his reign, King Josiah sent the court secretary Shaphan, the son of Azaliah and grandson of Meshullam, to the Temple with the order:

**22:3 열여덟째 해에...성전에 보내며.** 요시야 왕은 통치 18년째인 26살에 성전 수리를 시작하였다. 성전 수리를 시작하였다는 것은 그가 성전에 관심을 많이 가졌다는 것을 의미한다. 하나님을 향하였다는 뜻이다. 사람의 관심은 그가 사용하는 단어와 시간을 보면 알 수 있다.
하나님을 향한 그의 관심은 점진적이었다. "아직도 어렸을 때 곧 왕위에 있은 지 팔 년에 그의 조상 다윗의 하나님을 비로소 찾고 제십이년에 유다와 예루살렘을 비로소

정결하게 하여 그 산당들과 아세라 목상들과 아로새긴 우상들과 부어 만든 우상들을 제거하여 버리매"(대하 34:3) '하나님을 비로소 찾고'라고 말하는데 16살 때의 일이다. '유다와 예루살렘을 비로소 정결하게 하여...우상들을 제거하여 버리매'라고 말한다. 20살이 되었을 때 그의 아버지에 의해 남겨진 우상을 제거하였다. 그는 그렇게 하나님께 관심을 가지고 나갔다.

**4** 너는 대제사장 힐기야에게 올라가서 백성이 여호와의 성전에 드린 은 곧 문지킨 자가 수납한 은을 계산하여
**5** 여호와의 성전을 맡은 감독자의 손에 넘겨 그들이 여호와의 성전에 있는 작업자에게 주어 성전에 부서진 것을 수리하게 하되
**6** 곧 목수와 건축자와 미장이에게 주게 하고 또 재목과 다듬은 돌을 사서 그 성전을 수리하게 하라
**7** 그러나 그들의 손에 맡긴 은을 회계하지 말지니 이는 그들이 진실하게 행함이니라
**8** 대제사장 힐기야가 서기관 사반에게 이르되 내가 여호와의 성전에서 율법책을 발견하였노라 하고 힐기야가 그 책을 사반에게 주니 사반이 읽으니라
**4** "Go to the High Priest Hilkiah and get a report on the amount of money that the priests on duty at the entrance to the Temple have collected from the people.
**5** Tell him to give the money to the men who are in charge of the repairs in the Temple. They are to pay
**6** the carpenters, the builders, and the masons, and buy the timber and the stones used in the repairs.
**7** The men in charge of the work are thoroughly honest, so there is no need to require them to account for the funds."
**8** Shaphan delivered the king's order to Hilkiah, and Hilkiah told him that he had found the book of the Law in the Temple. Hilkiah gave him the book, and Shaphan read it.

**22:8 대제사장 힐기야가 서기관 사반에게 이르되 내가 여호와의 성전에서 율법책을 발견하였노라.** 새로운 율법책을 발견하는 아주 큰 사건이 일어났다. 여기에서 아주 큰 궁금한 것이 생긴다. 여기에서 발견된 율법책은 어떤 성경을 의미할까? '율법책'이라는 말은 모세오경 중에 신명기에만 나온다. 또한 요시야가 읽은 내용을 보면 '신명기'가 분명해 보인다.

그렇다면 신명기가 통째로 분실되었던 것일까? 성경이 분실될 수는 없을 것이다. 열왕기상하를 보면 율법을 따라 잘 행동한 왕이 나오고 율법을 무시하고 우상숭배를 한 왕이 나온다. 왕이나 백성들은 늘 율법을 대할 기회를 가졌었다. 말씀을 언약궤 옆에 두었고 공식적인 행사 때에 읽었다. 그런데 어떻게 신명기의 말씀이 발견되고 마치

그것이 새로운 것인 것처럼 말하고 있을까?
이 부분이 매우 어렵다. 모든 사실은 추정만 가능하다. 아마 율법 두루마기를 두는 공식적인 자리에 신명기의 일부가 삭제되었던 것 같다. 일부의 두루마기를 빼서 차마 버리지는 못하고 어느 깊은 곳에 따로 보관하고 있었던 것 같다. 그 기간은 오래되지 않았을 것이다. 므낫세와 아몬이라는 악한 왕들의 재위 기간에 왕의 심기를 건드리지 않기 위해 그 누군가에 의해 제거된 것으로 보인다. 이름 모를 누군가가 주도하였고 왕은 암묵적으로 그것을 조장하였다.
사람들은 다양한 이유로 성경을 제거하곤 한다. 우리는 그것을 조심해야 한다. 성경 66권 중에 어떤 선호하는 성경만 읽는 것은 나머지를 제거하는 위험을 갖는다. 성경을 읽으면서 이해되지 않는 부분을 이해하지 않고 넘어가는 것도 성경을 제거하는 모습이다. 성경은 죄를 지적하는 이야기가 절대다수의 양으로 기록되어 있다. 그러나 사람들은 죄에 대한 이야기보다는 다른 이야기를 더 좋아하는 경향이 있다. 설교나 성경 읽기가 하나님께서 기록하신 성경대로가 아니라 사람들이 듣기 좋아하는 것 위주로 전해진다면 그것은 성경을 제거한 것이다. 성경 분량은 구약이 더 많은데 설교는 신약을 더 하는 경향이 많다. 그것 또한 성경을 제거하는 것이다. 설교를 하면서 성경 이야기가 아니라 자신의 이야기가 더 많은 부분을 차지한다. 그것도 성경을 제거하는 것이다.

**9** 서기관 사반이 왕에게 돌아가서 보고하여 이르되 왕의 신복들이 성전에서 찾아낸 돈을 쏟아 여호와의 성전을 맡은 감독자의 손에 맡겼나이다 하고
**10** 또 서기관 사반이 왕에게 말하여 이르되 제사장 힐기야가 내게 책을 주더이다 하고 사반이 왕의 앞에서 읽으매
**11** 왕이 율법책의 말을 듣자 곧 그의 옷을 찢으니라
**9** Then he went back to the king and reported: "Your servants have taken the money that was in the Temple and have handed it over to the men in charge of the repairs."
**10** And then he said, "I have here a book that Hilkiah gave me." And he read it aloud to the king.
**11** When the king heard the book being read, he tore his clothes in dismay,

**22:11** 요시야 왕은 잃어버렸던 신명기의 일부의 말씀을 듣고 크게 애통하며 회개하였다. 말씀에서 '하라'고 명령하고 있는 것을 행하지 않고 있었고, 말씀에서 '하지 마라'고 말하는 것을 행하고 있었던 것이 있을 것이다. 왕의 심기를 건드리지 않기 위해 살짝 뺐던 신명기의 일부의 내용은 사실 왕이 더욱더 들어야 했던 말씀이었다. 유다

백성들이 들어야 했던 말씀이다. 말씀은 어떤 것도 빼서는 안 된다. 모든 말씀을 들어야 하고 말씀 앞에 엎드려야 한다.

12 왕이 제사장 힐기야와 사반의 아들 아히감과 미가야의 아들 악볼과 서기관 사반과 왕의 시종 아사야에게 명령하여 이르되
13 너희는 가서 나와 백성과 온 유다를 위하여 이 발견한 책의 말씀에 대하여 여호와께 물으라 우리 조상들이 이 책의 말씀을 듣지 아니하며 이 책에 우리를 위하여 기록된 모든 것을 행하지 아니하였으므로 여호와께서 우리에게 내리신 진노가 크도다
12 and gave the following order to Hilkiah the priest, to Ahikam son of Shaphan, to Achbor son of Micaiah, to Shaphan, the court secretary, and to Asaiah, the king's attendant:
13 "Go and consult the Lord for me and for all the people of Judah about the teachings of this book. The Lord is angry with us because our ancestors have not done what this book says must be done."

**22:13 책의 말씀에 대하여 여호와께 물으라.** 무엇을 묻고자 하였을까? **우리 조상들이...이 책에 우리를 위하여 기록된 모든 것을 행하지 아니하였으므로 여호와께서 우리에게 내리신 진노가 크도다.** 요시야는 선대에 제거하였던 말씀을 기준으로 보면 그 말씀을 어김으로 하나님의 진노가 있음을 알았다. 그렇다면 이제 자신과 나라가 무엇을 해야 하는지를 알고자 하였다.

14 이에 제사장 힐기야와 또 아히감과 악볼과 사반과 아사야가 여선지 훌다에게로 나아가니 그는 할하스의 손자 디과의 아들로서 예복을 주관하는 살룸의 아내라 예루살렘 둘째 구역에 거주하였더라 그들이 그와 더불어 말하매
14 Hilkiah, Ahikam, Achbor, Shaphan, and Asaiah went to consult a woman named Huldah, a prophet who lived in the newer part of Jerusalem. (Her husband Shallum, the son of Tikvah and grandson of Harhas, was in charge of the temple robes.) They described to her what had happened,

**22:14 여선지 훌다에게로 나아가니.** 선지자는 하나님의 말씀을 잘 지키는지 그렇지 않은지에 대해 하나님의 뜻을 전하는 사람이었다. 이것은 오늘날 목회자와 역할이 비슷하다. 그러나 이 시대에는 한 가지 더 사역이 있었다. 앞으로 일어날 하나님의 행하심에 대해 하나님의 뜻을 전하였다.
오늘날은 특별계시가 마친 시대이기 때문에 이 부분에서는 더 이상의 선지자가 없다. 그러나 성경이 마치기 전의 시대인 본문의 시대에는 선지자가 앞으로 일어날 하나님

의 뜻에 대해 말하였다. 요시야는 그것을 알고자 하였다.

15 훌다가 그들에게 이르되 이스라엘 하나님 여호와의 말씀이 너희는 너희를 내게 보낸 사람에게 말하기를
16 여호와의 말씀이 내가 이 곳과 그 주민에게 재앙을 내리되 곧 유다 왕이 읽은 책의 모든 말대로 하리니
15 and she told them to go back to the king and give him
16 the following message from the Lord: "I am going to punish Jerusalem and all its people, as written in the book that the king has read.

**22:16 유다 왕이 읽은 책의 모든 말대로 하리니.** 요시야가 새로 발견하여 읽은 그 성경대로 모든 일이 일어날 것이라고 말하였다. 성경은 사람들이 그것을 읽든 읽지 않든 성경대로 성취된다.
오늘날 사람들이 성경 말씀을 읽지 않아서 '주님의 재림'을 모르고 있다 할지라도 예수님은 반드시 재림하실 것이다. 그것처럼 다른 모든 것들 또한 그러하다. 사람들이 그것을 알든 모르든 모든 성경 말씀은 그래도 성취된다. 그러기에 말씀을 제거하는 것은 결국 자기 자신에게 손해가 된다. 자기 자신이 그것을 모르고 있는 것이기 때문이다. 말씀은 사람이 알든 모르든 사람을 심판하는 가장 중요한 기준이다.

17 이는 이 백성이 나를 버리고 다른 신에게 분향하며 그들의 손의 모든 행위로 나를 격노하게 하였음이라 그러므로 내가 이 곳을 향하여 내린 진노가 꺼지지 아니하리라 하라 하셨느니라
17 They have rejected me and have offered sacrifices to other gods, and so have stirred up my anger by all they have done. My anger is aroused against Jerusalem, and it will not die down.

**22:17 이는 이 백성이 나를 버리고 다른 신에게 분향하며 그들의 손의 모든 행위로 나를 격노하게 하였음이라.** 유다 백성이 죄를 범하였을 때 그들은 하나님의 격노를 모르고 있었다. 그러나 그렇다고 하여 하나님의 격노가 없는 것이 아니었다. 그들에게 하나님의 격노가 있었고 그 격노에 따라 심판이 있을 것이라고 말씀하고 있다. 말씀을 어긴 것에 대한 재앙은 그대로 이루어진다.

18 너희를 보내 여호와께 묻게 한 유다 왕에게는 너희가 이렇게 말하라 이스라

엘의 하나님 여호와가 이같이 말씀하셨느니라 네가 들은 말들에 대하여는
19 내가 이 곳과 그 주민에게 대하여 빈 터가 되고 저주가 되리라 한 말을 네가 듣고 마음이 부드러워져서 여호와 앞 곧 내 앞에서 겸비하여 옷을 찢고 통곡하였으므로 나도 네 말을 들었노라 여호와가 말하였느니라
18 As for the king himself, this is what I, the Lord God of Israel, say: you listened to what is written in the book,
19 and you repented and humbled yourself before me, tearing your clothes and weeping, when you heard how I threatened to punish Jerusalem and its people. I will make it a terrifying sight, a place whose name people will use as a curse. But I have heard your prayer,

**22:19 말을 네가 듣고 마음이 부드러워져서 여호와 앞 곧 내 앞에서 겸비하여...나도 네 말을 들었노라.** 요시야가 말씀을 발견하고 그로 인하여 하나님 앞에서 더욱더 통회하였다. 하나님께서 그 모습을 보시고 긍휼히 여기셨다.
말씀을 하나님의 말씀으로 듣고 하나님 앞에 엎드릴 때 하나님께서 그 사람의 말을 들으신다. 회개를 들으신다. 우리가 하나님의 말씀을 제거하고 듣지 아니하면 하나님께서도 우리의 기도를 듣지 않으시지만, 우리가 하나님의 말씀을 듣고자 하고 열심히 읽고 들으면 하나님께서도 우리의 말을 들으신다. 이것은 대화의 기본이다.

20 그러므로 보라 내가 너로 너의 조상들에게 돌아가서 평안히 묘실로 들어가게 하리니 내가 이 곳에 내리는 모든 재앙을 네 눈이 보지 못하리라 하셨느니라 하니 사자들이 왕에게 보고하니라
20 and the punishment which I am going to bring on Jerusalem will not come until after your death. I will let you die in peace." The men returned to King Josiah with this message.

**22:20 그러므로 보라 내가 너로 너의 조상들에게 돌아가서 평안히 묘실로 들어가게 하리니.** 요시야가 말씀을 대하는 그 진실함을 보시고 하나님께서 그를 긍휼히 여기셨다. 그래서 요시야 때는 재앙을 내리지 않겠다고 말씀하셨다. 재앙이 보류된 것이다.

## 23장

1 왕이 보내 유다와 예루살렘의 모든 장로를 자기에게로 모으고
2 이에 왕이 여호와의 성전에 올라가매 유다 모든 사람과 예루살렘 주민과 제사장들과 선지자들과 모든 백성이 노소를 막론하고 다 왕과 함께 한지라 왕이

여호와의 성전 안에서 발견한 언약책의 모든 말씀을 읽어 무리의 귀에 들리고
1 King Josiah summoned all the leaders of Judah and Jerusalem,
2 and together they went to the Temple, accompanied by the priests and the prophets and all the rest of the people, rich and poor alike. Before them all, the king read aloud the whole book of the covenant which had been found in the Temple.

**23:2 모든 백성이 노소를 막론하고 다 왕과 함께 한지라.** 요시야 왕은 발견된 말씀을 지키기 위해 바로 행동으로 들어갔다. 각계각층의 모든 백성을 모이게 하였다. **성전 안에서 발견한 언약책의 모든 말씀을 읽어 무리의 귀에 들리고.** 요시야 왕은 새로 발견된 성경을 온 백성이 들을 수 있도록 읽게 하였다.

3 왕이 단 위에 서서 여호와 앞에서 언약을 세우되 마음을 다하고 뜻을 다하여 여호와께 순종하고 그의 계명과 법도와 율례를 지켜 이 책에 기록된 이 언약의 말씀을 이루게 하리라 하매 백성이 다 그 언약을 따르기로 하니라
3 He stood by the royal column and made a covenant with the Lord to obey him, to keep his laws and commands with all his heart and soul, and to put into practice the demands attached to the covenant, as written in the book. And all the people promised to keep the covenant.

**23:3 백성이 다 그 언약을 따르기로 하니라.** 새로 발견된 말씀을 백성들이 온 힘을 다하여 따르기로 약속을 맺었다. 이것은 일종의 언약갱신이다.
이스라엘 백성은 중요한 순간에 언약갱신을 하였다. 3개의 중요한 언약갱신이 있었는데 여호수아 때 세겜에서 언약을 맺은 것, 사무엘 때 미스바에서 언약을 맺은 것이 있다. 그리고 오늘 본문에서 요시야 왕 때 백성과 언약을 맺은 것이다.
여기에서 언약을 맺은 것은 새로운 것에 대한 계약이기보다는 이전의 언약에 대한 갱신이다. 이전에 언약을 지키지 못한 것을 회개하며 새롭게 언약을 잘 따르기로 다짐하는 갱신이다. 사실 언약은 늘 상기하고 갱신되어야 한다.

4 왕이 대제사장 힐기야와 모든 부제사장들과 문을 지킨 자들에게 명령하여 바알과 아세라와 하늘의 일월 성신을 위하여 만든 모든 그릇들을 여호와의 성전에서 내다가 예루살렘 바깥 기드론 밭에서 불사르고 그것들의 재를 벧엘로 가져가게 하고
4 Then Josiah ordered the High Priest Hilkiah, his assistant priests, and the guards on duty at the entrance to the Temple to bring out of the Temple all the objects used in the worship of Baal, of the goddess Asherah, and of the stars. The king burnt all these objects outside the city near the valley of the Kidron, and then had the ashes taken to Bethel.

**23:4 일월 성신을 위하여 만든 모든 그릇들을...불사르고 그것들의 재를 벧엘로 가져가게 하고.** 모든 우상숭배의 도구들을 태워버렸다. 그리고 우상숭배의 시작점이 되었던 벧엘로 가져가 재를 버리게 함으로 우상과 우상숭배를 부정하게 하고 배격하였다.

> 5 옛적에 유다 왕들이 세워서 유다 모든 성읍과 예루살렘 주위의 산당들에서 분향하며 우상을 섬기게 한 제사장들을 폐하며 또 바알과 해와 달과 별 떼와 하늘의 모든 별에게 분향하는 자들을 폐하고
> 5 He removed from office the priests that the kings of Judah had ordained to offer sacrifices on the pagan altars in the cities of Judah and in places near Jerusalem—all the priests who offered sacrifices to Baal, to the sun, the moon, the planets, and the stars.

**23:5 산당들에서 분향하며 우상을 섬기게 한 제사장들을 폐하며.** 우상숭배의 이방 제사장들을 폐하여 그 일을 하지 못하게 하였다.

> 6 또 여호와의 성전에서 아세라 상을 내다가 예루살렘 바깥 기드론 시내로 가져다 거기에서 불사르고 빻아서 가루를 만들어 그 가루를 평민의 묘지에 뿌리고
> 6 He removed from the Temple the symbol of the goddess Asherah, took it out of the city to the valley of the Kidron, burnt it, pounded its ashes to dust, and scattered it over the public burial ground.

**23:6 성전에서 아세라 상을 내다가...그 가루를 평민의 묘지에 뿌리고.** 사람들이 거룩하게 여기던 아세라 상을 불사르고 빻아서 기드론 계곡에 있는 사람들의 묘지에 뿌림으로 아세라 상이 철저히 부정되게 하였다.

> 7 또 여호와의 성전 가운데 남창의 집을 헐었으니 그 곳은 여인이 아세라를 위하여 휘장을 짜는 처소였더라
> 8 또 유다 각 성읍에서 모든 제사장을 불러오고 또 제사장이 분향하던 산당을 게바에서부터 브엘세바까지 더럽게 하고 또 성문의 산당들을 헐어 버렸으니 이 산당들은 그 성읍의 지도자 여호수아의 대문 어귀 곧 성문 왼쪽에 있었더라
> 7 He destroyed the living quarters in the Temple occupied by the temple prostitutes. (It was there that women wove robes used in the worship of Asherah.)
> 8 He brought to Jerusalem the priests who were in the cities of Judah, and throughout the whole country he desecrated the altars where they had offered sacrifices. He also tore down the altars dedicated to the goat-demons near the gate built by Joshua, the city governor, which was to the left of the main gate as one enters the city.

**23:8 유다 각 성읍에서 모든 제사장을 불러오고...성문의 산당들을 헐어 버렸으니.** '제사장'은 이방 제사장이 아니라 하나님의 제사장들을 의미한다. 그들이 유다 각 지역의 산당에서 제사를 드리고 있었는데 산당을 제거하고 모두 예루살렘으로 오도록 조치를 취한 것이다.

> 9 산당들의 제사장들은 예루살렘 여호와의 제단에 올라가지 못하고 다만 그의 형제 중에서 무교병을 먹을 뿐이었더라
> 9 Those priests were not allowed to serve in the Temple, but they could eat the unleavened bread provided for their fellow-priests.

**23:9 산당들의 제사장들은 예루살렘 여호와의 제단에 올라가지 못하고.** 산당은 하나님께서 금지하셨던 것이기에 그곳에서 섬긴 제사장들은 예루살렘 성전에서 섬기지 못하도록 조치를 취하였다. 아주 구체적이고, 세밀하고 경우에 합당하게 우상을 제거하고 잘못된 방식의 산당까지 제거하며 요시야는 말씀을 그대로 실행하기 위해 모든 조치를 취하였다. 이러한 과정은 결코 쉽지 않았을 것이다. 그러나 그것이 말씀을 따르는 일이었기 때문에 그대로 행동하였다.

> 10 왕이 또 힌놈의 아들 골짜기의 도벳을 더럽게 하여 어떤 사람도 몰록에게 드리기 위하여 자기의 자녀를 불로 지나가지 못하게 하고
> 10 King Josiah also desecrated Topheth, the pagan place of worship in the Valley of Hinnom, so that no one could sacrifice his son or daughter as a burnt offering to the god Molech.

**23:10 힌놈의 아들 골짜기의 도벳.** 예루살렘의 서쪽에서 내려오다가 남쪽으로 휘어지는 계곡이 힌놈의 아들 골짜기이다. 이 골짜기가  동쪽에서 아래로 내려오는 기드론 계곡을 만나는 지점을 도벳이라 말한다. '도벳'에는 몰록에게 드리는 제단이 있었다. 요시야는 그곳을 더럽게 하였다. 그곳을 무력화시키기 위해 더럽게 하는 것이다.

> 11 또 유다 여러 왕이 태양을 위하여 드린 말들을 제하여 버렸으니 이 말들은 여호와의 성전으로 들어가는 곳의 근처 내시 나단멜렉의 집 곁에 있던 것이며 또 태양 수레를 불사르고
> 11 He also removed the horses that the kings of Judah had dedicated to the worship of the sun, and he burnt the chariots used in this worship. (These were kept in the temple courtyard, near the gate and not far from the living quarters of Nathan Melech, a high

official.)

**23:11 태양을 위하여 드린 말들을 제하여 버렸으니...태양 수레를 불사르고.** 태양 숭배의 일환으로, 그것을 끄는 상징적 의미로 수레와 말 모양의 토기 등이 만들어져 있었다. 그것을 불살랐다.

**12** 유다 여러 왕이 아하스의 다락 지붕에 세운 제단들과 므낫세가 여호와의 성전 두 마당에 세운 제단들을 왕이 다 헐고 거기서 빻아내려서 그것들의 가루를 기드론 시내에 쏟아 버리고

**12** The altars which the kings of Judah had built on the palace roof above King Ahaz' quarters, King Josiah tore down, along with the altars put up by King Manasseh in the two courtyards of the Temple; he smashed the altars to bits and threw them into the valley of the Kidron.

**23:12 아하스의 다락 지붕에 세운 제단...므낫세가 여호와의 성전 두 마당에 세운 제단들을...헐고.** '아하스의 지붕'은 아하스 왕의 개인 집을 말하는 것 같다. 당시 지붕에 일월성신을 섬기는 제단이 있는 경우들이 있었다. 므낫세의 제단도 일월성신을 섬기는 것이다.

**13** 또 예루살렘 앞 멸망의 산 오른쪽에 세운 산당들을 왕이 더럽게 하였으니 이는 옛적에 이스라엘 왕 솔로몬이 시돈 사람의 가증한 아스다롯과 모압 사람의 가증한 그모스와 암몬 자손의 가증한 밀곰을 위하여 세웠던 것이며

**13** Josiah desecrated the altars that King Solomon had built east of Jerusalem, south of the Mount of Olives, for the worship of disgusting idols—Astarte the goddess of Sidon, Chemosh the god of Moab, and Molech the god of Ammon.

**23:13 멸망의 산 오른쪽에 세운 산당들을 왕이 더럽게 하였으니...솔로몬이...세웠던 것이며.** 멸망의 산은 올리브 산을 의미한다. 그곳에 멸망의 가증한 산당들이 세워졌기 때문에 그렇게 부르는 것이다. 솔로몬 때 세워진 산당까지 무너뜨리고 더럽게 하였다. 솔로몬의 잘못까지 고치고 다윗 시대의 모습으로 돌아가는 모습이다. 과거 위대한 솔로몬 왕 때도 있었던 것이라고 합리화하지 않고 잘못된 것은 모두 고쳤다.

**14** 왕이 또 석상들을 깨뜨리며 아세라 목상들을 찍고 사람의 해골로 그 곳에 채웠더라

15 또한 이스라엘에게 범죄하게 한 느밧의 아들 여로보암이 벧엘에 세운 제단과 산당을 왕이 헐고 또 그 산당을 불사르고 빻아서 가루를 만들며 또 아세라 목상을 불살랐더라

14 King Josiah broke the stone pillars to pieces, cut down the symbols of the goddess Asherah, and the ground where they had stood he covered with human bones.
15 Josiah also tore down the place of worship in Bethel which had been built by King Jeroboam son of Nebat, who led Israel into sin. Josiah pulled down the altar, broke its stones into pieces, and pounded them to dust; he also burnt the image of Asherah.

**23:15 여로보암이 벧엘에 세운 제단과 산당을 왕이 헐고.** 여로보암이 세운 산당까지 헐었다. 이 당시 벧엘이나 사마리아 지역에 있는 산당을 요시야가 제거한 것을 보면 이 지역이 유다의 영향 아래 있었다는 것으로 판단할 수 있다.
이 당시 앗수르는 제국 내의 정치적인 문제로 복잡하였고 애굽은 가나안에서 자신들의 경제적 이득만 중요하게 생각하였지 정치에는 간섭하려 들지 않았다. 그래서 유다의 요시야 왕은 북이스라엘 지역에서도 우상을 제거하는 일을 할 수 있었다. 얼마나 놀라운 하나님의 섭리인지 모른다.

16 요시야가 몸을 돌이켜 산에 있는 무덤들을 보고 보내어 그 무덤에서 해골을 가져다가 제단 위에서 불살라 그 제단을 더럽게 하니라 이 일을 하나님의 사람이 전하였더니 그 전한 여호와의 말씀대로 되었더라

16 Then Josiah looked round and saw some tombs there on the hill; he had the bones taken out of them and burnt on the altar. In this way he desecrated the altar, doing what the prophet had predicted long before during the festival as King Jeroboam was standing by the altar. King Josiah looked round and saw the tomb of the prophet who had made this prediction.

**23:16 무덤에서 해골을 가져다가 제단 위에서 불살라 그 제단을 더럽게 하니라.** 죽은 시체의 재를 제단에 뿌려서 제단을 더럽힘으로 다시는 제단을 사용할 수 없게 만들었다. **이 일을 하나님의 사람이 전하였더니 그 전한 여호와의 말씀대로 되었더라.** 약 300년 전 여로보암이 벧엘에 산당을 만들고 제단을 만들었을 때 이름 없는 선지자가 이것을 예언하였었다. 요시야 왕의 이름까지 말하였었다. 사람들은 300년이 지났으니 잊었을 것이다. 그러나 하나님은 결코 잊지 않으시고 300년이 지나 벧엘에 있는 산당을 심판하셨다.

17 요시야가 이르되 내게 보이는 저것은 무슨 비석이냐 하니 성읍 사람들이 그

에게 말하되 왕께서 벧엘의 제단에 대하여 행하신 이 일을 전하러 유다에서 왔던 하나님의 사람의 묘실이니이다 하니라
18 이르되 그대로 두고 그의 뼈를 옮기지 말라 하매 무리가 그의 뼈와 사마리아에서 온 선지자의 뼈는 그대로 두었더라
19 전에 이스라엘 여러 왕이 사마리아 각 성읍에 지어서 여호와를 격노하게 한 산당을 요시야가 다 제거하되 벧엘에서 행한 모든 일대로 행하고
20 또 거기 있는 산당의 제사장들을 다 제단 위에서 죽이고 사람의 해골을 제단 위에서 불사르고 예루살렘으로 돌아왔더라
17 "Whose tomb is that?" he asked. The people of Bethel answered, "It is the tomb of the prophet who came from Judah and predicted these things that you have done to this altar."
18 "Leave it as it is," Josiah ordered. "His bones are not to be moved." So his bones were not moved, neither were those of the prophet who had come from Samaria.
19 In every city of Israel King Josiah tore down all the pagan places of worship which had been built by the kings of Israel, who thereby aroused the Lord's anger. He did to all those altars what he had done in Bethel.
20 He killed all the pagan priests on the altars where they served, and he burnt human bones on every altar. Then he returned to Jerusalem.

**23:20 거기 있는 산당의 제사장들을 다 제단 위에서 죽이고.** 앞에서 이방의 산당 제사장들을 폐하였었다(5절). 그리고 유다의 산당 제사장들은 더 이상 제사를 드릴 수 없도록 그 직무에서 제외시켰다(9절). 그런데 북이스라엘의 산당 제사장들은 모두 죽였다. 왜 이렇게 하였을까?
북이스라엘의 산당 제사장들은 하나님을 믿는 제사장들이다. 이방 제사장이 아니다. 여로보암이 만든 금송아지도 정치적인 계산 때문에 만든 것이며 여호와 하나님의 발등상이라고 선전하였다. 그런데 왜 요시야는 이들을 죽였을까? 아마 혼합주의 때문에 그렇게 하였던 것 같다. 북이스라엘의 산당은 앗수르에서 새로 유입된 사람들로 인하여 더 혼합주의로 빠졌던 것 같다. 신약 시대의 사마리아 사람들이 성경을 자신들만의 다른 모세오경을 가지고 있고, 혼합주의이며 이단적이었던 것처럼 이들이 그랬던 것 같다. 그래서 요시야는 과감하게 그들을 죽였다.

21 왕이 뭇 백성에게 명령하여 이르되 이 언약책에 기록된 대로 너희의 하나님 여호와를 위하여 유월절을 지키라 하매
21 King Josiah ordered the people to celebrate the Passover in honour of the Lord their God, as written in the book of the covenant.

**23:21 언약책에 기록된 대로 너희의 하나님 여호와를 위하여 유월절을 지키라.** 유다의

온 백성이 함께 유월절을 지켰다. 말씀에 따라 걸어갔다.

22 사사가 이스라엘을 다스리던 시대부터 이스라엘 여러 왕의 시대와 유다 여러 왕의 시대에 이렇게 유월절을 지킨 일이 없었더니
22 No Passover like this one had ever been celebrated by any of the kings of Israel or of Judah, since the time when judges ruled the nation.

**23:22 유다 여러 왕의 시대에 이렇게 유월절을 지킨 일이 없었더니.** 요시야 때 아름답게 유월절을 지켰다. 히스기야 때에 유월절을 지킨 것이 나온다. 그러나 요시야 왕 때보다는 못하였다. 유월절을 지키는 규모와 진정성에 있어 그러하였다.

23 요시야 왕 열여덟째 해에 예루살렘에서 여호와 앞에 이 유월절을 지켰더라
23 Now at last, in the eighteenth year of the reign of Josiah, the Passover was celebrated in Jerusalem.

**23:23 열여덟째 해에...유월절을 지켰더라.** 요시야 왕은 이 모든 일을 아주 빠르게 진행하였다. 시작한 그 해에 모든 우상을 다 제거하고 유월절을 지키는 일까지 진행하였다. 말씀에 따라 아주 단호하게 하였다는 것을 볼 수 있다.

24 요시야가 또 유다 땅과 예루살렘에 보이는 신접한 자와 점쟁이와 드라빔과 우상과 모든 가증한 것을 다 제거하였으니 이는 대제사장 힐기야가 여호와의 성전에서 발견한 책에 기록된 율법의 말씀을 이루려 함이라
24 In order to enforce the laws written in the book that the High Priest Hilkiah had found in the Temple, King Josiah removed from Jerusalem and the rest of Judah all the mediums and fortune tellers, and all the household gods, idols, and all other pagan objects of worship.

**23:24 신접한 자와 점쟁이와 드라빔과...다 제거하였으니...발견한 책에 기록된 율법의 말씀을 이루려 함이라.** 요시야는 유다의 구석구석에 있는 신접한 자와 가정에 있는 우상(드라빔)까지 다 제거하였다. 요시야는 그렇게 말씀을 따라 행하기 위해 모든 노력을 다하였다.

25 요시야와 같이 마음을 다하며 뜻을 다하며 힘을 다하여 모세의 모든 율법을 따라 여호와께로 돌이킨 왕은 요시야 전에도 없었고 후에도 그와 같은 자가 없

었더라
**25** There had never been a king like him before, who served the Lord with all his heart, mind, and strength, obeying all the Law of Moses; nor has there been a king like him since.

**23:25 요시야와 같이...모세의 모든 율법을 따라 여호와께로 돌이킨 왕은 요시야 전에도 없었고 후에도 그와 같은 자가 없었더라.** 요시야의 진정성이 받아들여졌다. 요시야는 말씀을 지키는 일에 있어 모든 왕 중에서 가장 훌륭한 왕이 되었다.

사실 요시야 왕은 여선지자 훌다를 통해 유다의 한계를 들었었다. '유다에 하나님의 재앙이 내려진다'는 것을 알았다. 그리고 자신의 시대에는 그것이 잠시 유예된다는 것을 들었었다. 그렇다면 어차피 그렇게 될 것이니 포기할 수도 있다. 그러나 요시야는 포기하지 않았다. 그가 할 수 있는 모든 힘을 다하여 했다.

요시야는 유다의 운명을 되돌릴 수는 없을 것이다. 그렇다면 그가 하고 있는 이러한 수고는 의미가 없는 것일까? 결코 그렇지 않다. 요시야의 모습이야 말로 오히려 더욱 더 힘을 다해 해야 한다는 것을 가르친다.

요시야가 어둠(재앙)을 선포 받았지만 힘을 다해 일하는 모습은 결국 찬란하게 빛났다. 그가 할 수 있는 시대에 그가 행동하는 일로 인하여 그와 유다는 빛나고 있다. 그 빛은 어느 시대보다 더 빛났다. 가장 빛났다. 그렇게 빛날 수 있다. 어둠 속에서도 빛날 수 있다.

**26** 그러나 여호와께서 유다를 향하여 내리신 그 크게 타오르는 진노를 돌이키지 아니하셨으니 이는 므낫세가 여호와를 격노하게 한 그 모든 격노 때문이라
**26** But the Lord's fierce anger had been aroused against Judah by what King Manasseh had done, and even now it did not die down.

**23:26 유다를 향하여 내리신 그 크게 타오르는 진노를 돌이키지 아니하셨으니.** 요시야의 개혁은 성공하였다. 그러나 그것이 유다를 근본적으로 바꾸지는 못하였다. 유다는 다시 멸망의 길을 가게 될 것이다. **므낫세가 여호와를 격노하게 한 그 모든 격노 때문이라.** 므낫세 때에 엄청난 죄를 범하였다. 오랫동안 지은 죄다. 므낫세가 후반기에 회개하기는 하였었다. 그러나 그렇다고 이전에 지은 죄까지 모두 없던 일이 되지는 않는다. 사람들 안에 심겨진 죄의 흔적과 영향은 매우 강하다. 죄에 대한 책임이 있으며 하나님의 진노가 있다.

27 여호와께서 이르시되 내가 이스라엘을 물리친 것 같이 유다도 내 앞에서 물리치며 내가 택한 이 성 예루살렘과 내 이름을 거기에 두리라 한 이 성전을 버리리라 하셨더라
27 The Lord said, "I will do to Judah what I have done to Israel: I will banish the people of Judah from my sight, and I will reject Jerusalem, the city I chose, and the Temple, the place I said was where I should be worshipped."

**23:27 내가 택한 이 성 예루살렘과 내 이름을 거기에 두리라 한 이 성전을 버리리라.** 결국 유다가 멸망하고 성전이 파괴될 것이다. 엄청난 재앙이 임하게 될 것이다.
요시야의 개혁에도 불구하고 하나님께서 유다를 멸망에 이르게 하시는 것은 아니다. 이러한 재앙은 유다의 개혁과 상관 없이 그렇게 하시겠다는 것이 아니다. 이러한 멸망은 이후의 왕과 유다의 모습을 보면 이해할 수 있다. 이후의 왕들은 요시야의 개혁과 반대의 길을 간다. 그들은 멸망의 길을 간다. 그들의 불신앙과 멸망의 길을 아시기에 유다의 멸망을 말씀하시는 것이다. 늘 믿음은 생명의 길이 되고 불신앙은 멸망의 길이 된다.

28 요시야의 남은 사적과 행한 모든 일은 유다 왕 역대지략에 기록되지 아니하였느냐
29 요시야 당시에 애굽의 왕 바로 느고가 앗수르 왕을 치고자 하여 유브라데 강으로 올라가므로 요시야 왕이 맞서 나갔더니 애굽 왕이 요시야를 므깃도에서 만났을 때에 죽인지라
28 Everything else that King Josiah did is recorded in The History of the Kings of Judah.
29 While Josiah was king, King Neco of Egypt led an army to the River Euphrates to help the emperor of Assyria. King Josiah tried to stop the Egyptian army at Megiddo and was killed in battle.

**23:29 앗수르 왕을 치고자 하여 유브라데 강으로 올라가므로.** '앗수르 왕을 치고자'라는 구절은 그렇게 해석하는 경우가 많으나 단순히 '앗수르 왕에게 갔다'고 해석해도 된다. 이 구절은 그렇게 해석하는 것이 맞다. 당시 국제 정치를 보면 애굽 왕이 앗수르를 도와 바벨론을 치고자 올라갔다. **애굽 왕이 요시야를 므깃도에서 만났을 때에 죽인지라.** 요시야는 바벨론 편에 섰던 것 같다. 아니면 자신의 영토를 애굽의 군대가 지나가는 것을 용납하지 못한 것일 수도 있다. 그는 애굽의 군대를 막아 섰고 결국 이 전쟁에서 요시야는 죽임을 당하였다. 그가 개혁을 주도한 지 13년 만이다.
요시야의 죽음은 여러모로 아쉬움이 많다. 자국의 일이 아닌 것 때문에 외국의 군대와 전쟁을 하다가 죽임을 당한 것이 억울하게 보인다. 그가 조금 더 오래 살았다면 유

다의 개혁을 더 많이 이룰 수 있을 것 같았는데 짧게 끝나서 아쉬움이 더욱 크다. 그러나 그러한 아쉬움은 우리의 생각일 뿐이다.
어쩌면 요시야의 역할이 거기까지였을 것이다. 요시야는 살아생전 그가 할 수 있는 가장 훌륭한 길을 갔다. 찬란하게 빛났다. 그의 죽음은 억울한 것 같고 아쉬움이 많이 남는다. 그러나 사람은 죽음이 끝이 아니다. 그래서 억울하지 않다. 그는 살았을 때 충분히 하나님의 사람으로 살았다. 그러니 일찍 죽었어도 전혀 억울한 것이 아니다. 역사의 주관자는 사람이 아니다. 그래서 짧은 통치가 아쉬움이 없다. 그 모든 것을 합력하여 선을 행하시는 분은 하나님이시기 때문이다.

**30** 신복들이 그의 시체를 병거에 싣고 므깃도에서 예루살렘으로 돌아와 그의 무덤에 장사하니 백성들이 요시야의 아들 여호아하스를 데려다가 그에게 기름을 붓고 그의 아버지를 대신하여 왕으로 삼았더라
**30** His officials placed his body in a chariot and took it back to Jerusalem, where he was buried in the royal tombs. The people of Judah chose Josiah's son Joahaz and anointed him king.

**23:30 백성들이 요시야의 아들 여호아하스를 데려다가 그에게 기름을 붓고.** 여기에서 '백성들'이라는 단어가 일반적인 경우가 아니다. 이것은 특별한 방식으로 왕이 세워지는 것을 의미한다.

**31** 여호아하스가 왕이 될 때에 나이가 이십삼 세라 예루살렘에서 석 달간 다스리니라 그의 어머니의 이름은 하무달이라 립나 예레미야의 딸이더라
**31** Joahaz was 23 years old when he became king of Judah, and he ruled in Jerusalem for three months. His mother was Hamutal, the daughter of Jeremiah from the city of Libnah.

**23:31 여호아하스가 왕이 될 때에 나이가 이십삼 세.** 조금 이상하다. 그의 형제 여호야김이 3달 후에 왕이 오를 때의 나이가 25세인 것을 보면 그는 여호야김보다 동생인데 왕위에 올랐다는 것을 볼 수 있다. 보통 장남이 왕이 된다. 또한 전쟁이라는 위급한 시기이기 때문에 더욱더 장남이 왕위에 오르는 것이 일반적이다. 그런데 어찌하여 그가 형을 제치고 왕위에 오르게 되었을까?

**32** 여호아하스가 그의 조상들의 모든 행위대로 여호와 보시기에 악을 행하였

더니

32 Following the example of his ancestors, he sinned against the Lord.

**23:32 여호와 보시기에 악을 행하였더니.** 그의 통치가 3달밖에 안 되었지만 하나님 보시기에 악을 행하였다. 그가 악인으로 평가받는 것은 아마 왕위에 오르는 것부터 시작되었던 것으로 보인다.

여호아하스는 비정상적인 방식으로 왕이 되었다. 그 과정에 그의 탐욕이 작동하였을 것이다. 그의 탐욕은 왕이 될 수 없었던 그를 왕이 되게 하였다. 죄는 많은 결과를 만들어낸다. 그래서 많은 사람이 죄를 행한다. 그러나 그렇게 만들어지는 결과는 당장은 좋아 보일 수는 있어도 결코 좋은 결과가 될 수 없다. 죄가 만들어내는 결과는 혹 결론적으로 좋게 되어도 악한 것이다. 죄는 결코 선한 것을 만들지 못한다.

33 바로 느고가 그를 하맛 땅 리블라에 가두어 예루살렘에서 왕이 되지 못하게 하고 또 그 나라로 은 백 달란트와 금 한 달란트를 벌금으로 내게 하고
34 바로 느고가 요시야의 아들 엘리아김을 그의 아버지 요시야를 대신하여 왕으로 삼고 그의 이름을 고쳐 여호야김이라 하고 여호아하스는 애굽으로 잡아갔더니 그가 거기서 죽으니라
35 여호야김이 은과 금을 바로에게 주니라 그가 바로 느고의 명령대로 그에게 그 돈을 주기 위하여 나라에 부과하되 백성들 각 사람의 힘대로 액수를 정하고 은금을 징수하였더라
36 여호야김이 왕이 될 때에 나이가 이십오 세라 예루살렘에서 십일 년간 다스리니라 그의 어머니의 이름은 스비다라 루마 브다야의 딸이더라
37 여호야김이 그의 조상들이 행한 모든 일을 따라서 여호와 보시기에 악을 행하였더라

33 His reign ended when King Neco of Egypt took him prisoner in Riblah, in the land of Hamath, and made Judah pay 3,400 kilogrammes of silver and 34 kilogrammes of gold as tribute.
34 King Neco made Josiah's son Eliakim king of Judah as successor to Josiah, and changed his name to Jehoiakim. Joahaz was taken to Egypt by King Neco, and there he died.
35 King Jehoiakim collected a tax from the people in proportion to their wealth, in order to raise the amount needed to pay the tribute demanded by the king of Egypt.
36 Jehoiakim was 25 years old when he became king of Judah, and he ruled in Jerusalem for eleven years. His mother was Zebidah, the daughter of Pedaiah from the town of Rumah.
37 Following the example of his ancestors, Jehoiakim sinned against the Lord.

**23:37 여호야김.** 여호아하스 왕이 애굽으로 잡혀 가고 여호야김이 왕이 되었다. 여호야김은 요시야의 둘째 아들로서 본래 처음에 왕이 되었어야 하는 사람으로 보인다.

아마 요시야의 첫째 아들은 일찍 죽은 것 같다. 여호야김이 왕위에 오른 이후 그는 아버지를 닮았어야 한다. 그러나 그는 아버지와 반대였다. **여호와 보시기에 악을 행하였더라.** 예레미야는 그의 악행을 많이 기록하고 있다. 그는 매우 교만하였다. 자기밖에 몰랐다. 나라가 무너지고 있는 와중에 궁궐을 더 크게 확장하였다. 말씀을 찢어 불태웠다.

## 24장

1 여호야김 시대에 바벨론의 왕 느부갓네살이 올라오매 여호야김이 삼 년간 섬기다가 돌아서 그를 배반하였더니

1 While Jehoiakim was king, King Nebuchadnezzar of Babylonia invaded Judah, and for three years Jehoiakim was forced to submit to his rule; then he rebelled.

**24:1 여호야김 시대에 바벨론의 왕 느부갓네살이 올라오매.** 바벨론의 느부갓네살이 왕위에 오르고 애굽과의 전쟁에 나섰다. 주전 605년이다. 전쟁에서 승리하고 유다에서 일부의 왕족과 유능한 인재를 포로로 잡아갔다. 이때 다니엘도 잡혀갔다. **삼 년간 섬기다가 돌아서 그를 배반하였더니.** 여호야김은 애굽이 일시적으로 힘을 회복하자 바벨론을 배반하였다.

2 여호와께서 그의 종 선지자들을 통하여 하신 말씀과 같이 갈대아의 부대와 아람의 부대와 모압의 부대와 암몬 자손의 부대를 여호야김에게로 보내 유다를 쳐 멸하려 하시니
3 이 일이 유다에 임함은 곧 여호와의 말씀대로 그들을 자기 앞에서 물리치고자 하심이니 이는 므낫세의 지은 모든 죄 때문이며

2 The Lord sent armed bands of Babylonians, Syrians, Moabites, and Ammonites against Jehoiakim to destroy Judah, as the Lord had said through his servants the prophets that he would do.
3 This happened at the Lord's command, in order to banish the people of Judah from his sight because of all the sins that King Manasseh had committed,

**24:3 므낫세의 지은 모든 죄 때문이며.** 하나님께서 바벨론 연합 군대가 유다를 치게 하셨다. 이것은 므낫세의 죄만이 아니라 므낫세의 죄에 여호야김의 죄가 더해졌음을 의미한다. 므낫세의 죄가 잊히지 않고 유다에 영향을 미치고 있다. 여호야김의 죄도

유다에 영향을 미치고 있다. 죄는 필연코 심판을 받게 된다.

4 또 그가 무죄한 자의 피를 흘려 그의 피가 예루살렘에 가득하게 하였음이라 여호와께서 사하시기를 즐겨하지 아니하시니라
4 and especially because of all the innocent people he had killed. The Lord could not forgive Manasseh for that.

**24:4** 하나님께서 므낫세의 죄를 용서하지 않으시고 그 죄 때문에 지금 유다가 더욱 환란에 처하게 하셨다. 사람들이 죄의 값을 당장 치르지 않으면 죗값이 없는 것으로 착각한다. 그러나 죗값은 결코 그냥 사라지지 않는다.
예수님의 대속은 우리에게 죄를 가벼이 여기라고 주신 것이 아니라 죄가 얼마나 무거운 것인지를 말씀하는 것이다. 가벼운 것이면 단지 말씀하심으로 용서하셨을 것이다. 다윗도 이 세상에서 죗값을 철저히 받았다. 히스기야도 그랬다. 오히려 믿음의 사람일수록 하나님께서 죗값을 철저히 물으셨다. 결코 죄를 가벼이 여기면 안 된다.

5 여호야김의 남은 사적과 행한 모든 일은 유다 왕 역대지략에 기록되지 아니하였느냐
6 여호야김이 그의 조상들과 함께 자매 그의 아들 여호야긴이 대신하여 왕이 되니라
5 Everything else that Jehoiakim did is recorded in The History of the Kings of Judah.
6 Jehoiakim died, and his son Jehoiachin succeeded him as king.

**24:6 여호야김이 그의 조상들과 함께 자매.** 그의 장례에 대해 나오지 않는다. 그는 다른 나라로 잡혀 간 것도 아닌데 장례식이 제대로 치러지지 않은 것 같다. 장례만이 아니다. 그의 죄로 치러야 할 값을 그가 어찌 감당할 수 있을까?

7 애굽 왕이 다시는 그 나라에서 나오지 못하였으니 이는 바벨론 왕이 애굽 강에서부터 유브라데 강까지 애굽 왕에게 속한 땅을 다 점령하였음이더라
8 여호야긴이 왕이 될 때에 나이가 십팔 세라 예루살렘에서 석 달간 다스리니라 그의 어머니의 이름은 느후스다요 예루살렘 엘라단의 딸이더라
7 The king of Egypt and his army never marched out of Egypt again, because the king of Babylonia now controlled all the territory that had belonged to Egypt, from the River Euphrates to the northern border of Egypt.
8 Jehoiachin was eighteen years old when he became king of Judah, and he ruled in

Jerusalem for three months. His mother was Nehushta, the daughter of Elnathan from Jerusalem.

**24:8 예루살렘에서 석 달간 다스리니라.** 여호야긴이 포로로 잡힐 때 바벨론 군대가 석 달간 예루살렘을 포위하고 있었다. 그렇다면 여호야긴은 바벨론의 예루살렘 포위가 시작되고 바로 왕이 된 것으로 보인다.

9 여호야긴이 그의 아버지의 모든 행위를 따라서 여호와께서 보시기에 악을 행하였더라
9 Following the example of his father, Jehoiachin sinned against the Lord.

**24:9 여호와께서 보시기에 악을 행하였더라.** 예루살렘이 포위되어 있는 3개월 동안 여호야긴의 무엇을 보고 '여호와께서 보시기에 악을 행하였다'고 말하고 있을까? 여호야긴이 행할 수 있는 것이 거의 없었을 것이다. 가장 큰 것은 그의 믿음 생활이었을 것이다. 하나님을 바라보고 있는지 그렇지 않은지가 기준이 되었다.
여호야긴은 예루살렘이 바벨론에 포위되어 있는 동안 그가 할 수 있는 것은 거의 없었을 것이다. 그럼에도 불구하고 그는 할 수 있었다. 그러기에 그를 '악하다'고 표현하고 있는 것이다. 그가 진짜 아무것도 할 수 없었다면 그를 '악하다'고 평가하지 않는다. 그런데 그가 할 수 있는데 하지 않고, 해야 하는 일을 하지 않았기 때문에 그렇게 평가하는 것이다.
그는 하나님께 나갈 수 있었다. 나가야 했다. 그러나 그렇게 하지 않았다. 역사는 가정을 하는 것이 무의미할 수 있지만 만약 그가 3개월 동안 하나님께 나가 하나님께 매달렸다면 유다는 어떻게 되었을까? 바뀔 수도 있지 않았을까? 참으로 악한 왕 아합도 회개하였을 때 그의 죽음과 나라의 멸망이 유보되었었다. 하물며 여호야긴이 그렇게 회개하였다면 바뀌지 않았을까? 그는 하나님을 바라보지 않고 오직 환경만 바라보았던 것 같다. 환경의 위협 속에서 너무 일찍 포기하였다.

10 그 때에 바벨론의 왕 느부갓네살의 신복들이 예루살렘에 올라와서 그 성을 에워싸니라
11 그의 신복들이 에워쌀 때에 바벨론의 왕 느부갓네살도 그 성에 이르니
12 유다의 왕 여호야긴이 그의 어머니와 신복과 지도자들과 내시들과 함께 바벨론 왕에게 나아가매 왕이 잡으니 때는 바벨론의 왕 여덟째 해이라

10 It was during his reign that the Babylonian army, commanded by King Nebuchadnezzar's officers, marched against Jerusalem and besieged it.
11 During the siege Nebuchadnezzar himself came to Jerusalem,
12 and King Jehoiachin, along with his mother, his sons, his officers, and the palace officials, surrendered to the Babylonians. In the eighth year of Nebuchadnezzar's reign he took Jehoiachin prisoner

**24:12 바벨론 왕에게 나아가매 왕이 잡으니.** 여호야긴 왕이 바벨론 왕에게 항복하였다. **바벨론의 왕 여덟째 해.** 한 나라의 연도를 다른 나라의 왕 기준으로 말한 것은 이것이 처음이다. 유다 나라의 주체성이 없어졌다고 볼 수 있다.

13 그가 여호와의 성전의 모든 보물과 왕궁 보물을 집어내고 또 이스라엘의 왕 솔로몬이 만든 것 곧 여호와의 성전의 금 그릇을 다 파괴하였으니 여호와의 말씀과 같이 되었더라
14 그가 또 예루살렘의 모든 백성과 모든 지도자와 모든 용사 만 명과 모든 장인과 대장장이를 사로잡아 가매 비천한 자 외에는 그 땅에 남은 자가 없었더라
13 and carried off to Babylon all the treasures in the Temple and the palace. As the Lord had foretold, Nebuchadnezzar broke up all the gold utensils which King Solomon had made for use in the Temple.
14 Nebuchadnezzar carried away as prisoners the people of Jerusalem, all the royal princes, and all the leading men, 10,000 in all. He also deported all the skilled workmen, including the blacksmiths, leaving only the poorest of the people behind in Judah.

**24:14 모든 백성과 모든 지도자와 모든 용사 만 명과 모든 장인과 대장장이를 사로잡아.** 유다의 지도자와 기술자와 유력한 사람 만 명을 바벨론에 잡아 갔다. 유다가 다시는 반란을 꾀하지 못하도록 나라의 명맥을 끊을 정도의 많은 포로다. 이때 에스겔도 함께 포로가 되었다.
여호야긴과 만 명의 포로가 함께 잡혀간 때가 주전 597년이다. 이후 주전 586년 유다가 완전히 멸망하는 때인 마지막 왕 시드기야 때 잡혀간 숫자는 832명이다. 포로로 잡혀간 숫자는 여호야긴 때가 절대적으로 많았다. 나라의 기능이 여호야긴 때 거의 정지된 것이다.

15 그가 여호야긴을 바벨론으로 사로잡아 가고 왕의 어머니와 왕의 아내들과 내시들과 나라에 권세 있는 자도 예루살렘에서 바벨론으로 사로잡아 가고
16 또 용사 칠천 명과 장인과 대장장이 천 명 곧 용감하여 싸움을 할 만한 모든 자들을 바벨론 왕이 바벨론으로 사로잡아 가고

**17** 바벨론 왕이 또 여호야긴의 숙부 맛다니야를 대신하여 왕으로 삼고 그의 이름을 고쳐 시드기야라 하였더라

**15** Nebuchadnezzar took Jehoiachin to Babylon as a prisoner, together with Jehoiachin's mother, his wives, his officials, and the leading men of Judah.
**16** Nebuchadnezzar deported all the important men to Babylonia, 7,000 in all, and 1,000 skilled workers, including the blacksmiths, all of them able-bodied men fit for military duty.
**17** Nebuchadnezzar made Jehoiachin's uncle Mattaniah king of Judah and changed his name to Zedekiah.

**24:17 바벨론 왕이...시드기야라 하였더라.** 요시야의 아들 시드기야가 그의 조카 여호야긴을 대신하여 유다의 마지막 왕이 되었다. 유다의 역사에서 왕위가 삼촌으로 다시 올라간 적이 없다. 그래서 어떤 면에 있어서는 시드기야가 왕이 된 것이 정통성이 부족하다 할 수 있다. 그래서 혹자는 여호야긴을 유다의 마지막 왕으로 여긴다.

**18** 시드기야가 왕이 될 때에 나이가 이십일 세라 예루살렘에서 십일 년간 다스리니라 그의 어머니의 이름은 하무달이요 립나인 예레미야의 딸이더라

**18** Zedekiah was 21 years old when he became king of Judah, and he ruled in Jerusalem for eleven years. His mother was Hamutal, the daughter of Jeremiah from the city of Libnah.

**24:18 예루살렘에서 십일 년간 다스리니라.** 시드기야는 유다의 마지막 왕이다. 그에게는 11년이 있었다. 그러나 그의 통치 11년은 유다의 멸망을 유보하거나 지연시킨 것이 아니라 촉발시켰다.

**19** 그가 여호야김의 모든 행위를 따라 여호와 보시기에 악을 행한지라

**19** King Zedekiah sinned against the Lord, just as King Jehoiakim had done.

**24:19 여호와 보시기에 악을 행한지라.** 시드기야는 하나님 앞에 악을 행하였다. 그는 바벨론에 의해 왕이 되었다. 나라가 많이 쇠약해졌다. 그 가운데 애굽과 바벨론 사이에서 줄타기를 하면서 나라를 세우기 위해 노력하였다. 그러나 그가 해야 하는 일은 하나님을 바라보는 것이며 의지하는 것이었다. 그는 하나님을 형식적으로 믿었다. 하나님 앞에서 믿음이 없었다. 악하였다.

**20** 여호와께서 예루살렘과 유다를 진노하심이 그들을 그 앞에서 쫓아내실 때까지 이르렀더라 시드기야가 바벨론 왕을 배반하니라

20 The Lord became so angry with the people of Jerusalem and Judah that he banished them from his sight.

**24:20 유다를 진노하심이 그들을 그 앞에서 쫓아내실 때까지 이르렀더라.** 유다는 지금까지 많은 악을 쌓았다. 시드기야는 그러한 악에 또 하나의 악을 더 쌓았다. 결국 멸망에 이르게 되었다.

그에게 남은 11년은 결코 짧은 시간이 아니다. 그러나 그는 그 기간에 여전히 악을 쌓음으로 유다의 멸망을 재촉하기만 하였다. 그 시간에 하나님을 찾았다면 유다는 많은 변화가 있을 수 있었다. 그러나 그는 하나님을 찾지 않았다. 악을 찾았다.

시드기야가 맞닥트린 상황은 결코 쉽지 않은 상황이었다. 그러나 그래도 하나님께 길이 있었다. 그는 하나님께 나갈 수 있었고 하나님께 나가면 많은 것이 바뀔 수 있었다. 히스기야는 하나님의 기적같은 은혜로 앗수르를 이길 수 있었다. 자신이 당한 상황이 어렵다고 말할 것이 아니라 하나님께 나가야 한다. 생명이 있으면 하나님께 나가야 한다. 그러면 그 안에 답이 있다. 시드기야는 하나님께 나가지 않음으로 답이 없었던 것이다.

## 25장

1 시드기야 제구년 열째 달 십일에 바벨론의 왕 느부갓네살이 그의 모든 군대를 거느리고 예루살렘을 치러 올라와서 그 성에 대하여 진을 치고 주위에 토성을 쌓으매

1 Zedekiah rebelled against King Nebuchadnezzar of Babylonia, so Nebuchadnezzar came with all his army and attacked Jerusalem on the tenth day of the tenth month of the ninth year of Zedekiah's reign. They set up camp outside the city, built siege walls round it,

**25:1 바벨론의 왕 느부갓네살이 그의 모든 군대를 거느리고 예루살렘을 치러 올라와서.** 느부갓네살은 왜 유다를 치기 위해 왔을까? 유다의 왕 시드기야가 애굽 편에 섰기 때문이다. 9년 전에 자신이 시드기야를 왕으로 세웠는데 자신을 배신하고 애굽의 편이 된 것에 대한 응징으로 유다 정벌에 나선 것이다. 당시 유다의 정치인들은 바벨론 파와 애굽 파로 나뉘어 있었다. 애굽 파가 더 득세하여 바벨론을 배신하였다. 그래서 바벨론의 느부갓네살이 응징하기 위해 온 것이다.

2 그 성이 시드기야 왕 제십일년까지 포위되었더라
3 그 해 넷째 달 구일에 성 중에 기근이 심하여 그 땅 백성의 양식이 떨어졌더라
4 그 성벽이 파괴되매 모든 군사가 밤중에 두 성벽 사이 왕의 동산 곁문 길로 도망하여 갈대아인들이 그 성읍을 에워쌌으므로 그가 아라바 길로 가더니
2 and kept it under siege until Zedekiah's eleventh year.
3 On the ninth day of the fourth month of that same year, when the famine was so bad that the people had nothing left to eat,
4 the city walls were broken through. Although the Babylonians were surrounding the city, all the soldiers escaped during the night. They left by way of the royal garden, went through the gateway connecting the two walls, and fled in the direction of the Jordan Valley.

**25:4 성벽이 파괴되매 모든 군사가 밤중에 두 성벽 사이 왕의 동산 곁문 길로 도망하여.** 성벽이 뚫려 함락 위기에 직면하자 시드기야는 병사들을 이끌고 도망쳤다. 그가 도망가면 성에 남은 사람들은 어떻게 될까? 그의 도망이 성공한다 하여도 성에 남은 사람과 유다의 다른 지역에 있는 사람들은 모두 죽임을 당할 것이다. 그가 군사를 이끌고 도망가는 것은 참으로 무책임한 처사다.
사실 예레미야는 그에게 바벨론에 항복하라는 하나님의 말씀을 전하였다. 그러나 그는 친 바벨론 파 사람들에 대한 염려로 항복하지 않았다. 그의 정치적 판단이 옳은지 그른 지는 모호할 수 있다. 그러나 하나님의 말씀이 있으면 순종해야 한다. 그러나 그는 정치적 판단과 자신의 이익이 더 중요했다. 마지막까지 자기 자신만을 위해 행동하였다.

5 갈대아 군대가 그 왕을 뒤쫓아가서 여리고 평지에서 그를 따라 잡으매 왕의 모든 군대가 그를 떠나 흩어진지라
6 그들이 왕을 사로잡아 그를 리블라에 있는 바벨론 왕에게로 끌고 가매 그들이 그를 심문하니라
7 그들이 시드기야의 아들들을 그의 눈앞에서 죽이고 시드기야의 두 눈을 빼고 놋 사슬로 그를 결박하여 바벨론으로 끌고 갔더라
5 But the Babylonian army pursued King Zedekiah, captured him in the plains near Jericho, and all his soldiers deserted him.
6 Zedekiah was taken to King Nebuchadnezzar, who was in the city of Riblah, and there Nebuchadnezzar passed sentence on him.
7 While Zedekiah was looking on, his sons were put to death; then Nebuchadnezzar had Zedekiah's eyes put out, placed him in chains, and took him to Babylon.

**25:7 아들들을 그의 눈앞에서 죽이고 시드기야의 두 눈을 빼고...바벨론으로 끌고 갔더라.** 바벨론 왕은 그에게 비참함을 안기기 위해 아들들을 죽이는 것을 마지막으로 보

게 하고 눈을 뺐다. 시드기야는 이제 그가 마지막으로 본 그 모습을 가슴에 안고 평생 고통스럽게 살게 될 것이다. 시드기야는 자기 자신만을 위해 살았지만 결국 자기 아들을 지키지 못하였다. 자기 자신의 눈을 지키지 못하였고 목숨을 지키지 못하였다. 그는 바벨론으로 끌려가 평생 감옥에서 어둠 속에서 살다가 생을 마치게 된다.

8 바벨론 왕 느부갓네살의 열아홉째 해 오월 칠일에 바벨론 왕의 신복 시위대장 느부사라단이 예루살렘에 이르러
9 여호와의 성전과 왕궁을 불사르고 예루살렘의 모든 집을 귀인의 집까지 불살랐으며
8 On the seventh day of the fifth month of the nineteenth year of King Nebuchadnezzar of Babylonia, Nebuzaradan, adviser to the king and commander of his army, entered Jerusalem.
9 He burnt down the Temple, the palace, and the houses of all the important people in Jerusalem,

**25:9 성전과 왕궁을 불사르고.** 바벨론은 11년 전 유다가 항복하였을 때 주로 사람들만 포로로 잡아갔다. 그러나 이번에는 예루살렘의 모든 것을 파괴하고 불태웠다. 시드기야와 그의 신하들이 소유하고 있었고 지키고 싶었던 것들이 한순간에 모두 무너졌다. 그렇게 무너진 유다는 이후에 하스모니안 왕조가 세워지기 전까지 440년간 나라 없는 처지가 된다.
힘없이 무너졌다. 보이는 것이 무너지는 것은 순식간이다. 무엇보다 성전이 무너진 것이 가장 안타까운 일이다. 그러나 그렇게 무너진 성전 때문에 어쩌면 말씀이 더욱 세워진다. 세속 나라는 보이는 것과 함께 무너졌지만 하나님 나라는 성전이 무너졌어도 여전히 아주 강하게 역사한다. 성경을 가르치는 미드라쉬와 신약 시대에 너무 과하여 문제가 되는 장로의 전통이라 불리는 미쉬나는 건물 성전이 무너지면서 세워진 것이다. 하나님 나라를 향한 몸부림이다.

10 시위대장에게 속한 갈대아 온 군대가 예루살렘 주위의 성벽을 헐었으며
11 성 중에 남아 있는 백성과 바벨론 왕에게 항복한 자들과 무리 중 남은 자는 시위대장 느부사라단이 모두 사로잡아 가고
12 시위대장이 그 땅의 비천한 자를 남겨 두어 포도원을 다스리는 자와 농부가 되게 하였더라
13 갈대아 사람이 또 여호와의 성전의 두 놋 기둥과 받침들과 여호와의 성전의 놋 바다를 깨뜨려 그 놋을 바벨론으로 가져가고

14 또 가마들과 부삽들과 부집게들과 숟가락들과 섬길 때에 쓰는 모든 놋그릇을 다 가져갔으며
15 시위대장이 또 불 옮기는 그릇들과 주발들 곧 금으로 만든 것이나 은으로 만든 것이나 모두 가져갔으며
16 또 솔로몬이 여호와의 성전을 위하여 만든 두 기둥과 한 바다와 받침들을 가져갔는데 이 모든 기구의 놋 무게를 헤아릴 수 없었으니
10 and his soldiers tore down the city walls.
11 Then Nebuzaradan took away to Babylonia the people who were left in the city, the remaining skilled workmen, and those who had deserted to the Babylonians.
12 But he left in Judah some of the poorest people, who owned no property, and put them to work in the vineyards and fields.
13 The Babylonians broke in pieces the bronze columns and the carts that were in the Temple, together with the large bronze tank, and they took all the bronze to Babylon.
14 They also took away the shovels and the ash containers used in cleaning the altar, the tools used in tending the lamps, the bowls used for catching the blood from the sacrifices, the bowls used for burning incense, and all the other bronze articles used in the temple service.
15 They took away everything that was made of gold or silver, including the small bowls and the pans used for carrying live coals.
16 The bronze objects that King Solomon had made for the Temple—the two columns, the carts, and the large tank—were too heavy to weigh.

**25:16 성전을 위하여 만든 두 기둥과 한 바다와 받침들을 가져갔는데.** 성전의 기둥과 도구는 모두 성스러운 것이다. 그러나 바벨론의 장군은 그러한 것을 단순히 금이나 은과 놋을 얻기 위하여 가져갔다. 바벨론의 군대는 승자였다. 그러나 그들이 하는 일은 모두 엄청난 죄악의 일이었다. 그들은 철저히 세속 나라의 관점에서 자신들의 잇속을 채우기 위해 성전을 약탈하였다. 그러나 그것은 자신들의 인생을 약탈하는 것보다 더 큰 죄다. 전쟁에서 패한 유다는 하나님 나라를 보지 못하고 세속과 탐욕에 빠져 심판을 받았다. 그런데 전쟁에서 승리한 바벨론 또한 하나님 나라를 보지 못하여 성전을 함부로 약탈하였다. 그들도 이후에 심판을 받게 될 것이다. 패자나 승자가 똑같다. 모두 눈에 보이는 세속 나라만 보았다. 결국 모두 하나님의 심판 대상이다.

17 그 한 기둥은 높이가 열여덟 규빗이요 그 꼭대기에 놋 머리가 있어 높이가 세 규빗이요 그 머리에 둘린 그물과 석류가 다 놋이라 다른 기둥의 장식과 그물도 이와 같았더라
18 시위대장이 대제사장 스라야와 부제사장 스바냐와 성전 문지기 세 사람을 사로잡고
19 또 성 중에서 사람을 사로잡았으니 곧 군사를 거느린 내시 한 사람과 또 성

중에서 만난 바 왕의 시종 다섯 사람과 백성을 징집하는 장관의 서기관 한 사람과 성 중에서 만난 바 백성 육십 명이라
**20** 시위대장 느부사라단이 그들을 사로잡아 가지고 리블라 바벨론 왕에게 나아가매
**21** 바벨론 왕이 하맛 땅 리블라에서 다 쳐죽였더라 이와 같이 유다가 사로잡혀 본토에서 떠났더라
**22** 유다 땅에 머물러 있는 백성은 곧 바벨론 왕 느부갓네살이 남긴 자라 왕이 사반의 손자 아히감의 아들 그달리야가 관할하게 하였더라
**17** The two columns were identical: each one was 8 metres high, with a bronze capital on top, 1.3 metres high. All round each capital was a bronze grating decorated with pomegranates made of bronze.
**18** In addition, Nebuzaradan, the commanding officer, took away as prisoners Seraiah the High Priest, Zephaniah the priest next in rank, and the three other important temple officials.
**19** From the city he took the officer who had been in command of the troops, five of the king's personal advisers who were still in the city, the commander's assistant, who was in charge of military records, and 60 other important men.
**20** Nebuzaradan took them to the king of Babylonia, who was in the city of Riblah
**21** in the territory of Hamath. There the king had them beaten and put to death. So the people of Judah were carried away from their land into exile.
**22** King Nebuchadnezzar of Babylonia made Gedaliah, the son of Ahikam and grandson of Shaphan, governor of Judah, and placed him in charge of all those who had not been taken away to Babylonia.

**25:22 왕이 사반의 손자 아히감의 아들 그달리야가 관할하게 하였더라.** 바벨론 왕은 그달리야를 총독으로 세워 유다를 다스리게 하였다.

**23** 모든 군대 지휘관과 그를 따르는 자가 바벨론 왕이 그달리야를 지도자로 삼았다 함을 듣고 이에 느다니야의 아들 이스마엘과 가레아의 아들 요하난과 느도바 사람 단후멧의 아들 스라야와 마아가 사람의 아들 야아사니야와 그를 따르는 사람이 모두 미스바로 가서 그달리야에게 나아가매
**23** When the Judean officers and soldiers who had not surrendered heard about this, they joined Gedaliah at Mizpah. These officers were Ishmael son of Nethaniah, Johanan son of Kareah, Seraiah son of Tanhumeth, from the town of Netophah, and Jezaniah from Maacah.

**25:23 모두 미스바로 가서 그달리야에게 나아가매.** 그달리야는 미스바에서 유다를 관할하였다. 그러나 그의 통치는 오래 가지 못하였다.

**24** 그달리야가 그들과 그를 따르는 군사들에게 맹세하여 이르되 너희는 갈대아인을 섬기기를 두려워하지 말고 이 땅에 살며 바벨론 왕을 섬기라 그리하면 너

희가 평안하리라 하니라

**24** Gedaliah said to them, "I give you my word that there is no need for you to be afraid of the Babylonian officials. Settle in this land, serve the king of Babylonia, and all will go well with you."

**25:24 이 땅에 살며 바벨론 왕을 섬기라 그리하면 너희가 평안하리라.** 그달리야는 사람들에게 바벨론을 섬기며 살아야 한다고 역설하였다. 그가 친 바벨론 파가 되어 그렇게 행동한다고 생각할 수 있다. 그러나 그는 예레미야를 통해 전해진 하나님 말씀을 생각하고 있는 것 같다.

**25** 칠월에 왕족 엘리사마의 손자 느다니야의 아들 이스마엘이 부하 열 명을 거느리고 와서 그달리야를 쳐서 죽이고 또 그와 함께 미스바에 있는 유다 사람과 갈대아 사람을 죽인지라

**25** But in the seventh month of that year, Ishmael, the son of Nethaniah and grandson of Elishama, a member of the royal family, went to Mizpah with ten men, attacked Gedaliah and killed him. He also killed the Israelites and Babylonians who were there with him.

**25:25 이스마엘이....그달리야를 쳐서 죽이고.** 이스마엘은 왕족 출신이다. 그는 친 바벨론인 그달리야가 싫어서 그를 죽였든지 아니면 자신이 유다의 왕이 되기 위해 죽였을 것이다. 그러나 어떤 이유든지 그가 그렇게 그달리야를 죽인 것은 참으로 무책임한 처사였다. 그 이후를 그가 감당할 수 없기 때문이다.

**26** 노소를 막론하고 백성과 군대 장관들이 다 일어나서 애굽으로 갔으니 이는 갈대아 사람을 두려워함이었더라

**26** Then all the Israelites, rich and poor alike, together with the army officers, left and went to Egypt, because they were afraid of the Babylonians.

**25:26 다 일어나서 애굽으로 갔으니 이는 갈대아 사람을 두려워함이었더라.** 결국 사람들은 바벨론의 보복을 두려워하여 애굽으로 도피하였다. 하나님의 은혜를 따라 출애굽하였던 그들이 스스로 다시 애굽에 들어갔다. 무엇보다 그들은 예레미야를 통해 전해진 하나님의 말씀을 어기고 애굽으로 들어갔다.

"여호와께서 이와 같이 말씀하시니라 바벨론에서 칠십 년이 차면 내가 너희를 돌보고 나의 선한 말을 너희에게 성취하여 너희를 이 곳으로 돌아오게 하리라"(렘 29:10)

'칠십 년이 차면...너희를 이곳으로 돌아오게 하리라'고 말한다. 예레미야는 주전 597

년 포로로 잡혀 가는 여호야긴 왕과 그 일행에 대해 바벨론에 미리 서신을 보내 하나님의 뜻을 전하였다. 그들에게는 죄 때문에 바벨론 포로 70년이라는 기간이 필요하다. 그런데 유다 백성들이 하나님의 뜻을 어기고 있는 것이다. 유다 백성은 하나님의 뜻을 어겨 나라가 멸망하게 되었는데 나라가 멸망하고 나서도 여전히 하나님의 뜻을 중심에 두지 않고 자신들의 탐욕과 정치적 이익에 따라 행동하였다.

유다의 이야기는 마지막 왕이 잡혀가고 총독마저 살해되면서 마치는 것 같았다. 이제 모든 것이 끝난 것 같았다. 그러나 열왕기하는 에피소드처럼 하나의 이야기를 더 전하며 마친다.

**27** 유다의 왕 여호야긴이 사로잡혀 간 지 삼십칠 년 곧 바벨론의 왕 에윌므로닥이 즉위한 원년 십이월 그 달 이십칠일에 유다의 왕 여호야긴을 옥에서 내놓아 그 머리를 들게 하고

**27** In the year that Evilmerodach became king of Babylonia, he showed kindness to King Jehoiachin of Judah by releasing him from prison. This happened on the 27th day of the twelfth month of the 37th year after Jehoiachin had been taken away as prisoner.

**25:27 여호야긴이 사로잡혀 간 지 삼십칠 년.** 주전 562년을 말한다. 여호야긴은 주전 597년 18세에 바벨론에 포로로 잡혀갔다. 그리고 지난 햇수로 37년 동안 감옥에 있었다. 길고 긴 고난의 세월이었을 것이다. 그런데 놀랍게도 이 해는 유다의 멸망의 해인 주전 586년과 바벨론 포로에서의 1차 포로귀환이 이루어진 주전 538년 사이 정확히 중간 지점이다. **바벨론의 왕 에윌므로닥이 즉위한 원년...여호야긴을 옥에서 내놓아.** 유다를 여러차례 침략하여 멸망하게 한 느부갓네살왕이 죽고 그의 아들 에윌므로닥이 바벨론 왕이 되었다. 그는 왕이 되면서 여호야긴을 풀어주었다.

**28** 그에게 좋게 말하고 그의 지위를 바벨론에 그와 함께 있는 모든 왕의 지위보다 높이고
**29** 그 죄수의 의복을 벗게 하고 그의 일평생에 항상 왕의 앞에서 양식을 먹게 하였고

**28** Evilmerodach treated him kindly, and gave him a position of greater honour than he gave the other kings who were exiles with him in Babylonia.
**29** So Jehoiachin was permitted to change from his prison clothes and to dine at the king's table for the rest of his life.

**25:29 일평생에 항상 왕의 앞에서 양식을 먹게 하였고.** 그는 37년이라는 고난의 시기를 보냈다. 그러나 이제 감옥에서 풀려나 왕의 식탁에서 먹을 수 있도록 명예가 회복되었다. 그리고 무엇보다 그는 만 왕의 왕이신 하나님 앞에서 예배할 수 있게 되었을 것이다. 바벨론에는 이미 유다 백성들 가운데 예배 공동체가 세워져 있었다.

**30** 그가 쓸 것은 날마다 왕에게서 받는 양이 있어서 종신토록 끊이지 아니하였더라

**30** Each day, for as long as he lived, he was given a regular allowance for his needs.

유다의 멸망 24년 후의 여호야긴의 일을 이야기하는 것은 그것이 에피소드가 아니라 중요한 논점이 되기 때문이다. 하나님께서 여호야긴을 잊지 않으셨다. 유다를 잊지 않고 있으셨다. 그들이 비록 나라를 잃고 다윗과 솔로몬 시대의 영화를 잃었지만 죄 가운데서 일어난다면 그들은 오히려 솔로몬의 영화보다 더 찬란하게 일어날 수 있게 될 것이다.

하나님은 늘 그 백성들의 편이시다. 백성들이 구원받고 영화롭게 되기를 원하신다. 그 백성이 믿음으로 살고자 한다면 하나님은 그들을 다시 세우실 것이다. 중요한 것은 그들이 믿음을 회복하고 믿음으로 사는 것이다.

**표1〉** 북이스라엘과 유다의 왕(유다에서 아달랴를 빼면 각 19대 왕) 연대표

| 북이스라엘 왕 | 평가 | 유다 왕 | 평가 |
|---|---|---|---|
| 여로보암(931-911) | 나쁨 | 르호보암(931-915) | 나쁨 |
| | | 아비얌(915-912) | 나쁨 |
| 나답(911-910) | 나쁨 | 아사(912-871) | 나쁨 |
| 바아사(910-887) | 나쁨 | | |
| 엘라(887-886) | 나쁨 | | |
| 시므리(886) | 나쁨 | | |
| 오므리(886-875) | 나쁨 | | |
| 아합(875-853) | 나쁨 | 여호사밧(871-849) | 좋음 |
| 아하시야(853-852) | 나쁨 | | |
| 여호람(852-841) | 나쁨 | 여호람(849-842) | 좋음 |
| 예후(841-814) | 중간 | 아하시야(842-841) | 나쁨 |
| | | 아달랴(841-835) | 나쁨 |
| 여호아하스(814-798) | 나쁨 | 요아스(835-796) | 중간 |
| 요아스(798-782) | 나쁨 | 아마샤(796-767) | 중간 |
| 여로보암 2세(782-753) | 나쁨 | 아사랴(767-740) | 중간 |
| 스가랴(753-752) | 나쁨 | | |
| 살룸(752) | 나쁨 | | |

※ 표 안의 연대는 주전 연대이다

| 북이스라엘 왕 | 평가 | 유다 왕 | 평가 |
|---|---|---|---|
| 므나헴(752-742) | 나쁨 | 요담(750-735) | 중간 |
| 브가히야(742-740) | 나쁨 | | |
| 베가(740-732) | 나쁨 | | |
| 호세아(732-722) | 나쁨 | 아하스(735-715) | 나쁨 |
| | | 히스기야(715-687) | 좋음 |
| | | 므낫세(687-642) | 나쁨 |
| | | 아몬(642-640) | 나쁨 |
| | | 요시야(640-609) | 좋음 |
| | | 여호아하스(609) | 나쁨 |
| | | 여호야김(609-598) | 나쁨 |
| | | 여호야긴(598-597) | 나쁨 |
| | | 시드기야(597-586) | 나쁨 |

**열왕기하** (성경, 이해하며 읽기)

| | |
|---|---|
| **발행** | 2025년 3월 10일 |
| **저자** | 장석환 |
| **펴낸이** | 장석환 |
| **펴낸곳** | 도서출판 돌계단 |
| **출판사등록** | 2022.07.27(제393-2022-000025호) |
| **주소** | 안산시 상록구 삼태기2길 4-16 |
| **전화** | 031-416-9301 |
| **이메일** | dolgaedan@naver.com |

ISBN 979-11-986875-4-8

© 열왕기하(성경, 이해하며 읽기) 2025

본 책은 저작자의 지적 재산으로서 무단 전재와 복제를 금합니다.